JN208070

かご漁の社会生態誌

ケニアの海を生きる
小規模漁業者たちの資源利用

田村卓也

明石書店

かご漁の社会生態誌
—ケニアの海を生きる小規模漁業者たちの資源利用—

目次

目次

注記

・本書で提示する資料は、スワヒリ語および英語を用いた現地調査で得られたものである。本文中、スワヒリ語はイタリック体で記し、必要に応じてその前にカタカナの表記を付した。

・魚種名や植物名については、方名をイタリック体で表記し、英語の学名を括弧内に示した。

・本文中に示す通貨単位は、ケニア・シリング(Kenya Shilling: Ksh)である。2023年5月時点のレートで、1kshは0.98円である。

序 章

かご漁からさぐる
小規模漁業者たちの資源利用

扉写真：三角帆をあげて帆走する木造船、ダウ。

1. ケニアにひろがる海の世界

　ケニア共和国の首都ナイロビから飛行機に乗ると、1時間ほどでインド洋に面した港湾都市のモンバサに到着する。1年をとおして比較的冷涼なナイロビからやって来ると、地上に降りた瞬間から身体にまとわりつく湿気を帯びた生暖かい空気には、まるで別の国にやって来たかのような錯覚をおぼえる。

　空港のターミナルを出ると、大きなスーツケースをかかえた旅行者たちは、つぎつぎとタクシーや送迎車に乗り込み、海辺のリゾートホテルへと向かう。白砂の美しいビーチは、サファリで有名な内陸の国立公園とともに、ケニアを代表する観光地である。色とりどりの魚が泳ぐ透きとおった海は、多くの旅行者を魅了する観光資源であるが、そこは同時に、地元住民たちが利用する大切な漁場でもある。

　アフリカ大陸の東部に位置するケニアは、世界第三位の湖水面積をほこる広大なヴィクトリア湖に面している。ケニアの国内漁業における総水揚げ量の大部分は、このヴィクトリア湖をはじめとした内水面での漁獲によって占められており、海面漁業における漁獲は全体の2割にも満たない（Republic of Kenya 2022: 184）。しかしながら、就業機会や耕地の不足といった社会問題をかかえる住民たちにとって、漁撈は食料や収入を得るための貴重な手段であり（Hoorweg et al. 2009）、1950年代以降、沿岸部の漁業人口は増加傾向にあると推測される（Le Manach et al. 2015）。また、沿岸部では漁業者以外にも多くの人びとが水産物の加工や売買といった仕事をとおして、漁業とかかわることで収入を得ている。

　アラブ風の建築物が立ち並ぶモンバサの旧市街を歩くと、路上や市場では、その日に水揚げされたばかりの鮮魚や、魚の干物、揚げ魚が売られている様子をよく目にする。沿岸部の住民にとって魚は、日常の食生活に欠かすことのできない食材のひとつであり、その供給を担うのが、まとまった資本をもたない小規模漁業者たちである。

　ケニアの沖合では、機械化された外国船による操業もみられるが、地元住民の大部分は岸近くの比較的浅い水域において、小規模な漁撈活動を展開する。地先海面ではさまざまな漁法がおこなわれているが、代表的なもののひとつに、餌を入れたかご型の漁具を水底に沈めておき、中に入った魚を捕獲するかご漁（かご網漁）がある。どの程度の漁業者がかご漁を営んでいるのかを示す資料はないものの、その漁獲は国内の海面漁業における総水揚げ量の4割を占めるともいわれる（Wambiji et al. 2013: 16）。

　ケニアが植民地支配からの独立を果たした1963年以降、沿岸部では小規模漁業の研究が本格的に進められてきた。その研究は、おもに水産学や漁業学の領域を中心に展開されてきたが、1990年代ころからは漁業者たちの生計戦略（Hoorweg et al. 2009）や、漁業への「新世代」の参入（Versleijen and Hoorweg 2008）、超自然的存在への信仰と漁撈慣行（McClanahan et al. 1997; Glaesel 2000）など、テーマの多様化が進んだ。しかしながら、これまでの研究はいずれも漁獲物の定量的な分析やアンケート、聞き取り調査を中心としたものであり、漁撈活動の直接的な観察はさほど重視されてこなかった。かご漁についても、特別な知識や技術が求められることについての言及はあるものの（たとえば、Mangi et al. 2007）、それらが実際の活動においてどのように発揮されているのかについては、ほとんど示されていない。広大な水域のなかに、小さなかごをひとつひとつ沈めていく漁業者たちは、漁場をとりまく自然環境といかに向き合い、身近な水産資源を利用しているのであろうか。

　本書では、ケニア沿岸南部の小島でおこなわれているかご漁をとりあげ、漁撈活動の詳細な記述と分析を試みる。とくに、漁業者たちが活動を成り立たせ、漁獲の向上や安定化をはかろうと展開するさまざまな工夫や努力に着目し、それらがどのように資源利用のありかたに反映されているのかを考察する。個々の漁業者が繰り広げる活動の様子をなるべく具体的に示すことで、これまであまり注目されることのなかった、ケニアの海に生きる人びとと自然とのかかわりの一端を描き出したい。

2. 小規模漁業の人類学

　ひとくちに小規模漁業といっても、その操業形態や漁法、漁獲の取引方法などは多様性に富む。そうしたなか、国連食糧農業機関（Food and Agriculture Organization of the United Nations: FAO）の諮問委員会は、小規模漁業を普遍的に定義することの難しさを認めたうえで、「労働集約的な漁獲、加工、流通の技術を用いて海面および内水面の水産資源を利用する、ダイナミックかつ発展的なセクター」という、FAO 水産委員会において提示された小規模漁業の基本的な特徴を支持している（Advisory Committee on Fisheries Research 2004:2）。しかしながら、このような特徴は必ずしもひろく共有されているとはいえず、小規模漁業という語はこれまでさまざまな意味合いで用いられてきた。その定義の傾向について分析した研究によると、近年は漁具や船といった生産にかかわる技術的要素が強調されるいっぽうで、社会・文化的な要素への言及は減少傾向にあるという（Smith and Basurto 2019）。

　機械化された商業的漁業にくらべて、その生産力は必ずしも高いとはいえないものの、小規模漁業は多くの国や地域において、食料供給と収入獲得機会の提供という重要な役割を担っている（FAO 2007）。その重要性から、各国はあらたな技術の普及や漁業者の組織化、社会基盤の整備など、さまざまな方法をとおして小規模漁業の振興につとめてきた。だが、漁業人口が多数にのぼることや財政上の問題により、その規模は限定的なものにとどまっている。また、このような支援はしばしば、漁撈活動の実態や海村[2]をとりまく社会的・文化的な背景を考慮せぬまま進められるため、じゅうぶんな成果を得られないことも少なくない（たとえば、Sabella 1980）。

　そうしたなか、技術の近代化は生産力を向上させ、漁業者やその社会に大きな恩恵をもたらすものと考えられてきた（Whitmarsh 1990）。ところが、外部から流入した技術に対する漁業者たちの態度や、その受容プロセスについての研究が進むなかで浮かび上がってきたのは、変化を必ずしも積極的に受け入れよ

うとはしない漁業者たちの姿である。たとえば、スコットランドのシェトランド諸島周辺では、ニシンを狙うノルウェーの漁業者たちが、大きな漁獲を見込めるまき網漁をあらたに開始した。しかしながら、地元漁業者たちは費用の問題にくわえ、操業形態の転換に否定的な年長者たちの意向に配慮し、まき網漁への参入に消極的な態度を示したという（Goodlad 1972）。

　一般的に、小規模漁業を成り立たせている社会的な条件は、国や地域によって異なる。とくに流通面に着目すると、水産物は傷みやすく、加工なしでは鮮度を保持することができないという商品的特性をもつ。そのため、遠方に市場を求める場合には、保冷設備や輸送手段の確保が不可欠となる。たとえあらたな技術の導入によって生産力が向上したとしても、ある程度の規模の市場と、迅速な流通を可能とする社会基盤が整っていなければ、漁業者たちがじゅうぶんな恩恵を受けることは難しい。また、技術の近代化は失業や労働の長時間化といった、別の問題を引き起こす要因にもなりえる（McGoodwin 1990: 13）。つまり、あらたな技術の導入は、短期的にみると生産力の向上に貢献するかもしれないが、そのいっぽうで、漁業者たちが望まない生活の変化を強いる可能性がある（Smith 1977: 4）。このことを考えるならば、すべての漁業者にとって、技術の近代化が常に最善の選択肢であるとはかぎらない。

　漁業者たちは社会から生産の向上を期待されるいっぽうで、資源の枯渇という事態にも直面している。世界全体における海洋水産資源のおよそ35％は、すでに生物学的に持続不可能なレベルで利用されている（FAO 2022: 46-47）。水産資源の枯渇は、もはや特定の国や地域にとどまらず、全世界が直面する深刻な問題といえるだろう。そうしたなか、漁業をとりあげた人類学的な研究では、資源の保全や管理[3]が主要なテーマのひとつとなっている。

　水産資源の保全や管理にかんする議論は、もともと水産学の領域を出発点とする。人類学においては、1980年代ころからこのテーマが盛んに論じられるようになったが、その背景には共有資源の利用や管理についての学際的な研究関心の高まりがある。明確な所有権が設定されていない資源について、生態学者のハーディンは個人による利己的な利用が破滅的な結果（コモンズの悲劇）をも

たらすとして、公有化や私有化による管理の必要性を指摘した（Hardin 1968）。この主張には、のちにさまざまな反証が寄せられた。たとえば、政治学者のオストロムは共有資源を管理していくための制度設計について検討し、明確な境界の設定や、利用者が集団内におけるルールの決定に参加できるといったいくつかの条件を満たした場合、共同体にねざした資源管理がうまく機能しうることを示した（Ostrom 1990）。実際、各地では水産物を含めたさまざまな共有資源が、共同体による自主的な管理のもとで適正に利用されてきたことが報告されている（Feeny et al. 1990）。

　人類学の領域では、水産資源の保全や管理に関心を寄せる研究者たちが、ローカルな漁撈慣行やしきたりに着目し、それらが持続的な資源利用の実現に貢献しうることを明らかにした（たとえば、Johannes 1978; Ruddle and Akimichi eds. 1984）。しかしながら、漁業者たちは必ずしも意図的に資源の保全をはかろうとしてきたとはかぎらず、なかには資源水準にあわせて漁のおこないかたや漁場を選択してきたことが、結果として資源の持続的な利用に結びついていると思われる事例も存在する（Smith and Wishnie 2000）。

　それが意図的なものかどうかは別として、資源の持続的な利用が可能となる条件を明らかにすることは、小規模漁業の存続をはかるうえできわめて重要な課題であることに疑いはない。だが、近年の研究においては、資源の保全や管理に大きな関心が寄せられるいっぽうで、それに結びつかないテーマは軽視されやすい状況が生じている（飯田 2012）。そこでは、問題の解決を急ぐあまり、漁獲との直接的なつながりを見出しにくい漁業者たちのふるまいは看過されてしまうことが少なくない。だが、漁撈活動は水生生物の採捕にとどまらず、その前後におこなわれる漁具の調達や漁獲物の利用などを含めた、一連の行動や選択のうえに成り立っている（小野 2012）。ひとつひとつの行動や選択の連続が個人の活動を形づくり、その集合がひいては地域における資源利用の大きな潮流を生み出していることを考えるならば、漁獲からは読み取ることが困難な部分も含め、ミクロな視点から漁撈活動の成り立ちとその全体像を把握することには意義がある。

　漁業振興であれ資源の保全であれ、その実現を目指すにあたり重要なのは、地域の実情にあわせた解決策を模索することである。個々の漁業者が展開する漁撈活動の全体像を丹念に描き出していく作業は、一見すると遠回りにもみえるが、ローカルな小規模漁業の実情を把握するための出発点として大きな意味をもつといえるだろう。

3. アフリカの漁業

　広大なアフリカ大陸では、海面や湖沼、河川、スワンプなど、多様な水域環境において漁撈活動が展開されている（中村・北窓 2015）。アフリカの漁撈にかんするこれまでの研究では、水産資源の利用についての生態人類学的な研究（Ichikawa 1985; Imai 1985; 飯田 2008）をはじめとして、魚類についての認知体系（安渓 1982）や鮮魚の取引形態（稲井 2015）、漁民の宗教的世界（竹沢 1989）など、さまざまな視点から漁撈とかかわる人びとのくらしが描かれてきた。また、近年には「漁民文化」という観点から論集（今井編 2019）が編まれるなど、その研究は活況をみせつつある。しかしながら、狩猟採集や農耕、牧畜といったほかの生業とくらべると、アフリカの漁撈を対象とした研究は少ないのが現状である（大石 2014: 532）。

　だが、このことはアフリカにおいて、産業としての漁業の重要性が低いことを意味するのではない。大陸の中央部にひろがる熱帯雨林では、野生動物の減少にともない、獣肉から魚への動物性たんぱく源の移行が進むなど（木村ほか 2010）、サハラ以南における水産物の需要は増加傾向にある（Tran et al. 2019）。こうした需要の高まりは、それまで自給的であった水産物の商品化をうながすだけでなく（大石・萩原 2019）、域内における国境を越えた水産物売買をも活性化させている（藤本 2015）。

　1950 年代以降、アフリカでは水産物の生産量が増加傾向にある（FAO 2022: 9）。今後も域内の人口増加が見込まれるなか、水産物の安定供給は食の安全保

障ともかかわる重要な課題といえる。そのいっぽう、各地では資源の枯渇や乱獲といった問題が生じている。そこで注目すべきが、アフリカにおける漁業人口の大部分を占める小規模漁業者たち（Tvedten and Hersoug 1992）の動向である。その投資規模は小さいものの、彼らの漁獲は域内で消費される水産物の9割以上を占めるという（World Fish Center 2009）。

　植民地支配からの独立を果たしたアフリカ諸国では、先進国の産業化された近代的漁業を理想とする政策がとられたが、多くの国では期待したような成果を得ることができなかった（Overa 2011）。そうしたなか、公的な支援を見込むことのできない漁業者たちは、ときに国家による規制や監視を逃れながら、小規模な活動を継続した。産業化や近代化によって姿を消すと考えられてきた「後進的」な漁業者たちは、単純ながらも効率のよい技術を採用することで、小規模漁業を発展させてきたのである（Hakkonsen 1992: 33）。つまり、アフリカでは多くの漁業者たちが、国家の目がじゅうぶんに行き届かない周縁部において、ローカルな自然・社会環境に適応した漁撈活動を営んできたといえる。

　アフリカの漁撈にかんする研究は、その多くが小規模漁業を対象としている。そこでは、おもにふたつの観点から、経済的に不利な立場で生きながらえようとする人びとの姿が描かれてきた。ひとつめは、生計手段の複合性という観点である。アフリカでは、通年的に漁撈のみで収入を獲得する専業漁業者のみならず、ほかの仕事と兼業して不定期に操業したり、季節的な生計手段として漁を営む者が少なくない。たとえば、ザンビアのバングウェル・スワンプで操業する漁業者たちは、村のなかで農耕をおこない、水位が低下する時期になると水辺のキャンプへと移動して盛んに漁をおこなう。このような農耕と漁撈との密接な組み合わせが、彼らの生計を成り立たせている（今井 1986）。また、ケニア沿岸北部において、漁撈で収入を得る世帯とそうでない世帯との経済状況を比較した研究（Hoorweg et al. 2009）によると、前者は世帯内に複数の収入獲得手段をもち、後者よりも大きな収入を得る傾向がある。世帯内における収入獲得手段の複合化は、漁業者たちが漁獲の不確実性に対処しつつ、収入向上をはかるための重要な生計戦略になっているという。

　ふたつめは、商人と漁業者との関係性という観点である。世界各地では、水産物を売買する商人からの支援が、まとまった資本をもたない漁業者たちにとって、経済的な後ろ盾として重要な役割を果たしてきたことが報告されている（たとえば、Firth 1966; Merlijn 1989; 関 1998）。アフリカにおいても漁具や漁船、資金の貸与といった、商人からのインフォーマルな支援はひろくみられる（たとえば、Crona et al. 2010; Wamukota 2009）。しかしながら、商人の資本規模や漁獲物の取引形態は地域によって異なるため、こうした支援の有無やその規模は一様ではない。

　以上のような経済基盤の安定化をはかろうとする取り組みにくわえ、日々の漁撈活動では、身の回りの道具や材料を用いた漁具製作（飯田 2010）がおこなわれるなど、漁業者たちが資本の力に頼ることなく、漁獲の向上や安定化をはかろうと展開する、さまざまな試みをみることができる。しかしながら、こうした取り組みは日常の生活実践を背景として生み出されたり、劇的な漁獲の向上に直結するとはかぎらないため、部外者からは見落とされてしまうことも少なくない。

　開発にかんする言説のなかで、アフリカの漁業者たちは貧困や技術の低さといった問題を抱え、近代化を支援すべき対象としてしばしば正当化されてきた（Overa 2011）。このような見方のなかで、日常の漁撈活動における漁業者たちのふるまいは、じゅうぶんに評価されてきたとは言いがたい。だが、そこにみられる彼らの主体性と創造力は、産業化や近代化といった文脈にとどまることなく、アフリカにおける漁業の成り立ちを読み解き、その将来を展望するための重要な鍵となる可能性を秘めているように思われる。

4. かご漁の技術的実践

　かご型の漁具（basket あるいは pot[4]）はケニアのみならず、世界各地の海面・内水面においてひろく用いられている。その形状や大きさ、素材は多様性に富

み（Brandt 1984）、漁具としてのかごを厳密に定義することには困難をともなう。本書では、FAO による漁具分類（He et al. 2021）とトムセンら（Tomsen et al. 2010）が整理した pot の特徴をふまえ、①魚を中に誘い込み、脱出しにくい構造、②移動（運搬）が可能である、③箱もしくはかごのような形状（box-like or besket-like）、④魚が中に侵入するための単数もしくは複数の狭い入り口をもつ、という 4 つの条件を満たした漁具をかごと呼ぶことにしたい。

　かご漁では、漁具のみならず操業形態や漁のおこないかたにも多様性がみられる。たとえばインド南部では、岩やサンゴに覆われた浅い水域において、餌を入れたかごを潜水して水底に設置する小規模な漁がおこなわれている（Varghese et al. 2008）。また、アラスカの沖合では、機械を使用して鉄製の大型かごを沈める、商業的なタラ漁がおこなわれている（Tomsen et al. 2010: 144-145）。このように、高緯度帯の海では特定の魚種を狙った漁がよくみられる。低緯度帯の海においても、ハタなどの特定魚種を漁獲対象とする漁はひろくおこなわれているが、水深の浅いサンゴ礁域のかご漁では、広範な魚種が漁獲対象とされる場合が多い。

　これまでの研究では、かご漁がもつ利点として、費用や燃料をさほど必要としない点や、障害物が多く漁網を使用できないような水域でも操業可能な点、魚を傷めることなく生きたまま捕獲できる点、海況が悪化してもそのまま漁具を設置しておくことができる点などがあげられてきた（Tomsen et al. 2010: Vadziutsina and Riera 2020）。また、一部の研究者は、かご漁の環境や資源に対する負荷の低さを評価している（たとえば、Suuronen et al. 2012）。ただし、環境や資源への影響については、魚種選択性の低さや、漁具の設置にともなう底生生物へのダメージにくわえ、流失した漁具が長期にわたり魚を捕獲し続ける、いわゆる「ゴースト・フィッシング」の問題も指摘されている（Al-Masroori et al. 2009; Mbaru and McClanahan 2013; Stevens 2021）。その影響の大きさから、実際に一部の地域ではかごの使用が禁止されている（たとえば、Butler et al. 1993）。漁具や操業形態が多様なように、かご漁が環境や資源にもたらす影響についても、一括りに評価することはできないのである。

　ケニア沿岸部では、主要な6種類の漁具（釣糸、水中銃、小型かご、大型かご、地引網、刺し網）をとりあげ、費用や漁獲量、操業にともなう環境や資源への影響などを比較した研究が存在する（Mangi and Roberts 2006；Mangi et al. 2007）。それによると、かごは安価な漁具であるものの、漁業者たちは複数のかごを用いるため、漁具の調達にかかる費用は結果として高くつく。いっぽう、漁具の製作や保守、操業にかかる費用と労働投下量をコストとした場合、小型かごは釣糸や水中銃と同程度に、コストの低い漁具とみなすことができるという（Mangi et al. 2007）。この分析は、あくまでも漁具への投資と、船の使用を前提としたものである。しかしながら、実際には漁業者たちが伐採した木の枝を用いて漁具を自作したり、船を用いずに徒歩で漁をおこなうことも珍しくない。その場合、漁具の調達や操業にかかる費用は大きく抑えることが可能となる。また、幼魚の混獲率や操業にともなう水底へのダメージなどを総合的に考慮すると、かごは釣糸と同程度に、環境や資源への負荷がもっとも少ない漁具として評価することができる（Mangi et al. 2007）。つまり、漁具を自作する場合、かご漁は資本をもたない漁業者も参入しやすく、環境や資源への影響も少ない漁法といえる。

　ケニアのかご漁にかんする研究は、おもに漁業学や水産学の領域において展開されてきた。そこでは、漁獲物の分析をとおして「伝統的」な漁具の使用が資源におよぼす影響を明らかにし、それを軽減する方法を模索することに主眼が置かれてきた（たとえば、Mbaru and McClanahan 2013; Gomes et al. 2014）。そこで議論の中心となるのは、あくまでも漁具そのものの構造や性能であり、それを用いる人間の技術や知識、漁撈戦略などについては、これまでほとんど触れられてこなかった。

　待ち受け型の漁法であるかご漁では、漁獲時に人間から対象生物への直接的な働きかけをおこなうことが困難である。そのいっぽう、漁場や餌の選択、漁具製作、漁具の設置といった一連のプロセスにおいては、さまざまな場面において漁獲の向上や安定化をはかるための工夫をくわえる余地がある。かご漁における資源利用の実態をより深く理解するためには、このような工夫に着目し

つつ、漁撈活動の全体像を描き出す作業が不可欠になる。

　アフリカにおける漁業研究では、しばしば漁業者たちの経済的な困窮が、環境破壊や乱獲を引き起こす漁法への参入をうながす要因として指摘されてきた（たとえば、Cinner 2009; Slade and Kalangahe 2015）。そうしたなか、かご漁が環境や資源への負荷の低さと、経済的な参入障壁の低さという利点をあわせもつのだとすれば、そのような資源利用は、漁業者たちのどのような行動や選択のうえに成り立っているのだろうか。本書では漁撈活動の全体像と、そこにみられる漁業者同士の関係性にもひろく目を向けることにより、漁獲物の分析だけでは把握することが困難な側面も含めて、かご漁をおこなう漁業者たちの技術的実践に迫る。

5.　本書の目的と構成

　かご漁はケニアのみならず、タンザニアやモザンビークなどを含めた東アフリカの沿岸部一帯でひろくみられる漁法である。ケニア水産局の調査によると、ケニア国内ではインド洋に面した5つの郡（County）のうち、最南端に位置するクワレ郡においてもっとも多くのかごが使用されている（Republic of Kenya 2014）。クワレ郡のなかでも、シモニ半島の沖に浮かぶワシニ島の周辺では、水産資源が豊富なことにくわえ、操業に適した浅い水域がひろがっていることから、地元住民のみならず、国境を越えて出漁してきたタンザニアの漁業者たちも盛んにかご漁をおこなっている。

　本書では、ワシニ島のワシニ村でおこなわれているかご漁をとりあげ、漁撈活動の記述を試みる。2014年から2022年にかけて断続的に実施したおよそ20か月間のフィールドワークで得られた資料をもとに、活動の全体像を描き出し、漁業者たちがさまざまな方法で漁獲の向上や安定化をはかろうとする様子を具体的に示す。そこにみられる工夫や努力に着目し、彼らの漁撈戦略と資源利用の実態を明らかにすることが本書の目的である。

　かご漁にかぎらず、漁撈活動においては採捕の対象となる生物の生態や漁場の地形、底質、潮の流れといった、さまざまな自然条件を考慮する必要がある。そうしたなか、漁撈をとりあげた生態人類学的研究においては、水域を舞台に展開される人と自然とのかかわりが多様な視点から描かれてきた。たとえば秋道は、ソロモン諸島において魚の生態にかんする人びとの認識が、どのように実際の漁撈活動に反映されているのかを検討したほか（Akimichi 1978）、ミクロネシアの多様な筌をとりあげ、漁具の使い分けや漁獲などについての比較と分析を試みた（秋道 1989）。また、市川（1994）はザンビアのスワンプにおける漁撈活動をとりあげ、漁法の選択や漁獲努力、設定された魚価の絶妙なバランスが、特定魚種に対する漁獲の集中を回避するとともに、漁獲効率の維持に貢献していることを明らかにした。これら以外にも、生態人類学の領域においては、徹底したフィールドでの観察をとおしてローカルな水域環境に適応した漁撈活動の実態や、人びとの自然認識について精緻に記述した研究成果が蓄積されている（たとえば、Forman 1967; 原子 1972; Cordell 1978; 須田・口蔵 2003; 飯田 2008）。本書においても、漁場内外での観察をとおして得られた一次資料をもとに、漁撈活動のプロセスを詳細に記述することで、ケニアの海における人びとと自然とのかかわりを浮き彫りにしていく。

　資源利用の実態を明らかにするうえでは、なるべく多くの事例をとりあげ、それらの比較と検討をおこなうことが望ましい。しかしながら、漁獲物の分析にとどまらず、操業や陸上における準備作業の様子もひろく把握しようとする場合には、活動場所が広範囲に分散することもあるため、同時に複数の漁業者を対象とした観察をおこなうことは難しい。そこで、本書ではかご漁をおこなう３組の漁業者を調査対象として選定し、調査期間中における活動の様子を１組ずつ集中的に観察する方法をとった。[5] また、漁撈活動の観察以外にも、住民を対象とした聞き取りや世帯調査を実施することで、村の漁業をとりまく自然・社会環境をひろく把握するようにつとめた。

　本書は全８章で構成される。序章に続く第１章では、スワヒリ海岸とよばれる東アフリカ沿岸地域の文化的・社会的な背景を示したのち、ワシニ村におけ

る経済活動の変遷をたどる。そのうえで、世帯における収入獲得手段について
の分析をとおして、村のなかにおける漁撈の位置づけを示す。

　第2章では、ワシニ村における漁業の全体像を示す。まず、島の周辺にひろ
がる水域環境の特徴と、漁業者たちの自然認識について述べる。つぎに、政府
とコミュニティによる資源や環境の保全に向けた取り組み、水産物の取引方法、
村内でみられる漁法のレパートリーなどを示し、ケニアが植民地からの独立を
果たした1960年代以降、社会環境が変化していくなかで住民たちがどのよう
に身近な水産資源を利用してきたのかを明らかにする。

　第3章から第6章にかけては、3組の漁業者を対象とした参与観察で得られ
た資料を中心に、かご漁の詳細な記述を進めていく。第3章では、漁場の選択
に焦点をあてる。ワシニ島の地先海面と沖の漁場では、漁撈ユニットの構成人
数や使用するかごの数などに異なる傾向がみられる。本章では、3組の操業概
況を示したうえで、地先海面と沖の漁場における漁獲物と操業形態の違いにつ
いて考察する。

　第4章では、漁具の製作と改良の動きについてとりあげる。漁撈用のかごは
既製品が流通していないため、ワシニ村の漁業者は森で伐採した木の枝を用
い、費用をかけずに漁具を自作することが多い。そうしたなか、一部の漁業者
はここ20年ほどの間に、針金や漁網などの人工素材を購入してかごを製作す
るようになった。本章では、村内でひろく用いられている木製かごの製作手順
を示したうえで、人工素材の導入とかごの大型化というふたつの変化を紹介し、
「伝統的」な漁具の改良がどのような方向に展開しているのかについて考察す
る。

　第5章では、餌の採集とその利用に着目する。かご漁をおこなう漁業者たち
は、魚を漁具のなかに誘い込むため、島の周辺で採集した海藻や巻貝などを餌
として用いる。彼らは、漁場に立地によって魚の好む餌には違いがあると認識
しており、それぞれの漁場にあわせた餌を大量に採集しようとする。本章では、
餌の採集場所における行動に焦点をあて、漁業者たちが餌のもたらす効果に大
きな信頼と期待を寄せている様子を具体的に示すとともに、かご漁における餌

採集の位置付けを明らかにする。

　第6章では、漁具の設置と漁場利用についてとりあげる。かご漁のような待ち受け型の漁法では、魚群の居場所を特定し、適切なポイントに漁具を設置できるかどうかが、漁獲を大きく左右する要因となりうる。本章では、他者と漁場を共有するなかで、漁業者たちがいかに魚群の移動を予測し、漁具の設置ポイントを選定しているのかを示すことで、かご漁における漁場利用の特性を明らかにする。

　終章では、ここまで述べてきた漁撈活動のプロセスについて整理しつつ、漁業者たちのさまざまな工夫や努力が、低コストでの操業を成り立たせるだけでなく、漁法開発のプロセスとしての側面をもつことを指摘する。そのうえで、ワシニ村のかご漁における資源利用の特徴と、その持続可能性について論じる。

第1章

ケニア沿岸南部の海村社会

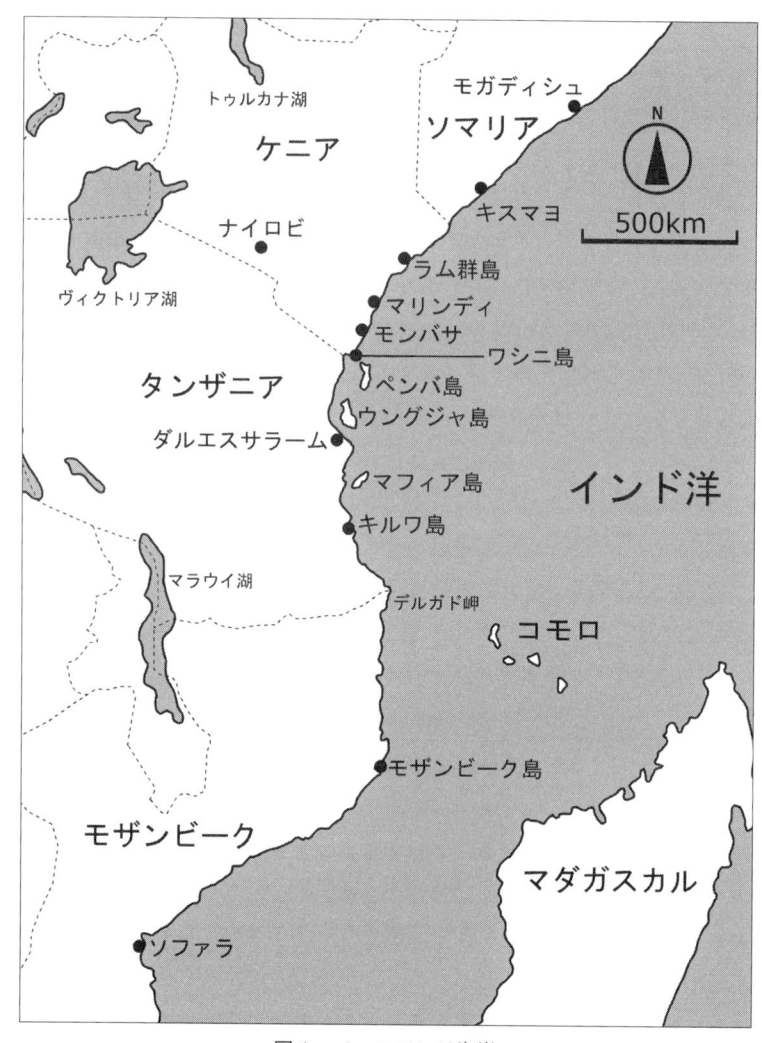

図1−1　スワヒリ海岸

扉写真：潮の引いた海で遊ぶワシニ村の子どもたち。奥にみえるのは本土の陸地。

1. スワヒリ海岸の社会と文化

(1) インド洋に開かれたスワヒリの世界

　インド洋に面した東アフリカの沿岸部は、スワヒリ海岸とよばれる（図1-
1）。その地理的な範囲については、いくつかの異なる捉え方があるものの、一
般的にはソマリアのモガディシュあたりからモザンビークのデルガド岬、ある
いはソファラまでの大陸沿岸部と、その沖合に点在する島嶼を含む一帯をさす
（Lane and Breen 2018: 19）。このうち、本書でおもに言及するのは、ケニアから
タンザニア北部にかけての本土沿岸部と、その周辺の島々を含めた地域である。
　南北2000km以上にわたるスワヒリ海岸では、ソマリアとケニアとの国境付
近を境として、自然環境に異なる特徴がみられる。モガディシュからキスマヨ
あたりまでの一帯は乾燥地となっており、直線的な海岸線が続く。キスマヨか
らしばらく南下すると次第に緑が増えはじめ、ケニアとの国境付近からは入り
組んだ海岸線とともに、河口域を中心に発達したマングローブ林や、大小の島
嶼が目立つようになる。ケニア以南では温暖な気候にくわえ、まとまった降水
量があることから、トウモロコシや稲、サトウキビ、野菜や果物などの栽培
がひろくおこなわれている。
　スワヒリ海岸が面するインド洋の西域では、海上気温が20℃を下回ること
はまれで、海水温は年間をとおして20〜30℃ほどの間で変動する（Ngusaru
2002: 12）。広大なインド洋をとりまく地域において、自然・社会的条件を特徴
づける大きな要素のひとつが、モンスーンである（家島 1993）。低緯度帯に位
置するスワヒリ海岸でも、季節によって風向きを変えるモンスーンは、人びと
の生活にさまざまな面で影響をおよぼす。地域によって若干の違いはあるもの
の、スワヒリ海岸の一帯では12月から3月ころにかけては北東方向からの風
が、4月から11月ころにかけては南西方向からの風が卓越する。このように季
節性をもって吹く風の存在は、古くからアラブの商人や船乗りの間で知られて

おり、彼らはモンスーンを利用した海上交易をインド洋において展開した。紀元1世紀半ばにギリシャ語で書かれた『エリュトゥラー海案内記』には、すでにスワヒリ海岸にあたる地域において、アラブ人と現地住民との間で交易や通婚がおこなわれていた様子が描かれている（蔀註訳 2016: 26）。海上交易が盛んとなるにつれ、スワヒリ海岸にはアラビア半島をはじめとする外部世界から、さまざまな人やモノ、情報が流入するようになった。8世紀までにはイスラームが伝えられ（Bang 2018: 558）、のちに沿岸部の住民にひろく受容されていった。

　スワヒリ海岸の各地にはキルワ、モンバサ、マリンディなどの都市が形成され、海上交易の拠点として繁栄したものの、その社会はポルトガルの東アフリカ進出によって、大きな転換期を迎えることとなる。1498年、喜望峰をまわりインドへの航路開拓を進めるヴァスコ・ダ・ガマ（Vasco da Gama）は、補給のためスワヒリ海岸の都市に寄港した。16世紀に入ると、交易の掌握を狙うポルトガルは、軍事力を背景としてスワヒリ海岸各地の都市を制圧していった。しかしながら、その支配は長く続かず、オマーンの軍隊と地元住民による反撃を受けて、17世紀末に終焉を迎えることとなる。(Salim 1992: 768)。ポルトガルを駆逐し、あらたにスワヒリ海岸への進出を果たしたオマーンは、タンザニア本土の沖合に浮かぶザンジバル諸島[2]を拠点として交易を支配するとともに、欧米諸国をも巻き込みながら、経済活動の規模を拡大させていった。オマーンによる交易では、象牙や獣皮などの商品とともに、大陸の内陸部から連行した多数の奴隷が売買された。やがて、欧米で奴隷交易廃止の機運が高まると、その圧力を受けてウングジャ島の奴隷市場も閉鎖され（1873年）、オマーンの経済的な影響力は次第に低下していった。

　1884〜85年のベルリン会議を契機として、アフリカ大陸ではヨーロッパ諸国による植民地支配が進んだ。現在のケニア領にあたる地域では、1888年に設立された帝国イギリス東アフリカ会社（Imperial British East Africa Company：IBEAC）がモンバサを拠点に植民地経営を開始した。1895年にイギリスがケニアを保護領化[3]すると、政治の中心は沿岸部から冷涼な高地に位置するナイロ

ビへと移された。1963 年の独立後、ナイロビはケニアの首都として大きな発展をとげた。インド洋交易の拠点として栄えたモンバサは、東アフリカ有数の良港を擁する港湾都市として、独立以降もケニアの経済と物流を支える重要な位置にある。

　歴史学者の家島は、ダウ（Dhow）とよばれる三角帆を装備した木造帆船によって、長年にわたり人的・物的な交流が繰り広げられてきたインド洋をとりまく地域を、インド洋海域世界とよぶ（家島 1993）。その西端に位置するスワヒリ海岸では、海の向こうの世界との絶え間のない交渉をとおして、大陸内陸部とは様相の異なる社会や文化が形成されてきたのである。

（2）沿岸部の住民たち

　スワヒリは、たんに地理的な範囲を示すだけでなく、そこに居住する人びとや、彼らの言語なども意味する多義的な語である。現在、沿岸部でスワヒリ人 *Waswahili* とよばれるのは、アラビア半島やペルシャからやって来た移民と、バントゥ系の言語を話すアフリカの人びととの間に生まれた、アフロ・アジア的な混血民の子孫たちである。

　特定の人びとをさしてスワヒリ（スワヒリ人）という語が用いられるようになった 19 世紀以降、その集団としての輪郭や人びとの帰属意識は、時代や文脈によって流動的に変化してきた（Ray 2018）。現在、スワヒリ海岸の住民は必ずしもスワヒリを自称するわけでなく、日常的にはペンバ人 *Wapemba* やトゥンバトゥ人 *Watumbatu* のように、より小さな集団にみずからを位置づけることが多い。いっぽうで、住民の間には、こうした集団を超越した同一意識がみられることも事実である。沿岸部との交流をとおして一部の住民が「スワヒリ化」した、タンザニア内陸部のウジジで研究をおこなった日野（1969）は、内陸部と沿岸部の状況を通時的に比較することにより、スワヒリを規定する 5 つの特性を見出した。その特性とは、①文化の担い手としてのアフロ・アジア的な混血民、②社会的特性としての都市性、③内面的特性としてのイスラーム、④外面的特性としてのスワヒリ的生活様式、⑤文化を保持し、伝達する手段と

してのスワヒリ語であり、沿岸部ではこれらすべてが揃うことがスワヒリの条件であるとした。そのうえで、社会全体が「スワヒリ化」した沿岸部では、スワヒリであることは周囲と自身とを区別する指標になりえず、こうした特性を基層とする小集団への構造化が進行したことを指摘している。

現在、ケニア沿岸部において人口の多数を占めるのは、9つのサブグループ[4]からなるミジケンダ *Mijikenda* の人びとである。スピアー（Spear 1978）によると、シュングワヤ *Shungwaya* とよばれる土地に住んでいたミジケンダの人びとは、他民族に追われて16世紀ころにケニア沿岸の後背地へと移動した。しばらくの間、彼らは森に囲まれた要塞村 *kaya* を拠点する生活を営んだが、次第に森の外へも居住地を拡大した。ミジケンタは交易を活発に展開するなかで、周辺に住むスワヒリとの間に密接な関係性を構築していった。

スワヒリやミジケンダ以外にも、ケニア沿岸部には土地や仕事を求めて移住してきた内陸部出身者や、都市部を中心に商売をおこなうインド人なども数多く居住している。彼らの大部分はキリスト教やヒンドゥー教を信仰しているが、沿岸部は国内のなかでもムスリムの占める割合がとくに高い（Sperling 2000）。イスラームの教義と価値体系は、沿岸部の社会を特色づける文化的要素のひとつとなっている。

（3）海からみたスワヒリの文化

スワヒリ海岸において交易の拠点として繁栄した都市の多くは、ゆたかなマングローブ林のひろがる島嶼に立地している（中村 2013b: 148）。スワヒリの人びとは、周囲にひろがる自然環境を利用し、海上交易や漁撈、マングローブ材の入手など、さまざまな場面において海とかかわる生活を営んできた。

1980年代ころから、スワヒリ海岸では水産物の利用にかんする考古学的な研究が本格的に進められてきた。各地の発掘調査では大量の魚骨や貝類が出土しており、沿岸部の住民にとって水産物が重要な食料であったことが明らかとなっている（Quintana Morales and Horton 2014）。漁撈活動はおもに水深の浅い地先海面を中心に展開されたが、11世紀ごろからは沖合のほうに生息する魚種

が利用される頻度も増していった（Fleisher et al. 2015）。なお、後背地に居住する　ミジケンダが海辺に進出し、漁撈を営むようになったのは、スワヒリよりも遅い時期といわれる（Glaesel 1997: 29）。

　スワヒリの人びとは、アラビア半島やペルシャからの強い影響を受けながら、ローカルな海洋環境と向き合うための技術を育んできたと考えられる。たとえば、スワヒリ海岸においてひろく使用されているタイプの木造船では、船体の部位を示す語の半数以上が、アラビア語やペルシャ語に由来するという（中村 2007）。また、漁具などにかんするスワヒリ語の語彙にも、アラビア語の強い影響がみとめられる（Martin 1973: 190）。

　研究者のなかには、インド洋交易という歴史的背景や海辺の資源を利用した生活から、スワヒリの文化や社会に海洋環境がおよぼした影響の大きさを強調したり、スワヒリを「海洋文化」（Maritime Culture）とよぶ者もいる（たとえば、Middleton 1992: Nurse and Spear 1985: Prins 1965）。そのいっぽうで、海洋環境や水産資源の利用に主眼をおいた人類学的な研究は少なく、プリンスによるラム島（ケニア）の民族誌（Prins 1965）や、キルワ島（タンザニア）を中心とする、中村による一連の研究（中村 2010；2013a；2013b ほか）などにかぎられる。小規模漁業の研究は、水産資源の利用実態を明らかにするだけでなく、日常の生業実践という切り口から、スワヒリ海岸の住民たちと海との文化的なかかわり掘り下げるうえでも大きな意義をもつといえよう。

2.　ワシニ村

(1) 立地と社会

　モンバサからバスに乗り、ヤシの木が点在する海岸線を 3 時間ほどかけて南下すると、シモニ半島の南端に位置する小さな港町、シモニに到着する。バスを降り、海に向かって歩いていくと、すぐ目の前にみえてくるのが本書の舞台

図1-2 調査地の位置

となるワシニ島である（図1-2）。ケニア最南端の有人島であるワシニ島からタンザニアの国境までは、直線でわずか15kmほどしか離れておらず、島の西端からは、真っ青な海の先にひろがるタンザニア領を一望することができる。

幅1.5kmほどの水路で本土と隔てられた周囲15kmのワシニ島には、ワシニ村とムクィロ村というふたつの村がある。ワシニ村はさらに、島の北側海岸に面したワシニと、そこから徒歩で15分ほどの距離にあるニュママジという、ふたつの集落に分かれている。住民は島名や村名、集落名を区別せずにワシニとよぶが、本書では混乱を避けるため、ふたつの村を含む島全体をワシニ島、ふたつの集落を含む村全体をワシニ村、集落をワシニと表記する。

島の北側から東側にかけての海岸はおもに岩場となっており、高さ2～5mほどの崖が連なる。西側から南側にかけては、海岸線の外側にマングローブ林 *kokoni* が発達しており、砂浜がみられるのは南側の一帯と北側のごく一部にかぎられる。島内は起伏がほとんどなく、低木の雑木林や草地のなかに背の高いバオバブの木 *mbuyu* が点在している。ワシニとムクィロ村を含む島北側の地質はおもに赤土と石灰岩で、南側には農耕に適さない砂地がひろがる。

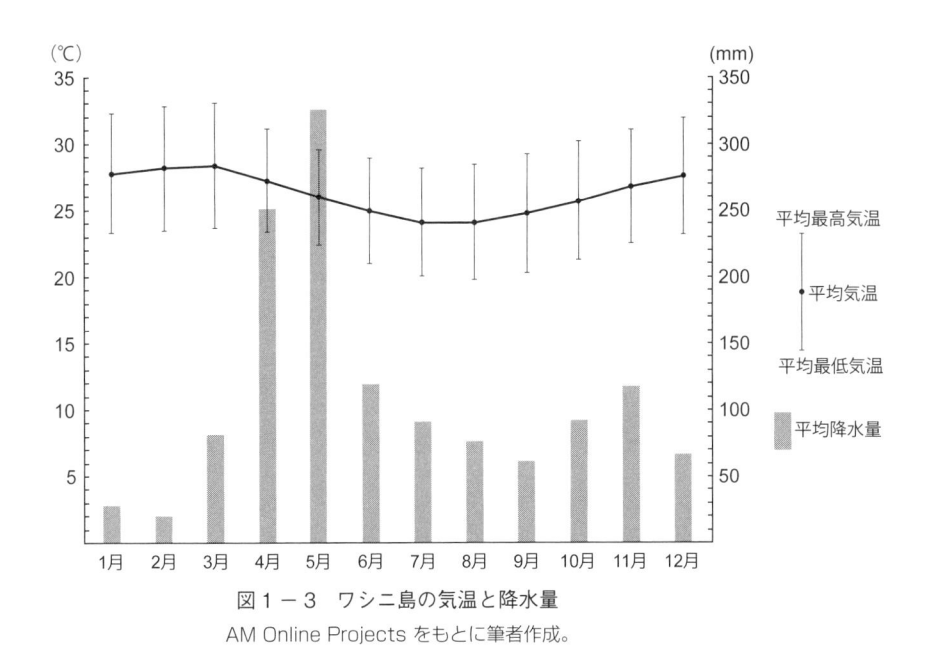

図1－3　ワシニ島の気温と降水量

AM Online Projects をもとに筆者作成。

　ワシニ島は、南緯4度39分55秒、東経39度22分59秒の低緯度に位置しており、気温の季節的な変化は少ない（図1－3）。もっとも寒くなる8月でも、平均最低気温は20℃程度にしか下がらず、年間をとおして温暖である。ただし、海から強い風が吹きつける日が多いため、体感気温はこれより低く感じることもある。年間の平均降水量は1152mm で（AM Online Projects n.d.）、年に2回の雨季にはまとまった雨が降る。4月から6月ころまでは大雨季 *masika* にあたり、毎日のように数時間の降雨がある。いっぽう、10月から11月ころにかけての小雨季 *vuli* には、激しい雨が短時間に集中して降ることが多い。

　2014年11月に村内の全世帯を訪問して実施した聞き取り調査によると、ワシニ村の総人口は737人、総世帯数は134世帯であった。[5] このうち、ワシニには683人（118世帯）が、ニュママジには54人（16世帯）が居住している。村の中心地であるワシニには、小学校や郡の出張所といった公的機関が置かれているほか、住民の経営する小さな商店が数軒あり、かんたんな生活用品や食

品を購入することができる。物価は対岸のシモニとほとんど変わらないが、村内の商店は品揃えが乏しいことから、住民たちは買い物のためにひんぱんに本土へと渡る。

　かつて、ニュママジの西側には未舗装の小さな滑走路があり、裕福な観光客が小型機で来島することもあったという。滑走路はすでに使用されておらず、現在はワシニ村の住民が所有する小型の船外機付きボートが、村と本土を結ぶ唯一の交通手段となっている。日中、ボートは来島者の送迎や荷物運搬のため、ワシニとシモニとの間を不定期に往復している。1人あたり50〜100kshほどを支払えば、すぐに船を出してもらうこともできるが、住民が運賃を払って乗船することはめったになく、たいていは船が出航するときに無料で便乗させてもらう。ボートの往来が少なくなる昼ごろには、出航まで1時間以上待つことも珍しくない。ワシニの集落のすぐ西側には、海軍が管理する小さな桟橋がある。この桟橋をのぞくと村内に港湾施設は整備されておらず、住民たちは膝まで水につかりながら、浅瀬を歩いてボートを乗り降りする。シモニの桟橋からワシニまでの所要時間は10〜15分ほどで、学校の教師や郡の出張所で働く者のなかには村内に居住せず、シモニから通勤する者もいる。

　港湾施設だけでなく、ワシニ村には電力や水道といったインフラや、舗装道路も整備されていない。島内における移動手段は徒歩にかぎられ、足元の悪い小道がワシニとニュママジとの間をつないでいる。ワシニ村とムクィロ村との間における人の往来は少なく、両村を直接結ぶ道はない。島の中央部には森がひろがっているため、両村の間を移動するには、大きく迂回して島の南側の砂浜を通るか、潮の引く時間帯をみはからって島の北側海岸にひろがる岩礁を歩く必要がある。

　電気については、経済的にゆとりのある世帯が太陽光パネルを設置したことで、ここ20〜30年ほどの間に一部で使用可能となった。今のところ、太陽光パネルを設置している世帯は半数にも満たないが、その数は着実に増加している。生活用水については、NGOなどの支援によって建てられた数か所の共同貯水場に貯めた天水を利用する。貯水場から水を汲む場合には、村に料金を

支払う必要があるた
め、多くの家庭では
雨が降るといくつも
のバケツを軒先に並
べて、雨水を貯めて
おく。これまで、村
内では何度も井戸の
掘削が試みられたも
のの、井戸水は塩分
濃度が高く、生活用
水には適さないとい

写真1－1　海からみたワシニの集落

う。降水量の少ない年には、大雨季の前にすべての貯水場が干上がってしまう
ことも珍しくない。そうした場合、住民たちはポリタンクを担いで水道の整備
されたシモニへと渡り、船を使って生活用水を村に運搬する。

　ワシニとニュママジでは、家屋や集落の様子に違いがみられる。ワシニでは、
狭い路地を挟むように石やコンクリートでつくられた家屋が密集して立ち並ん
でおり、数は少ないものの2階建て以上の建築物もみられる（写真1－1）。そ
れに対し、ニュママジでは木と土でつくられた平屋の家屋が分散して建つ。ま
た、ワシニではトタン屋根が主流であるのに対し、ニュママジの家屋の屋根は、
乾燥させたヤシの葉 *makuti* を葺いたものとなっている。ワシニの住民による
と、ニュママジには経済的に貧しい世帯が多く、費用のかかる石やコンクリー
ト、トタンを用いた家を建てることができないのだという。

　村の年長者によると、ワシニの集落は海岸線に沿うように、西から東へと拡
大してきた。集落の西側にくらべると、東側には若い夫婦が居住するあたらし
い家が目立つ。これは、結婚後に実家を離れる夫婦が、土地に余裕のある村の
東側に家屋を建てることが多いためである。ワシニ村では、結婚後に新居を建
てて、実家から独立するのが望ましいとされる。しかしながら、実際には土地
を確保できても経済的な余裕がないため、結婚後も夫方の実家にとどまりなが

ら貯蓄し、数年がかりで少しずつ新居を建て進めることが多い。そのため、集落の東側には建築途中で放置された家屋が点在している。

ワシニ島のおもな住民は、スワヒリ人ともよばれるブンバ *Vumba* とキフンディ *Kifundi* の人びとである。ブンバはワシニに、キフンディはニュママジとムクィロ村に居住しており、両者はそれぞれスワヒリ語のブンバ方言 *Kivumba* とキフンディ方言 *Kikifundi* を話す。言語学的にみると、ブンバ方言は南部スワヒリ語方言に、キフンディ方言は北部スワヒリ語方言に分類されるが（Nurse and Spear 1985）、両者のコミュニケーションには支障がない。ブンバとキフンディ以外にも、ワシニ村にはケニアとタンザニアの沿岸部各地から移住してきた者と、ごく少数のケニア内陸部出身者も居住する。島外出身者のなかでとくに目立つのが、ザンジバルのペンバ島から移住してきた者たちである。ワシニ島からペンバ島までの直線距離は 60km ほどで、両地域の間では古くから通婚や交易、出稼ぎなどによる人の往来があったという。ペンバ島とケニアとを結ぶ旅客航路はないが、税関事務所と入国管理事務所が設置されているシモニの港には月に数回、ペンバ島から木造の貨物船 *jahazi* がやって来る。ワシニ村の住民がペンバ島へ渡るときには、この貨物船に便乗させてもらうことが多い。シモニの港を午前のうちに出航すると、遅くとも日が暮れるまでにはペンバ島に到着することができる。

内陸部出身者のなかにはごく少数のキリスト教徒もいるが、ワシニ村の住民の大部分はスンニ派のムスリムである。ワシニには 5 か所、ニュママジには 1 か所のモスクがあり、礼拝の時間帯には大勢の男性が集まる[6]。とくに夕方になるとモスク前の広場はにぎわい、年長者たちが礼拝の時間まで談笑を楽しむ姿もよくみられる。ワシニとニュママジでは、それぞれのコミュニティがイスラーム学校 *madrasa* を運営しており、子どもたちがイスラームの教えやアラビア語を学んでいる。村内では、禁酒やラマダーン *ramadhani* の断食といった、イスラームの規範が比較的厳格に守られている。

ブンバの人びとはワシニとタンザニアとの国境付近に位置するバンガの町に、キフンディの人びとはムクィロ村とニュママジを含めたシモニ半島の周辺に多

く居住する。シモニ半島には、ほかにもミジケンダのサブグループであるディゴの人びとが多く住んでおり、おもに漁撈や農耕を営んでいる。

　ブンバの社会には6つのクラン *mafuko* があり、人びとはそのいずれかに属している。かつて、クランはブンバ社会全体を統治する首長の選出や、土地の分配といった場面において重要な役割を果たした。しかしながら、その社会的な機能は薄れつつあり、住民のなかには自身が属するクランを知らない者も少なくない。ブンバ社会の首長は、モンバサ以南のケニア沿岸部において、政治的・経済的に大きな影響力を有していたものの、その地位継承は19世紀末に断絶している（McKay 1975: 222）。現在、ワシニ村では住民の信任によって選ばれた村長が置かれ、村内におけるもめごとの解決や、対外的な窓口としての役割を担っている。

（2）ワシニ村の歴史と経済活動の変遷

①ケニア独立以前

　ワシニ村を建て、現在も人口の大半を占めるブンバの人びとの歴史については、首長の地位継承に焦点をあてた研究がいくつか存在するものの（たとえば、Hollis 1900; Robinson 1939）、生業や日常生活についての民族誌的な記述は少ない。また、ブンバ社会には、歴代の首長名などが記された年代記（Chronicle of Vumba Kuu）が存在していたが、19世紀末に失われてしまった（Hollis 1900; Wynne-Jones 2010）。そうしたなか、マッケイの研究（McKay 1975）は政治体制の変遷に焦点をあてつつ、経済活動や周辺諸集団との関係性などについても言及した、ブンバ社会の過去を知るための貴重な資料となっている。ここからは、これらの研究を参照しながら、ワシニ村の歴史と経済活動の変遷をたどる。

　ケニアとタンザニアとの国境付近でインド洋に注ぐウンバ川の河口には、広大なマングローブ林がひろがる。かつて、ブンバの人びとはその近くに存在していたブンバ・クーという町を拠点とする生活を営んでいた。ブンバ・クーは、ヒジュラ暦600年（西暦1203/4年）に建てられ、このときにブンバ社会を統治する最初の首長が就任したといわれる（Hollis 1900; McKay 1975）。

　現在、ブンバの人びとはイスラームを信仰しているが、初代から5代目まで
の首長はムスリムではなかった（Robinson 1939: 93）。ニオンビ *Niomvi* という6
代目の首長が統治していた15世紀後半、ブンバの人びとは干ばつと飢饉に苦
しんでいた。これを解決するため、ニオンビは超自然的な力をもつイスラーム
の宗教指導者をザンジバルから招き、雨乞いを依頼した。祈願は成功し、ニオ
ンビはこの宗教指導者と自身の娘を結婚させ、イスラームを信仰するように
なったという（Sperling 1988: 24）。これを機に、ブンバ社会にはイスラームが浸
透していった。

　18世紀初頭、11代目のブンバの首長としてルガ *Ruga* という人物が選出さ
れた。当時、外敵からの攻撃を恐れていたブンバの人びとはルガに率いられ、
無人だったワシニ島へ移住した（McKay 1975: 78）。このときに建てられた村が、
現在のワシニである。移住にともないブンバ・クーは放棄され、現在はわずか
な遺構が残されているのみである。考古学的な調査によると、ブンバ・クーで
はウシやニワトリ、ヤギあるいはヒツジといった動物の骨に加え、大量の魚骨
が出土しており、漁撈が重要な食料獲得手段であったことが明らかとなってい
る（Quintana Morales 2012）。

　ムクィロ村とニュママジに住むキフンディの人びとは、みずからをシラジ
Shirazi と名乗ることもある。[7] ケニア沿岸南部からタンザニア沿岸北部にかけ
ての一帯には、キフンディ以外にもシラジの集団がいくつか存在していた。17
世紀初頭、彼らとブンバとの間に戦争が起こり、敗北したシラジの人びとは従
属的な地位に追い込まれた（Nurse and Walsh 1992: 186）。やがて、一部のシラジ
（キフンディ）は本土を離れてワシニ島へと移住した。筆者がワシニ村の年長者
から聞いた伝承によると、キフンディがワシニ島へやって来たのは、ブンバの
移住よりもかなり後のことであるという。ワシニ島に渡ったキフンディは、島
の南側の海岸に面したボゴアという場所に村を建てた。しかしながら、村内で
疫病が流行したため、人びとは19世紀後半に島の北東部に移動し、あらたに
ムクィロ村を建てた（Walsh 1993: 65）。ワシニ村において確認した伝承による
と、ボゴアに住んでいたころ、キフンディはおもに漁撈によって生計を立てて

いた。彼らは魚が豊富で、村からのアクセスが容易なワシニ島南方の海を漁場として利用していた。そのため、一部の住民は漁場が遠くなることからムクィロ村への移住に反対し、のちにボゴアの西側にあらたな集落をつくった。これが現在のニュママジである。ニュママジへ移住した当初、住民はムクィロ村と強いつながりをもっていたが、ワシニのほうが距離的に近いため、いつしかニュママジはワシニ村の一部になったという。現在も、島の南方海域で操業するムクィロ村の漁業者たちは、ボゴアの海岸を船の停泊場所として利用している。

　ワシニ島への移住後、ブンバの人びとは交易や農耕、漁撈などによって生計を立てた。やがて、ザンジバルを拠点とするオマーンの海上交易が活発になると、ブンバの経済活動もその規模を拡大させていった。

　現在、ワシニ村ではヤシや果物がわずかに栽培されているのをのぞくと、耕地はほとんどみられない。しかしながら、かつて村の周辺では雑穀などがひろく栽培されていたという。やがて、ブンバの人びとは島内だけでなく、シモニ半島周辺にも耕地を拡大させていった。本土では雑穀にくわえ、湿地を利用した稲作もおこなわれた（McKay 1975: 155）。18 世紀半ば、首長ルガの息子はブンバ・クー近くのバンガに移住し、耕地の拡大を試みた。しかしながら、バンガはブンバ・クーと同様に外敵からの攻撃を受ける不安があったため、初期の移住は小規模なものにとどまった（McKay 1975: 158）。1820 年代以降、バンガでは近くを流れるウンバ川を利用した灌漑が開始され、稲作が盛んとなった（McKay 1975: 159）。これを契機として移住が進み、バンガはワシニ村とともに、ブンバ社会における経済と政治の中心地として発展した。

　ブンバの人びとが本土での耕地拡大を進めた背景には、ザンジバルにおける穀物需要の高まりがある。オマーンのサイード王は、19 世紀初頭にザンジバルへ持ち込まれたクローブ（丁子）に輸出商品としての価値を見出し、本土から供給された奴隷を労働力として栽培を推進した。その結果、それまで穀物を大量に輸出してきたザンジバルでは、多くの耕地がクローブ栽培に転用され、地元で消費する食料さえも不足する事態が生じた（Sheriff 1987: 54）。これにより、

ワシニ島周辺を含めたケニア沿岸部では、ザンジバルへの穀物の供給元として耕地の拡大が進んだのである。

　農耕とともに、ブンバ社会において経済活動の柱となったのが交易である。先に述べたとおり、オマーンによる海上交易では象牙や獣皮、奴隷などが盛んに輸出された。ブンバの人びとは、これらを入手するために内陸部へと進出していった。19世紀半ばにワシニ島を訪れたイギリスの探検家・バートンによると、ワシニ村の住民は2月ごろに100名ほどのキャラバンを編成して内陸部へ赴き、4か月を費やして象牙や奴隷を入手したという（Burton 1967: 109）。調達した商品や奴隷はザンジバルへと送られたが、奴隷の一部はブンバが所有し、労働力として利用した。

　このほかに、ワシニ村の住民にとって重要な輸出品となったのが、マングローブ材である。本土との間にひろがる水路が貨物船の停泊場所に適していたこともあり、広大なマングローブ林を有するワシニ島では、マングローブ材の伐採が盛んにおこなわれた。象牙や奴隷がザンジバルを経由して輸出されたのに対し、マングローブ材は外国からやって来た貨物船と住民との間で直接売買された。ワシニ村では、アラブ人やインド人、ソマリ人がマングローブを買い付けた（McKay 1975: 164）。規模は縮小していったものの、村内では20世紀半ばまでマングローブ材の売買がおこなわれていたという。当時の様子を記憶する住民によると、貨物船はワシニとムクィロ村の間の海岸に停泊し、船員や商人は必要なマングローブの種類と量を住民に伝えた。注文を受けた者は労働力を集め、島の周囲やワシニ島西方の無人島で必要な材を確保した。ほかにも、ワシニ村の住民は船員への食料供給や、船の修理を手伝い収入を得ることがあったという。

　オマーンによる交易の衰退やイギリスによる支配、第一次世界大戦の影響を受け、ブンバの経済活動は19世紀後半から20世紀前半にかけて、著しく停滞することとなった。大陸内陸部への交易ルートは分断され、奴隷交易の禁止にともなう労働力不足は耕地の大幅な減少を引き起こした（McKay 1975: 221）。植民地統治下、ワシニ村の住民は細々と農耕や交易、漁撈などによって生活を

営んだ。これらの活動はあくまでも小規模に展開され、ブンバ社会はその政治的・経済的な影響力を失っていった。

②交易から観光へ

　1963 年、ケニアはイギリスによる植民地支配からの独立を果たした。国境近くに位置するシモニの港は、規模の大きなモンバサの港よりも管理が手薄だったため、独立後も貨物船が海外からしばしば来航し、砂糖や食用油などを扱う密貿易をおこなった。ワシニ村やシモニには、その売買に関与して収入を得る者が少なくなかったという。1970 年代まで、シモニの港にはアラビア半島やパキスタン、インドなどからやって来た木造貨物船がときおり寄港していたものの、それらは次第に姿を消していった。現在も、シモニの桟橋では貨物を搭載した木造船が停泊しているのをときおり目にするが、その多くはタンザニアからやって来た船である。

　ワシニ村では、1960 年代後半から島外への出稼ぎに出る者が増えていった。彼らは、知人や親戚を頼ってモンバサやタンザニアのダルエスサラーム、ザンジバルなどの沿岸部各地に働き口を求め、ナイロビなどの内陸部に出ることはほとんどなかった。とくに 70 年代以降にはケニアとタンザニアの各地で観光開発が進んだことにより、リゾート地で観光関係の仕事に就く者が増えた。出稼ぎ先からの仕送りは、村に残った家族や親戚にとって貴重な収入であったという。生産性の低さや、奴隷交易の廃止にともなう労働力不足により、島内で細々と続けられてきた農耕は、次第におこなわれなくなった。

　経済活動の停滞が続いていたワシニ村の住民にとって大きな転機となったのが、政府による海洋公園の開設である。1973 年、ケニア政府はワシニ島の南方にキシテ海洋公園（のちにキシテ・ムプンブディ海洋公園・保護区に再編。以降、本書では再編後の水域をキシテ・ムプングティ海洋公園と略記）[8]を開設した。その後、ワシニ村には少しずつ外国人観光客が訪れるようになり、1979 年には観光客向けのレストランがはじめてオープンした。観光客数の増加とともに、ワシニ村では観光施設の整備が少しずつ進んだ。2018 年 8 月現在、村内では 6 軒の観光

写真1－2　ワシニ村の観光客向けレストラン

客向けレストランと、3軒の小規模な宿泊施設が営業している。宿泊施設のオーナーはいずれもワシニ村の住民であるが、レストランのなかには島外の会社や外国人が経営するものもある。

キシテ・ムプンブディ海洋公園を訪れる観光客の特徴は、その大半が近隣のリゾート地に滞在する、日帰りツアーの参加者によって占められているという点である。朝方、送迎バスでシモニに到着したツアー客は、桟橋で船外機付きの木造観光船に乗り換え、1時間ほどをかけて海洋公園へ向かう。サンゴの群生がみられる無人島の周辺でダイビングやスノーケリングを楽しんだのち、一行はワシニ村のレストラン（写真1－2）に移動して、海産物をメインとした昼食をとる。その後、村内を散策し、ツアー客を乗せた船は夕方までにシモニへと戻っていく。現在、いくつかの旅行会社が、同じようなツアーを催行している。うち2社は、自社の観光船を所有しているが、ほかの会社は地元住民が所有する船を利用してツアーをおこなっている。ワシニ村の住民はレストランでの給仕や調理、船のクルーやガイドといった仕事をとおして観光業にたずさわっているが、就業機会は観光客の多寡に左右される。

キシテ・ムプングティ海洋公園を訪れる観光客の数は時期によって変動し、例年9月から2月ころにかけてが繁忙期、4月から7月ころにかけてが閑散期となる。このような時期的な増減は、ある程度予測することが可能であるものの、近年は社会情勢の変化によって、突発的に観光客が減少する様子も目立つ。

図1－4は、1975年から2021年までのキシテ・ムプングティ海洋公園への

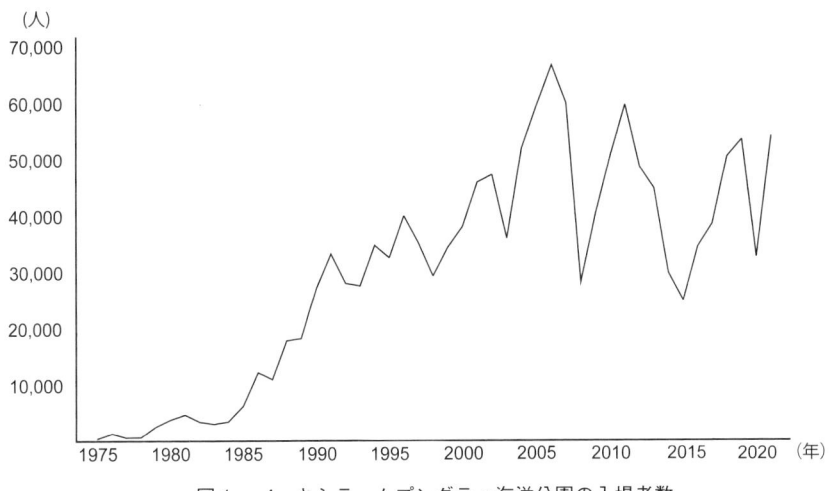

図 1 － 4　キシテ・ムプングティ海洋公園の入場者数

Republic of Kenya（1980：1985：1990：1995：2000：2005：2010：2015：2020：2022）をもとに筆者作成。

入場者数の推移を示したものである。1970 年代には、年間入場者数が 5000 人を下回る年が続いたものの、その数は 80 年代後半から大きく増加しはじめ、86 年には 1 万人を突破した。以降も入場者数の増加は続き、2006 年には過去最高となる 6 万 6000 人を記録した。その後も、入場者数は全体的に高い水準を維持しているものの、なかには突発的な減少がみられる年もある。このような減少の背景には、ケニア国内における社会情勢の不安定さがある。年間入場者数が最高を記録した翌年の 2007 年 12 月から翌 2 月にかけて、ケニアでは大統領選挙の結果をめぐる大規模な暴動や混乱が発生し、多数の死傷者が生じた。また、ケニアがイスラーム過激派組織を掃討するためにソマリアへの派兵を開始した 2011 年以降、国内では過激派によるテロが散発的に発生した。政情や治安に対する不安は、ケニアを訪れる観光客の減少を引き起こした。外国人が多く訪れるキシテ・ムプングティ海洋公園でも、国内で大きな事件が発生した直後には、入場者数が大きく減少する様子がみられる[9]。

　長年にわたり経済活動が停滞していたワシニ村の住民たちは、海洋公園の開

設を契機として、観光業にあらたな活路を見出した。しかしながら、突発的な社会情勢の変化が就業機会を左右することを考えると、観光業には不安定な側面も大きく、その先行きを見通すことは困難である。

（3）村の経済活動と漁撈

① 世帯の収入源にかんする調査

　海洋公園の開設後、観光はワシニ村における主要産業として成長した。ここからは、世帯の収入源にかんする聞き取り調査で得られた資料をもとに、現在のワシニ村における経済活動の特徴を示すとともに、そのなかでの漁撈の位置づけを明らかにする。

　調査にあたっては、村内の家屋を一軒ずつ訪問し、その時点における各世帯の構成や収入源、その活動をどの世帯構成員がおこなっているのかについて確認した。訪問時に留守だった世帯や、子どものみが在宅していた場合には、日時をずらして再訪した。その結果、2014 年 11 月 4 日から 8 日までの間に、村内全 134 世帯のうち 133 世帯から回答を得ることができた。[10] こうして得られた回答からは、具体的な収入金額や、活動がおこなわれる頻度までは把握することができない。また、少額の収入しか得ていない活動や、不定期におこなわれる活動は回答に含まれていない可能性もあるなど、正確性に欠ける部分もある。しかしながら、本調査の主眼は世帯経済の詳細な分析ではなく、あくまでも村全体における経済活動の全体像を把握することにあり、回答からはその目的をおおむね達成することができると考えた。

②世帯の構成

　スワヒリ語には、日本語の世帯に直接該当するような語は見当たらない。しかしながら、ワシニ村では同じ家屋に居住し、寝食を共にする家族 *familia* や親族 *jamaa* は、家計を一にする消費の単位となっていることが多い。そのため、本調査ではひとつの家屋に同居する家族や親族の集まりを世帯とみなした。

　表 1 － 1 は、聞き取りで得られた資料をもとに、村内における世帯構成の

表 1 - 1　世帯の構成

単位：世帯

同居人数		1	2	3	4	5	6	7	8	9	10	11	12	13	14	合計
同居世代	1世代	9	11		1											21
	2世代		3	10	16	13	18	12	7	7	1	2	1			90
	3世代			1	2	4	4	2		2	1	2	3	1	1	23

分布を示したものである。村内の全 134 世帯のうち、7 割に近い 90 世帯には 2 世代が同居している。3 世代同居は 23 世帯、1 世代の居住は 21 世帯であり、4 世代以上が同居する世帯はなかった。1 世代が居住する 21 世帯のうち、9 世帯は単身者の居住、10 世帯は夫婦のみの居住であった。残り 2 世帯のうち、1 世帯には未婚の兄弟が居住し、もう 1 世帯には 2 人の兄弟がそれぞれの妻とともに居住する。3 世代が同居する 23 世帯のうち、夫婦と子どもが夫方の親と同居する世帯は 13 世帯あるいっぽう、妻方の親と同居する世帯は 3 世帯にとどまる。残りの 7 世帯では、夫を亡くした妻が子どもと自身の親とともに居住している。このように、夫を亡くした妻は、経済的な事情から子どもを連れて実家に戻る例がよくみられる。

　村内の平均世帯人数は約 5.5 人で、もっとも人数の多い世帯には 14 人が居住している。10 人以上の大人数が居住する世帯は 12 世帯あるが、こうした世帯には夫婦どちらかの兄弟姉妹が、その配偶者や子どもとともに同居していることが多い。その場合、それぞれの夫婦は寝室を別にするが、居間や台所は共用し、同居者が揃って食事をとるのが一般的である。

③世帯における収入源

　本調査では、各世帯が回答した収入源を、便宜的に 14 の活動に分類して整理した（表 1 - 2）。もっとも多くの世帯が収入源として回答したのは、観光客向けレストランでの給仕や調理、観光船のクルーやガイドといった、観光業にかかわる仕事である。ここにはレストランや宿泊施設、観光船のオーナーも含

表 1 － 2　世帯における収入源

単位：世帯

	村全体 (n=133)	ワシニ (n=117)	ニュママジ (n=16)
漁撈（食用水産物）	30	20	10
タカラガイ採集	21	12	9
商人（食用水産物）	5	4	1
〃（タカラガイ）	2	1	1
観光	55	54	1
職人	13	12	1
日雇い労働	12	10	2
小売り	29	29	0
衣類仕立て	4	4	0
薪売り	10	4	6
農耕	3	3	0
公務員	6	6	0
そのほか	3	3	0
仕送り	22	19	3

複数回答。

　まれる。また、村と本土との間を往復する船外機付きボートの総舵手やオーナーは、観光客から収入を得る機会が多いことから観光業に含めた。観光関係の仕事を収入源として回答した世帯の大部分はワシニに居住しており、ニュママジではわずかに 1 世帯（1 人）が観光船のクルーとして収入を得ているのみであった。観光客向けのレストランや宿泊施設はいずれもワシニで営業しており、ニュママジの住民が観光客と直接的にかかわる機会はほとんどない。

　レストランや宿泊施設における清掃と調理の仕事は女性もおこなうが、観光船のクルーやガイドとして働くのは男性のみである。このほかに、男性だけ

が収入源とする仕事としては、大工や石工、電気技師などの職人 *fundi* や、日雇い労働者 *kibarua*、食用水産物を採捕する漁業者と、それを売買する魚商人 *mchuuzi* などがある。日雇い労働者は、職人の仕事を短期的に手伝うほか、住民の依頼を受けて水汲みや荷物運搬といった単発的な肉体労働を請け負う。

ワシニ村では、魚類 *swi* やタコ *pweza*、イカ *ngisi* といった食用水産物の採捕以外に、食用とされないタカラガイ *kaure* の採集がおこなわれている。食用水産物のうち、魚類とイカを対象とした漁をおこなうのは男性のみで、タカラガイの採集は基本的に女性だけがおこなう。このように活動の性差がみられることから、ここでは食用水産物の採捕のみを漁撈に含め、タカラガイの採集とは区別する。なお、タコ漁は女性がおこなうこともあるが、今回の調査において収入源として回答した者はいなかった。

水産物を扱う商人にも、食用水産物のみを扱う者とタカラガイのみを扱う者がおり、後者には女性も含まれる。女性のみが収入源とする仕事には、タカラガイの採集以外に、衣類の仕立てや薪売りがある。これらは、あくまでも副次的な収入獲得手段であり、それだけで生計を立てる世帯はない。

ワシニでは、農耕を収入源として回答した世帯が 3 世帯あった。このうちの 2 世帯は、ニュママジの近くでヤシや果物を小規模に栽培している。残りの 1 世帯はシモニ半島に耕地を所有し、おもにトウモロコシと果物を栽培する。普段の農作業は耕地周辺の住民に任せており、自身はときおり様子を見にいく程度であるという。なお、本調査の回答には含まれていなかったものの、ほかにもワシニの数世帯が本土や島内に耕地を所有していることがのちに判明した。

雑貨や野菜、食品などの小売りで収入を得ているのは、いずれもワシニの世帯である。このなかには商店の経営者以外に、自宅で調理したスナックや揚げパンを路上や小屋で販売する、ママ・カランガ *mama karanga* とよばれる女性や、店舗をもたずに自宅の玄関前で野菜や果物を販売する者が含まれる。ニュママジに小売りをおこなう者はおらず、住民は水産物以外の食料や日用品をワシニやシモニで購入する。

漁撈を収入源として回答した世帯は、ワシニで 20 世帯（集落全体の約 17%）、

表1－3　漁撈を収入源とする世帯の内訳

集落	世帯番号	世帯構成	世帯内の収入獲得手段（収入を得ている者）
ワシニ	1	1世代1人	漁撈（本人）
	2	1世代2人	漁撈（夫）
	3	1世代2人	漁撈（夫）
	4	2世代4人	漁撈（夫）
	5	2世代4人	漁撈（夫）、観光（夫）、日雇い労働（夫）
	6	2世代4人	漁撈（息子1人）
	7	2世代4人	漁撈（夫）、小売り（妻）
	8	2世代5人	漁撈（夫）
	9	3世代5人	漁撈（妻方父）、観光（妻）、薪売り（妻）
	10	3世代5人	漁撈（夫）、観光（妻）
	11	2世代6人	漁撈（夫）
	12	2世代6人	漁撈（夫）
	13	3世代6人	漁撈（夫）
	14	2世代7人	漁撈（夫）、衣類仕立て（妻）、薪売り（妻）
	15	3世代7人	漁撈（夫と息子1人）
	16	2世代8人	漁撈（夫と息子4人）、小売り（妻）
	17	2世代9人	漁撈（夫）
	18	3世代9人	漁撈（息子1人）、観光（夫）
	19	3世代9人	漁撈（夫）
	20	3世代14人	漁撈（夫）、観光（息子1人）
ニュママジ	21	1世代1人	漁撈（本人）
	22	1世代2人	漁撈（夫）、タカラガイ採集（妻）、薪売り（妻）
	23	1世代2人	漁撈（兄）、魚商人（弟）
	24	1世代2人	漁撈（夫）、タカラガイ採集（妻）
	25	1世代2人	漁撈（夫）
	26	1世代2人	漁撈（夫）、タカラガイ採集（妻）
	27	2世代4人	漁撈（夫）、観光（夫）
	28	3世代4人	漁撈（夫）、タカラガイ採集（妻）、薪売り（妻）
	29	2世代6人	漁撈（夫）
	30	2世代11人	漁撈（夫方父）、日雇い労働（夫）、タカラガイ採集（妻）

ニュママジで 10 世帯（集落全体の約 62%）あった。表 1 − 3 は、これら計 30 世帯における収入獲得手段の内訳を示したものである。それぞれの世帯構成人数には、1 人から 14 人まで大きな幅がある。30 世帯のうち、複数の世帯構成員が漁撈で収入を得ているのは、夫と息子が一緒に操業するワシニの 2 世帯（番号 15、16）のみであった。第 2 章で述べるように、ワシニ村の漁撈活動は単独、あるいは数名での小規模な操業を基本とする。複数の漁業者が共同で出漁する場合にも、友人や知人が集まることが多く、世帯は労働の単位としてさほど重要とはいえない。

　漁撈のみを収入源とするのは、ワシニの 12 世帯とニュママジの 3 世帯で、残りの 15 世帯は漁撈を含めた複数の収入源を世帯内にもつ。このうちの 2 世帯（番号 5、27）では、夫が漁撈とほかの仕事を兼業している。残りの 13 世帯では、漁撈で収入を得ている者は専業で働き、ほかの世帯構成員が異なる活動によって収入を得ている。ニュママジでは、7 世帯が漁撈を含めた複数の収入源を世帯内にもつが、そのうちの 5 世帯では、妻がタカラガイの採集をおこなっている。タカラガイの採集は、特別な道具や体力を必要としないため、母親が小さな子どもを連れて一緒におこなうこともある。

　ワシニでは、8 世帯が漁撈を含めた複数の収入源を世帯内にもつが、そのうちの 5 世帯は観光の仕事で収入を得ている。ただし、ここにはレストランや観光船、宿泊施設のオーナーなど、比較的大きな資本をもつ者は含まれず、いずれの構成員も給仕や調理、観光船のクルーとして働いている。これらの仕事で得られる収入は、1 日あたり 300 〜 500ksh 程度が相場であるが、収入獲得機会は観光客の多寡に左右される。いっぽう、衣類仕立てや薪売り、小売り、タカラガイの採集は、1 日あたりの収入が 300ksh に満たないこともあるが、時期を問わずに収入を得ることができる。女性（妻）がおこなうこれらの仕事は、期待できる収入金額がさほど高いとはいえないものの、男性（父・夫・息子）がおこなう漁撈の不安定な収入をおぎなううえで、重要な意味をもつと思われる。

④漁撈の位置づけ

　ここまでみてきたように、ワシニ村で漁撈を収入源として回答した世帯は、133 世帯中 30 世帯にとどまった。だが、このことは村のなかにおける漁撈の重要性が低いことを意味するのではない。次章で述べるように、ワシニ村では魚を中心とした水産物が、日常生活における主要な動物性たんぱく源として消費されている。そのため、住民のなかには漁獲を売却せずとも、自家消費用の食料を入手するために操業する者が少なくない。世帯調査を実施した際には、各世帯において食料獲得を目的とした漁撈活動がおこなわれているかどうかについても確認した。その結果、ニュママジでは全世帯において、ワシニでも全世帯の 6 割に近い 70 世帯において、いずれかの世帯構成員が直近 1 か月のうちに 1 回以上、漁撈によって食料を獲得したと回答した[11]。

　ワシニ村において漁撈は、食料を獲得する手段としてだけでなく、ほかの仕事による収入の減少をおぎなう手段としても重要である。2014 年、ケニア沿岸部におけるテロの発生を警戒した欧米諸国は、自国民に対して渡航延期や現地からの退避を呼びかける対応をとった。これにより、沿岸部を訪れる観光客数は著しく減少し、リゾート地ではホテルが休業したり、従業員を解雇する様子もみられた。キシテ・ムプングティ海洋公園を訪れる観光客数も、住民が過去 10 年で最悪というほどに落ち込んだ。この間、ワシニ村で観光の仕事を収入源とする者のなかには、長期にわたり就業機会を得ることができず、島外への出稼ぎや日雇い労働のほか、漁撈によって収入を確保しようとする者が続出した。その結果、ワシニ島周辺の海では例年以上に漁撈が盛んにおこなわれるようになった。

　2022 年 7 月、筆者は 4 年ぶりにワシニ村を訪問し、新型コロナウイルス (COVID-19) の感染拡大が、村の生活におよぼした影響について住民から話を聞いた。2020 年、国内での感染拡大を抑えようとするケニア政府は、夜間外出禁止令の発出や国際旅客便の運航停止といった措置を講じた。この間、キシテ・ムプングティ海洋公園を訪問する観光客の数は大きく落ち込み、村内で営業する観光客向けレストランもほぼ休業状態となった。観光の仕事で収入を得

ることのできなくなった者たちはつぎつぎに漁を開始し、なかには普段女性がおこなうタカラガイの採集に参入する男性もあらわれた。漁獲物を売却しようとする者と、自家消費用の魚をみずから獲る者が増えたため、水産物は供給過多となり、魚価は例年の半分程度にまで下落したという。

　海洋公園が開設される以前のワシニ村では、交易と農耕が主要な経済活動であり、住民たちがどの程度漁撈に依存した生活を営んできたのかは定かでない。しかしながら、年長者らの話によると、住民が観光業へ積極的に参入しはじめる以前のワシニ村では、多くの男性が食料や収入を得ようと、日常的に漁をおこなっていた。やがて観光の仕事や島外への出稼ぎが盛んとなり、収入獲得手段が多様化していくと、大部分の人びとは漁撈以外の仕事を優先し、魚は「獲るもの」から「買うもの」になったという。

　ワシニ村では、年間をとおして漁撈を主たる収入源とする者を漁師 *mvuvi* とよぶ。ここには、収入を得るために季節的・副次的に操業する者や、食料獲得を主目的として操業する者は含まれない。村内には、みずからを漁師と名乗らず、また他者からも漁師とはよばれない、潜在的な漁業者が数多く存在しているのである。産業としての重要性は必ずしも高いとは言い切れないものの、収入獲得手段が多様化した現在においても、漁撈がワシニ村の住民たちにとって身近な生計手段のひとつであることに変わりはない。

第2章

漁業をとりまく自然・社会環境

扉写真：地先海面で網を引き上げるワシニ村の男たち。

1．小規模漁業の地域的展開

　水産資源の利用方法には、高緯度帯と低緯度帯において異なる傾向がみられる。一般的に、資源として用いられる生物種が少ない高緯度帯の海では、特定の季節に採捕できる生物をさまざまな形で用いる多面利用戦略（Multiple-Use Strategy）がとられる。それに対し、生物種の多様性が高い低緯度帯の海では、多様な生物を広範囲に用いる多種利用戦略（Multiple-Species Strategy）をとることが多い（秋道 2002）。

　低緯度帯にひろがるケニアの海においても、住民たちは 1 年をとおして多様な水産資源を利用している。沿岸部一帯ではひろく類似した漁具や漁法がみられるものの、それらの普及状況や操業形態、漁獲物の取引方法などは、たとえ近接した村でも大きく異なることがある。このような差異は、漁場をとりまくミクロな自然環境のみならず、海村の立地や漁業への経済的な依存度、水産物需要の違いといった、社会環境の違いに起因するところが少なくない。海村社会を対象とする地理学的研究では、自然環境と社会環境を総称して場所的環境とよび、これと生産活動との関係性を正確に把握することの必要性が指摘されている（藪内 1958）。ローカルな漁撈活動の特性を把握するためには、経済活動のグローバル化が進行した現代の社会的状況を念頭に置きつつ、海村をとりまく自然・社会環境が資源の利用方法にどのように反映されているのかを、総体的な視点から展望することが求められる。

　次章以降において、かご漁の詳細な記述と分析を進めていくのに先立ち、本章ではワシニ村の漁業を理解するための見取り図を提示する。まず、島周辺にひろがる水域環境の特徴や漁業者たちの自然認識、資源保全をめぐる政府やコミュニティの動向、漁獲売買の方法などについて述べたのち、村内でおこなわれている各種漁法の概要を示す。そのうえで、ケニアが独立を果たした 1960 年代以降、漁業をとりまく環境が変化していくなかで、ワシニ村の住民たちがどのように身近な水産資源を利用してきたのかをさぐる。

2. 漁場環境と漁業者たちの自然認識

(1) 水域の区別

　タンザニアと国境を接するケニア沿岸南部の一帯には、海岸を覆うように発達したマングローブ林といくつかの島嶼が点在している（図2−1）。このなかでワシニ島は、狭い水路で本土と隔たれたフンジ島のつぎに大きな島である。砂浜が少ないこともあり、シモニ半島の周辺やワシニ島では大規模なリゾート開発はおこなわれていない。

　ワシニ島の周辺には250種類以上の魚種と130種類以上の造礁サンゴが分布する、生物多様性の高い海がひろがっており（Murage and Mwaura 2015: 22-23）、地元住民たちが漁場として利用している。島の西側から南側にかけては、マングローブ林の外側に岩礁 *mwamba* が発達しており、潮が引くと広範囲が干出する。岩礁の外側には、砂地や海草藻場、サンゴの点在する浅い海域が続く。海洋公園の水域を越えて島から10kmほど南へ離れると、水深は急激に落ち込み、その先には東アフリカ沿岸流（East African Coastal Current）が北上するペンバ海峡がひろがる。ペンバ海峡は、マグロ類 *jodari*（*Thunnus*）をはじめとする回遊性の大型魚がよく獲れるため、スポーツフィッシングの漁場として人気が高い。その出港拠点であるシモニには例年、多くの外国人釣り客がやって来る。いっぽう、小型船を用いる地元漁業者たちが、波の高いペンバ海峡まで出漁することはほとんどない。

　ワシニ島と本土を隔てる水路は、最深部で20mほどの深さがあり、大型の船も航行することができる。かつて水路内にはサンゴの群落がみられたというが、現在それらはほとんど消滅している。水底の大部分は貝殻と砂に覆われており、水の透明度は島の南側にくらべると劣る。

　ワシニ村の漁業者たちは、島周辺にひろがる海を水深にもとづき区別している。図2−2はその区別と、それぞれの水域でみられる漁法の種類を示し

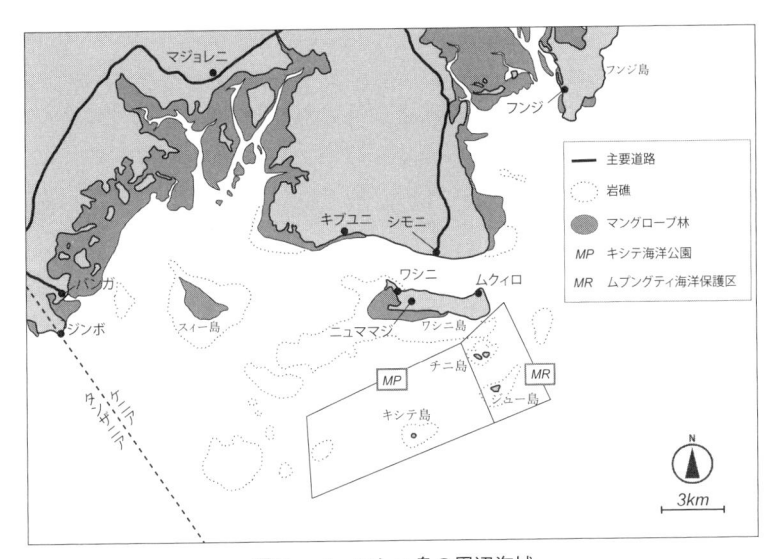

図2-1　ワシニ島の周辺海域

Republic of Kenya（2017: 11）をもとに筆者作成。

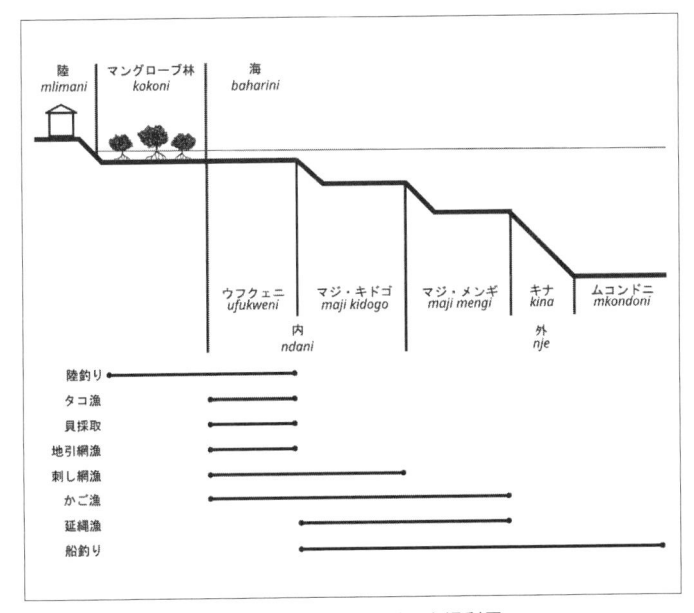

図2-2　水域の区別と漁場利用

たものである。現在村内でおこなわれている漁法には、釣漁（陸釣り、船釣り）、地引網漁、刺し網漁、かご漁、延縄漁、タコ漁、貝類の採集がある。このうち、陸釣りとタコ漁、貝類の採集は徒歩でおこなう。かご漁は徒歩もしくは船を使用しておこない、それ以外の漁法については船が必要となる。これらの漁法については、本章の後半で詳しく述べる。

　ワシニ島の西側から南側にかけて、海岸線をとりまくように発達したマングローブ林 kokoni は、海 baharini とは区別される。マングローブ林の外側にひろがる潮間帯は、ウフクェニ ufukweni という。ワシニの集落前にひろがるウフクェニは「港 bandarini」とよばれ、喫水が浅い船の停泊場所となっている。ほかにも、村と本土との間を往復するボートの乗り降り場や、子どもたちの遊び場としても利用されるなど、集落前の浅い海は住民にとって生活空間の一部となっている。また、潮汐によって干出する範囲が大きく変化することから、ウフクェニでは潮位によってさまざまな漁法をみることができる（田村 2015）。

　ウフクェニの先にひろがる、水深3mほどまでの水域はマジ・キドゴ maji kidogo という。漁業者たちの説明によると、マジ・キドゴは大潮の日にも干出することがなく、船のアンカー nanga を打つことができる程度の深さがある水域をさす。なお、ウフクェニからマジ・キドゴにかけての水域は内 ndani とよばれ、それよりも深い水域（外 nje）と区別されることがある。

　マジ・キドゴの先にひろがる、水深3〜20mほどの水域はマジ・メンギ maji mengi という。マジ・メンギは、船のアンカーを打つことはできないものの、船上から水底の様子を観察することが可能な深さの水域をさす。観光客がダイビングやスノーケリングを楽しむキシテ・ムプンブディ海洋公園の海域は、その大部分がマジ・メンギに含まれる。

　マジ・メンギから続く急な傾斜面 kina を過ぎると、その先には水底の様子を観察できないほど深いムコンドニ mkondoni の水域がひろがる。陸地から遠く、1年をとおして波が比較的高いことから、ムコンドニを漁場として利用する者は少ない。

　ワシニ村でみられる漁法のうち、マングローブ林でおこなわれるのは釣漁

（陸釣り）のみである。それぞれの水域でみられる漁法の数は、ウフクェニが 6 種類、マジ・キドゴが 4 種類、マジ・メンギが 3 種類、そしてキナおよびムコンドニが 1 種類となっている。漁法の数からみると、ワシニ村の漁業者による漁場利用は、水底の様子を目視することが可能な比較的浅い水域に集中しているといえる。

（2）潮汐

住民の大部分がムスリムであるワシニ村では、日常生活のなかにおいて太陽暦のカレンダーが使用されているものの、宗教行事の日取りを決める場合にはヒジュラ暦（イスラーム暦）[1] が参照される。太陰暦であるヒジュラ暦は、潮汐 *maji* [2] の周期を知るのに適しており、漁業者たちはこれをもとに潮の変化を把握している。

1 日のなかで干満の差が大きくなる大潮は *bamvua*、干満差が小さくなる小潮は *maji mafu* という。大潮、小潮とみなす時期については個人によって認識のばらつきがあるが、一般的に大潮はヒジュラ暦の 1 日と 15 日を挟む 4 〜 6 日間、小潮は 7 日（あるいは 8 日）と 21 日（あるいは 22 日）を挟む 4 〜 6 日間をさす。ただし、漁業者たちが会話のなかで大潮、小潮という語を用いることはあまりなく、月齢 5 の潮 *maji ya mwezi tano*、月齢 10 の潮 *maji ya mwezi kumi* というように、潮の状態は月齢によって表現されることが多い。

ワシニ島と本土との間にひろがる水路では、下げ潮 *maji yanatoka* のときには西から東へ、上げ潮 *maji yanajaa* のときには東から西へと潮が流れる。延縄漁や刺し網漁をおこなうときには、潮の流れにあわせて船を操り、上流から下流に向けて漁具を設置していく。漁業者たちは、満潮 *maji yamejaa* と干潮 *maji yametoka* の時間は、毎日 1 時間ずつ遅くなっていくと説明する。ただし、実際に漁をおこなうなかでは、時計を見て干満の時刻を確認することはまれで、直近数日間における潮位変動の様子や、目の前の海の様子から、満潮・干潮の時間とその潮位を経験的に予測することが多い。翌日に操業を予定している場合、漁業者たちは潮に流されるのを防ぐために船をなるべく陸地に寄せ、出漁

予定の時間に干出しない場所に停泊させておく。万が一、水底が干出する場所に船を置いてしまうと、数人がかりで船体を持ち上げて水面まで移動させるか、潮が満ちてくる時間まで出漁を待たなくてはならない。だが、筆者が調査をおこなうなかで、こうした光景を目にすることは一度もなかった。漁業者たちは、日々の操業をとおして海の様子を観察するなかで、潮位の変化を正確に把握している。

(3) 風と季節

　漁場に吹く風の特徴を把握することは、良好な漁獲を得るためだけでなく、身の安全を確保しながら小型船での操業をおこなううえでも重要である。ワシニ村の漁業者たちは、年間をとおしてさまざまな方向から吹く風をいくつかに分類しており、それらは民俗方位や季節の区分とも密接に関係している。

　図2－3は、聞き取りで得られた資料をもとに、ワシニ村の住民による風の分類を整理したものである。この分類を理解するにあたって重要なのは、住民たちが認識する民俗方位と自然方位との間に差がみられる点である。住民たちは、ワシニ村からシモニの町をみた方向を北 *kaskazi* と認識しており、自然方位と民俗方位との間にはおよそ45度のずれがある。ここでは混乱を避けるため、民俗方位を〈北〉のように括弧付きで表記する。

　さまざまな方向から吹く風は、カスカジ *kaskazi* とクシ *kusi* のふたつに大別される。本書ではこれを広義のカスカジ、広義のクシとよぶ。広義のカスカジは、〈西〉*magharibi* と〈東〉*mashariki* とを結んだ線の北側から、広義のクシはその南側から吹く風を総称する。

　漁撈活動を日常的におこなう者たちは、ふたつの風をより細分化して認識している。彼らは、〈北〉と〈南〉を中心とするおよそ90度の範囲から吹く風を、それぞれカスカジ、クシとよぶ。これらの風はさらに、風向によってジュー *juu*（上）とチニ *chini*（下）に区別され、ジューの風はチニの風よりも強力といわれる。〈東〉と〈西〉を中心としたおよそ90度の範囲から吹く風は、それぞれマテライ *matelay*、ウマンデ *umande* という。これらの風は、カスカジ

やクシよりも穏やかで、ほとんど無風のように感じることもある。マテライとウマンデはさらに、クシとカスカジのふたつに区別され、クシのマテライ *matelay ya kusi*、カスカジのウマンデ *umande wa kaskazi* のようによばれる。この区別はあくまでも風向にもとづくものであり、風の強さに大きな差はない。

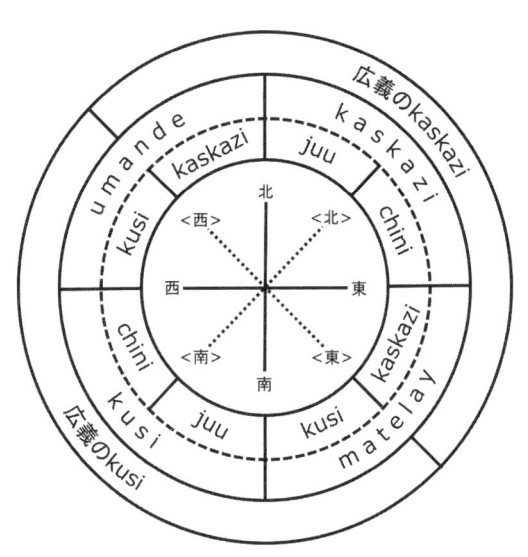

図2−3　風の分類と方位

　島周辺の海では、時間帯や季節によって風向が周期的に変化していく。図2−4は、漁業者への聞き取りによって得られた情報をもとに、それぞれの時間帯に卓越する風の名称を、月ごとに整理して示したものである。

　ワシニ村の住民たちは、広義のカスカジが卓越する時期と、広義のクシが卓越する時期を、それぞれひとつの季節 *msimu* として認識している。年によって若干の違いはあるものの、おおむね4月から11月にかけてがクシの季節で、12月から3月にかけてがカスカジの季節にあたる。

　4月ころ、村の周辺では早朝 *alfajiri* に弱いチニのクシ *kusi ya chini* が吹いたのち、午前 *asubuhi* から夜 *usiku* にかけて強力なジューのクシ *kusi ya juu* が吹き続ける。その後、チニのクシが吹く時間は少しずつ長くなり、7月から10月ころにかけては、午後 *mchana* にもチニのクシとジューのクシが入り混じるようになる。

　8月に入ると、早朝のわずかな時間にクシのウマンデ *umande wa kusi* が吹くようになる。クシのウマンデが吹く時間は、11月ころにかけて少しずつ長

月	季節	時 間 帯				
		早朝 *alfajiri*	午前 *asubuhi*	午後 *mchana*	夕方 *jioni*	夜 *usiku*
4月	*kusi*	*kusi ya chini*	*kusi ya juu*	*kusi ya juu*	*kusi ya juu*	*kusi ya juu*
5月		*kusi ya chini*	*kusi ya juu*	*kusi ya juu*	*kusi ya juu*	*kusi ya juu*
6月		*kusi ya chini*	*kusi ya chini/ kusi ya juu*	*kusi ya juu*	*kusi ya juu*	*kusi ya juu*
7月		*kusi ya chini*	*kusi ya chini/ kusi ya juu*	*kusi ya chini/ kusi ya juu*	*kusi ya juu*	*kusi ya juu*
8月		*umande wa kusi/ kusi ya chini*	*umande wakusi/ kusi ya chini*	*kusi ya chini/ kusi ya juu*	*kusi ya juu*	*kusi ya juu*
9月	(*maleleji*)	*umande wa kusi*	*umande wa kusi/ matelay ya kusi*	*kusi ya chini/ kusi ya juu*	*kusi ya juu*	*kusi ya juu*
10月		*umande wa kusi*	*umande wa kusi/ matelay ya kusi*	*kusi ya chini/ kusi ya juu*	*kusi ya juu*	*kusi ya juu*
11月		*umande wa kusi*	*umande wa kusi/ matelay ya kusi*	*matelay ya kusi/ kusi ya juu*	*kusi ya juu*	*kusi ya juu*
12月	*kaskazi*	*kaskazi ya chini*	*kaskazi ya juu*	*kaskazi ya juu*	*kaskazi ya juu*	*kaskazi ya juu*
1月		*kaskazi ya chini*	*kaskazi ya chini/ kaskazi ya juu*	*kaskazi ya juu*	*kaskazi ya juu*	*kaskazi ya juu*
2月	(*maleleji*)	*umade wa kaskazi/ kaskazi ya chini*	*kaskazi ya chini/ matelay ya kaskazi*	*kaskazi ya chini/ kaskazi ya juu*	*kaskazi ya juu*	*kaskazi ya juu*
3月		*umande wa kaskazi*	*matelay ya kaskazi*	*matelay ya kaskazi*	*kaskazi ya juu*	*kaskazi ya juu*

くなっていく。また、8 月には本土とワシニ島を隔てる水路にときおりクジラ *nyangumi* が姿をみせ、島の南側の岩礁にはクラゲ *wage* がひんぱんに漂着するようになる。これらがみられるようになると、数週間のうちにマテライの風が吹き始めるといわれる。

　9 月上旬ころからは、午前中にクシのウマンデとともに、クシのマテライ *matelay ya kusi* がときおり吹くようになる。すでに述べたとおり、ウマンデとマテライは非常に穏やか風であるため、ひんぱんに風向が変化しても漁撈活動や船の航行にはほとんど支障がない。ウマンデとマテライが吹く間、海面は非常に穏やかな状態 *shwari* となる。

　クシの季節には南方からの風が卓越するが、9 月ころからはときおり、北方からの風が混ざるようになる。このように、季節の変わり目が近づき、風向が不安定となる時期はマレレジ *maleleji* とよばれる。マレレジは、あくまでも特定の時期をさす語であり、ひとつの季節としては認識されていない。11 月中旬になると、北方からの風が入り混じる頻度は増していき、クシの季節は 11 月下旬に終わりを迎える。

　12 月になると、ワシニ村の周辺では北からの風が卓越するようになり、カスカジの季節がはじまる。カスカジの季節における風向変化のパターンは、基本的にクシの季節におけるパターンを北側に反転させた形で進行していく。ただし、クシの季節が 8 か月ほどあるのに対し、カスカジの季節は 4 か月と短い。そのため、風向はクシの季節よりも早いサイクルで変化していく。

　以上が 1 年のなかにおける風向変化のパターンであるが、これ以外にも季節を問わずに突風が吹くことがあり、そのなかには特定の名称がつけられたものがある。カスカジの季節の早朝、〈西〉のほうから吹く突風はキャチ *kyachi* という。1 月から 2 月ころにかけて、本土のほうから早朝に吹く突風はムゥナ・シャンガ *mwana shanga* という。この風は非常に強力で、ワシニ村では過去に家屋の屋根が飛ばされる被害が出たこともあるという。ムゥナ・シャンガはしばしば真っ黒な雨雲をもたらし、激しい雨とともに吹き荒れる。2 月下旬から 3 月ころにかけては、〈北〉からカスカジ・マトペ *kaskazi matope* とよばれ

る突風が吹く。キャチやムッナ・シャンガが早朝のわずかな時間だけ吹くのに対し、カスカジ・マトペは数時間にわたって吹き続ける。この風が吹くと、数週間後にはクシの季節がはじまるといわれる。かつて帆船での長距離航海が盛んにおこなわれていたころ、ワシニ島から南下する船はカスカジ・マトペが吹くと、風向きが変わる前に目的地に着こうと出航準備を急いだという。

　カスカジの季節にくらべると、クシの季節は全体的に風が強く、海が荒れやすい。とくに午後から真夜中にかけては強力なジューのクシが吹きつけるため、この時間帯には出漁が困難となることも珍しくない。いっぽう、早朝から正午ころにかけては、1年をとおして風が比較的穏やかなことが多いため、漁業者のなかには午前中の操業を好む者が多い。

　ケニアとタンザニアの沿岸部では、モンスーンが魚群行動や漁撈活動に影響をおよぼすことで、漁獲量がカスカジの季節に増加し、クシの季節に減少する傾向がみられる（McClanahan 1988: 195-196）。ワシニ村の漁業者たちもまた、風向の変化にともなう海況や水温の変動が魚群の動きに影響をおよぼすことで、このような漁獲量の季節的変動を引き起こすと認識している。

3. 水産資源と水域環境の保全をめぐる動き

（1）政府の取り組み

　ケニアの海面漁業における漁獲努力量は増加傾向を示しており、その水揚げはすでに乱獲状態にある可能性も指摘されている（Tuda and Wolff 2015）。将来的な水産資源の枯渇が懸念されるなか、政府やワシニ村の住民たちは、どのように資源や環境の保全に取り組んできたのであろうか。

　ケニアにおける水産行政の歴史は、植民地時代にさかのぼる。20世紀初頭、植民地政府が積極的に取り組んだのは、国外から内陸の河川に持ち込まれ、入植者が遊漁対象としたマスの保護と管理であった（Hoorweg et al. 2009: 2）。沿

岸部では真珠やナマコ、龍涎香といった輸出商品に関心が寄せられたものの（Republic of Kenya 2008: 4）、住民が日常的に利用する水産物の採捕に目が向けられることはほとんどなかった。

　沿岸部の小規模漁業が注目されるようになったのは、第二次世界大戦後のことである。1947 年、政府は港町のマリンディに水産事務所を開設し、本格的な調査研究と漁業振興に乗り出した[3]（Copley 1950a: 28）。水産事務所は、漁撈活動の効率化と生産力向上をはかるため、かごを含めた既存漁具の改良を模索するとともに、ナイロン製漁網をはじめとする外国製漁具の普及に取り組んだ。こうした活動は功を奏し、沿岸部の漁獲量は飛躍的に向上した（Martin 1973）。

　1950 年代まで、漁具の近代化による生産性の向上と流通機構の整備は、ケニアの海面漁業における最大の課題として位置づけられてきた。この間、水産資源の保全や管理にかんする問題は、ほとんど考慮されてこなかったといってよい。たとえば、1955 年に刊行された水産報告書では、漁獲圧の高まりが資源枯渇を引き起こすような段階にはないとする、楽観的な見解が示されている（Copley 1955: 20）。

　ところが、1960 年代に入ると潮目が変わり、政府は引き続き生産性の向上を目指すいっぽうで、水産資源や環境の保全にも目を向けるようになった。1962 年には、マリンディの南に位置するリゾート地のワタムに、「コーラルガーデン」と称する国内初の保護海域が開設され（Hoorweg et al. 2009: 17）、1968 年には海洋公園（Marine Park）へと改称された。以降、沿岸部各地には 6 か所の保護海域がつぎつぎと設けられていった[4]。これらの保護海域は現在、ケニア野生生物公社（Kenya Wildlife Service：KWS）が管理しており、沿岸部における大きな観光資源となっている。

　保護海域の設定とともに、政府は水産資源の保全や管理にかんする法的な枠組みの整備を進めた。そうしたなか、漁業者にはライセンスの取得や漁船の登録が義務付けられたほか、特定の漁具や爆発物、毒物等を用いた漁が禁止され、それまで比較的自由であった漁撈活動にはさまざまな制約が課されるようになった。

このような政策は、漁撈活動の実態をふまえぬまま、しばしばトップダウン的に推進されるため、結果として違法操業が横行したり、漁業者からの反発を招くことも少なくない（たとえば、Malleret-King 2000: 86）。ケニア政府が中所得国入りを目指して策定した、長期的な国家開発計画（Vision 2030）では、第3期中期計画（2018〜2022年）において、ブルーエコノミーの推進が目標のひとつに設定された（Republic of Kenya 2018）。漁撈活動の実情にあわせた漁業振興と資源保全の両立は今後、ますます重要な課題となることが予測される。

（2）キシテ・ムプングティ海洋公園の誕生

1973年、ケニア政府はワシニ島の南方にキシテ海洋公園を開設した。周辺海域のなかでも、とくにサンゴが多く分布するこの水域は、地元住民が利用する主要な漁場のひとつであった。そのため、漁撈が全面的に禁止される海洋公園の開設にあたっては、一部の漁業者たちが激しい抗議運動を展開した。これを受け、1978年に政府は設定海域の見直しをおこなった。その結果、キシテ島[5]の西側に海洋公園の範囲を拡大するいっぽう、ふたつの無人島（*Mpunguti ya juu, Mpunguti ya chini*：それぞれジュー島・チニ島と表記）を含む、東側の水域を海洋保護区（Marine Protected Area）へと変更し、域内における操業を部分的に認めることとなった[6]。この再編により、キシテ海洋公園（28㎢）とムプングティ海洋保護区（11㎢）から構成される、キシテ・ムプングティ海洋公園・保護区（Kisite-Mpunguti Marine Park and Reserve）が誕生した（図2-5）。

ワシニ島とチニ島との間には数個の大型ブイが設置されているものの、それ以外に保護海域の境界を示す目印はない。KWSはシモニの郊外に管理事務所を置き、郡の水産事務所や警察、海軍とも協力しながら保護海域内とその周辺でパトロールをおこなっている。しかしながら、監視の目が行き届きにくくなる夜間には、まれに禁漁区であるキシテ海洋公園のなかで密漁をおこなう者がおり、逮捕者が出ることもある。

キシテ・ムプングティ海洋公園に立ち入る観光客や観光船のクルー、ガイドらはシモニのKWS事務所に入場料を支払う必要がある。2023年6月現在の大

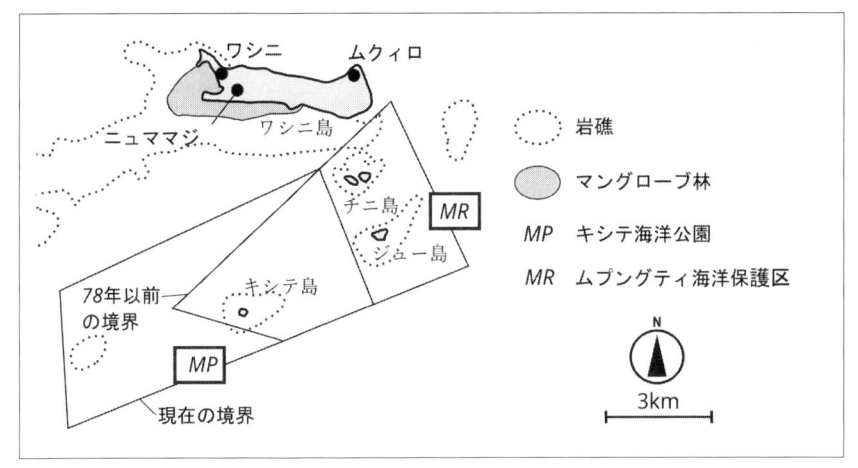

図 2 − 5 キシテ・ムプングティ海洋公園
Malleret-King（2000: 54）をもとに筆者作成。

人の入場料は、外国人観光客が 17USD（アメリカドル）、クルーやガイドを含めたケニア居住者が 215Ksh となっている。ムプンブティ海洋保護区で操業する漁業者については支払いが免除されており、特別な手続きをとらずに漁をおこなうことができる。

　観光客がスノーケリングやダイビングを楽しむのは、海洋公園のなかに位置するキシテ島の周辺が中心であり、漁業者と観光客が利用する水域は比較的明確に区別されている。両者の間で直接的な海面利用の競合は生じていないものの、海洋公園へ向かう観光船が航行するワシニ島とチニ島との間の水域では、まれに観光船の船外機が周囲に設置されたかごのロープを切断してしまうことがあるという。

（3）ワシニ BMU の活動

　ワシニ村の漁業をとりまく状況の変化として、多くの漁業者がここ数十年の間における漁獲量の減少をあげる。村に住む年長者によると、かつてワシニの集落前にひろがる海では、1 回の刺し網漁で 50kg 以上の水揚げとなることも珍

しくなかった。しかしながら、現在は魚が減り、多くても 20 〜 30kg 程度の漁獲しか期待することができないという。

　漁獲の減少は、水産物の売買にも影響をもたらしている。たとえば、テングハギ（*Naso unicornis*）やツマリテングハギ（*Naso brevirostirs*）などのテングハギ類 *puju* は、もともと魚商人が扱わない魚種であったため、漁業者は自家消費用に持ち帰るほか、大量に獲れた日には、浜で待つ住民に無償で分け与えることもあった。しかしながら、村に水揚げされる魚が全体的に減ってきたことから、魚商人は 2000 年ころからテングハギ類を売買するようになった。それ以降、漁業者はテングハギ類を売却にまわすようになり、住民たちに分配することはなくなった。漁業者以外の住民たちも、長期的な魚価の上昇や、売買される魚種の変化をとおして、島周辺における資源の減少を実感している。そうしたなか、ワシニ村では海面管理組合（Beach Management Unit：BMU）を主体とする資源や環境の保全活動が進められている。

　2000 年代以降、ケニア政府は資源管理の強化や小規模漁業の持続的発展、海村における生計改善などを目的として、沿岸部各地に BMU の導入を進めた（Kanyange et al. 2014）。BMU は村や地域を単位として設立され、漁業者のみならず、水産資源の利用にかかわる多様なアクターから構成される。2007 年にはその役割や位置づけが法的に明示され、沿岸部にはつぎつぎと BMU が設立されていった。[7]

　ワシニ村に BMU が設立されたのは、2008 年のことである。その参加は任意であり、希望する住民は誰でも構成員になることができる。ワシニ BMU の名簿によると、2017 年現在の構成員数は 183 人となっている。その 3 分の 1 は漁業者によって占められており、ほかにも船大工や魚商人、観光業関係者、スナックや揚げ魚を売る女性たち（ママ・カランガ）、小売業者らが構成員として名を連ねている（表 2 − 1）。

　BMU の役員は、村内の水揚げ量を記録して郡の水産事務所に報告するほか、関係機関から住民への連絡事項の伝達、漁業者間におけるもめごとの解決といった業務にあたる。シモニに置かれた郡の水産事務所は、各地の BMU から

表 2 － 1　ワシニ BMU の構成員

単位：人

職業	登録人数
漁業者	67
船大工	3
商人（魚）	6
商人（タカラガイ）	3
観光船の所有者とクルー	32
ホテルもしくはレストランの経営者、従業員	31
ママ・カランガ	25
小売業	16
計	183

ワシニ BMU の内部資料をもとに筆者作成。職業は名簿上の区分にもとづく。

の報告をもとに郡内における漁獲統計を作成している。しかしながら、BMU
による水揚げ量の記録は大雑把なもので、資源利用の状況を正確に把握できて
いるとはいえないのが現状である。

　ワシニ BMU は、村内における水産行政の窓口としての役割を果たすだけ
でなく、特色あるふたつの活動を展開している。ひとつめは、自主的な保護
海域の設置と管理である。1990 年代後半、ケニアを含めたインド洋の一帯で
は、大規模なサンゴの白化現象が発生した（Graham et al. 2008）。ワシニ島の周
辺でも、この時期から 2000 年代前半にかけてサンゴの白化が進行し、海の様
子が大きく変化したという。そうしたなか、ワシニ村では一部の観光業関係者
や漁業者の間で、住民が主体的に管理するコミュニティ保護海域（Community
Conservation Area：CCA）を設ける案が浮上した。これは、比較的多くサンゴ
が残っているワシニの集落近くの水域に禁漁区を設定するとともに、そこを遊
泳場所として観光客に開放することで、サンゴの保全と観光振興を両立させよ
うというものである。発案者の 1 人によると、この計画は住民の合意を得て実

現することになったが、管理主体となる組織が存在しなかったため、関係機関への説明は難航した。そこで協議を重ねた結果、あらたに設立されたワシニBMU がその管理を担うこととなった。現在、BMU は保護海域で遊泳する観光客から入場料を徴収し、その収益を BMU やコミュニティの活動資金として活用している。BMU の内部資料によると、2017 年における保護海域への年間入場者数は 313 人であった。

　ワシニ BMU がこれまで積極的に取り組んできたふたつめの活動が、CCA 内におけるサンゴの移植である。この事業は、島外で開催された環境保全の研修に参加した、ワシニ BMU の初代代表者の提案により開始された。BMU は移植にかんする専門的な知識や技術、じゅうぶんな予算を持っていなかったため、活動はケニア海洋漁業研究所（Kenya Marine Fisheries Research Institute：KMFRI）やケニア沿岸開発計画（Kenya Coastal Development Project：KCDP）など、外部からの経済的・技術的な支援を受けて進められた。このような地域住民が主体となるサンゴの移植活動は、ケニアのみならず、東アフリカ全域においても類をみないものであった（Murage and Mwaura 2015: 22）。ある漁業者によると、移植を開始した直後には目立った変化がみられなかったものの、数年後からは周辺に魚が集まるようになり、ゆるやかな資源量の回復を実感しているという。

　沿岸部各地の BMU は水産行政の末端的な役割を担うとともに、サンゴの移植や海草養殖、マングローブ林の保全など、それぞれの地域において特色のある活動を展開している。しかしながら、なかには構成員同士の利害対立や関心の低さによって、活動がうまく進展していないケースも散見される。そうしたなか、ワシニ BMU におけるサンゴの移植は、成功例のひとつとして知られており、村には NGO や行政の関係者がときおり視察にやって来る。

4.　水産物の流通と消費

(1) 鮮魚の流通経路

　年間をとおして気温が高く、冷蔵庫などの保冷設備がないワシニ村では、漁獲物の取引を迅速におこなう必要がある。図2－6は、村内で水揚げされた鮮魚の流通経路を示したものである。

　漁を終えて帰村すると、漁業者たちは自家消費用に持ち帰る魚を確保したうえで、漁獲物をすぐに売却する。持ち帰る魚は1人あたり数匹程度で、複数人が共同で操業した場合には、参加者の間でほぼ同量ずつ分配される。分配は匹単位でおこなうことが多いが、大物はナイフで切り分けることもある。

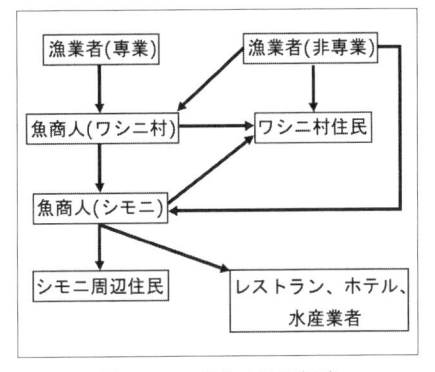

図2－6　鮮魚の流通経路

　ワシニ村のなかには、年間をとおして漁撈を主たる収入獲得手段とする専業漁業者と、自家消費用の食料獲得や、季節的・副次的な収入獲得手段として操業する非専業漁業者がいる。漁獲が少ない日には、専業漁業者であっても自家消費用の食料確保を優先する。また、食料獲得を主目的として操業する非専業漁業者であっても、大漁の日には余剰分を売却することがある。このように、操業目的は必ずしも明確に区別できるとはかぎらないものの、本書では漁獲物の売買方法や漁法の選択、操業形態の違いなどを示すため、両者を区別して扱うこととする。

　専業漁業者は基本的に、村内で商売をおこなう特定の魚商人に対して漁獲物を独占的に売却する。いっぽう、非専業漁業者は魚商人だけでなく、住民に対して魚を直接売ることもある。ワシニ村で商売をおこなう魚商人はいずれも店

舗をもたず、自宅や水揚げ場に待機して漁業者が持参した魚を買い取る。

　専業漁業者の多くは、波風が穏やかな午前のうちに漁を終え、昼ごろには帰村する。午後の早い時間までに漁業者からの買い取りを終えると、魚商人はまずワシニ村の住民に対して小売りをおこなう。魚を欲しい者は、魚商人のもとを直接訪れるか、電話で連絡を入れて必要な量を自宅まで持参してもらう。通常、代金はその場で支払うが、手持ちがない場合には後払いもみとめられている。後払いの場合、魚商人はノートや携帯電話のメモ機能に、誰に対していくら分の魚を売ったのかを記録しておく。

　魚商人は、遅くとも15時ごろまでに村内での小売りを終え、残った魚をたずさえてシモニへと渡る。ワシニ村で商売をおこなう魚商人たちは、冷蔵庫だけでなくクーラーボックスも所有しておらず、魚の運搬や保存に氷を用いることもない。そのため、長時間にわたり鮮魚を手元に置くことができず、すぐに村内での小売りを切り上げてしまう。電力が供給されているシモニの魚商人は、大型の冷蔵庫や冷凍庫を所有しており（写真２−１）、地元漁業者からだけでなく、周辺地域の漁業者や魚商人が持ち込んだ漁獲物も買い取る。のちに述べるように、シモニの魚商人による買い取り価格は、ワシニ村の魚商人よりも高い。そのため、ワシニ村の非専業漁業者は大漁だった場合、村内の魚商人ではなく、シモニの魚商人のもとに漁獲物を直接持参することがある。

　シモニの魚商人は、おもに自宅や店舗で商売をおこなうが、なかには賃料を支払ってシモニBMUが管理する施設の一角に冷蔵庫を置く者もいる。シモニの魚商人は、住民に対して小売りをおこなうだけでなく、買い取った水産物をモンバサ以南のレストランやホテル、水産業者などへ卸す。大口の取引先はシモニまで直接買い付けにやって来るが、小口の取引先には魚と氷をクーラーボックスに詰め、モンバサ方面に向かうバスにのせて発送する。シモニの魚商人たちは、もっぱら町の周辺で商売を続けてきたが、モンバサへ向かう幹線道路が整備され、冷蔵庫や冷凍庫が普及したことにより、1980年代ごろから遠方へも鮮魚を出荷できるようになった。沿岸部における経済活動の中心地であるモンバサには、各地から水産物が集まる。シモニから出荷される魚は、ほ

かの地域にくらべて冷凍品が少なく鮮度が高いため、水産業者やレストランの間で評判がよいという。水産業者のなかには、各地から買い取った魚を海外に出荷するところもあり、一部では中国人も水産物売買のビジネスに参入している。

写真2－1　シモニの魚商人が経営する店舗

ワシニ村の魚商人たちはシモニへ渡ると、それぞれが顔なじみである魚商人のもとに赴き、持参した魚を売却する。両者の関係性は必ずしも固定的なものではなく、相手の提示する価格に不満がある場合、漁業者は別の魚商人のところに魚を持ち込むこともある。ただし、買い取り価格はいずれの魚商人もほぼ同額で、大きな差が生じることはめったにない。冷蔵庫が満杯の場合、シモニの魚商人は持ち込まれた魚の買い取りを断ることがある。ワシニ村とシモニの魚商人たちは、いずれも魚やタコ、イカなど、幅広い食用水産物を売買対象としており、扱う商品のすみわけはみられない。

(2) 魚商人と漁業者の関係性

ワシニ村のなかでは、6人の魚商人が水産物の売買をおこなっている。このうち5人はワシニ村の住民であるが、1人はシモニに居住している。シモニに住むこの魚商人は、ニュママジ出身の元専業漁業者である。彼は毎日のようにワシニ村へと通い、村内の漁業者から漁獲物を買い取る。

ワシニ村に住む5人の魚商人のうち、2人は野菜や燃料などの小売りを兼業しており、ほかの3人は水産物の売買のみをおこなう。スワヒリ海岸では、女性が魚の買い付けや小売りをおこなう様子もみられるが、ワシニ村で食用水産

物の売買を仕事とするのは男性のみである。

　すでに述べたように、ワシニ村の専業漁業者は、特定の魚商人に対して独占的に漁獲物を売却する。そのかわり、魚商人は個々の漁業者の求めに応じて、経済的な支援をおこなうことがある。専業漁業者が無断でほかの魚商人や住民に漁獲物を売却しても、それに対して制裁が科されることはない。しかしながら、小さな村のなかでこうしたことが続くと、自身が取引相手とする魚商人との間の信頼関係が失われてしまうだけでなく、ほかの魚商人からも不信感をもたれてしまう。そのため、専業漁業者が取引相手とする魚商人以外に漁獲物を売却することはめったにない。ただし、取引相手が不在の日や、買い取り代金の支払いが滞納している場合、漁業者には自由に漁獲物を売却することがみとめられている。

　魚商人から専業漁業者への経済的な支援は、さほどひんぱんにおこなわれるものではない。筆者が聞き取りをおこなった範囲では、療養のため長期間出漁できなくなった者や、子どもの進学にあたって資金が必要となった者、船の購入費用が不足している者などに、魚商人が現金を貸与した事例を確認することができた。ただし、複数の漁業者に対して多額の現金を同時に貸すほどの経済的な余力はないため、魚商人から貸与される金額は1回あたり数千 ksh 程度にとどまる。そのため、漁業者たちが魚商人からの支援だけを頼りに高価な漁具や船を調達することは難しい。金額はさほど大きくないかもしれないが、こうした支援は収入が不安定な漁業者たちにとって経済的な後ろ盾となりえる。魚商人にとっても、特定の漁業者から独占的に漁獲物を買い取り続けることは、専業漁業者が少ない村内においてほかの魚商人との競合を回避し、商品調達の確実性を高めることができるという利点がある。

　ワシニ村で商売をおこなう魚商人と漁業者は、あくまでも商売上における対等なパートナーであり、魚商人が漁業者の活動に口を出すことはめったにない。両者は相手に不満がある場合、取引関係を自由に解消することができる。だが、そのような事態が生じるのはまれで、大多数の漁業者は同じ魚商人との取引を長年にわたり続けている。

（3）漁獲物の取引方法

　ワシニ村の住民は、魚商人だけでなく、漁を終えたばかりの非専業漁業者から直接魚を買うこともある。その場合、価格はしばしば交渉によって決められる。いっぽう、住民が魚商人から魚を買う場合や、魚商人が漁業者から漁獲物を買い

写真2−2　漁獲物を計量する魚商人

取る際には、魚種と重量をもとに売買価格が算出される。

　漁業者が漁獲物を持参すると、魚商人は秤を用いて価格帯ごとに分類した魚の重量を確認する。筆者がワシニ村での調査を本格的に開始したばかりの2014年、村内の魚商人はいずれもばね式の小型吊り秤を用いて漁獲物を計量していた（写真2−2）。その後、モンバサなどの都市部では、中国製の安価な電子式吊り秤が出回るようになり、2018年までにワシニ村の魚商人はいずれも電子式の秤を所有するようになった。ある魚商人によると、ばね式の秤を使用していたときには、目盛りの読みをめぐって漁業者と口論になることがあったが、重量が0.1g単位でデジタル表示される電子式の秤を導入してからは、双方が納得して取引をおこなえるようになったという。

　図2−7は、ワシニ村の鮮魚取引における、漁獲物の分類を示したものである。売却にあたり、漁業者たちはまず魚種ごとに漁獲物の大部分をA、Bというふたつの山にわける。このA、Bという呼称はワシニ村のみならず、シモニ周辺においても一般的なものである。Aに含まれる代表的な魚種には、アイゴの仲間 *tafi*（*Siganus sutor*）やシモフリフエフキ *changu*（*Lethrinus lentjan*）、ヒメジ類 *mkundaji*（Mullidae）などがある。Bに含まれる代表的な魚種には、ブダイ類 *pono/kangu*（Scaridae）やコショウダイの仲間 *mleha*（*Plectorhinchus*

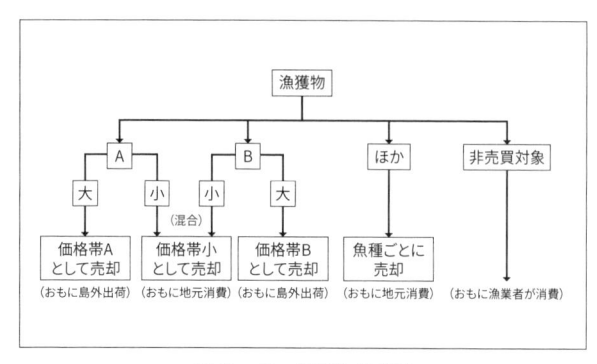

図2−7　漁獲物の分類

gaterinus) などがある。A、Bに含まれる魚種のうち、サイズの大きな魚体はそれぞれひとまとめにして売却する。本書では、これらサイズの大きな魚体のまとまりを価格帯A、価格帯Bとよぶことにする。両価格帯に含まれる魚体はシモニの魚商人を経由し、おもに島外の水産業者やホテル、レストランなどに出荷される。とくに価格帯Aの魚体は市場での需要が高く、価格帯Bよりも高値で売買される。小さな魚体についてはA、Bに含まれる魚種をひとまとめにし、価格帯小 (*dogo* あるいは *mix* とよばれる) として扱う。これらはおもに地元住民が消費し、価格帯Bよりも安価で取引される。ただし、価格帯A、Bとして取引できるサイズの大きな魚体であっても、合計量が1kgに満たない場合には、価格帯小と同額で売買される。この分類は漁業者が売却前におこなうが、それに対して魚商人が文句をつけることはめったにない。分類は目分量でおこなわれるが、筆者が観察したかぎりでは、0.3〜0.4kgを超える魚体は価格帯A、Bとして扱われることが多いようである。

　ワシニ村の住民が日常的に購入するのは、値段の安い価格帯小の魚体が中心である。価格帯小の魚体は、基本的にAとBに含まれる魚種を混合して売買するが、魚商人との交渉によっては、住民が好みの魚種を指定して購入することもできる。Aに含まれる魚種は食味がよいことから、住民の間でも人気がある。

　A、Bという漁獲物の分類は、ケニア沿岸の他地域でも耳にすることがあるものの、その基準はワシニ村と異なる場合がある。たとえば、モンバサの北に位置するキリフィ郡では、大きさを基準として漁獲物を大・中・小の3つに分

けXる。そのうえで、大と中に分類された魚体は、鮮度にもとづいて A と B に
分け、それぞれ異なる価格で取引されるという（Hoorweg et al. 2009: 65-66）。

　エイ類 *taa*（Dasyatidae）やサメ類 *papa*（Carcharhinidae）、テングハギ類といっ
た一部の魚種は A、B の分類に含まれず、それぞれ独立した価格で取引される。
これらの魚種は、価格帯小よりも安価で売買され、取引にあたって魚体の大き
さが区別されることはない。また、ハリセンボン類 *bunju*（Diodontidae）やチョ
ウチョウウオ類 *kitatange*（Chaetodonidae）、ウツボ類 *mkunga*（Muraenidae）な
ど、一部の魚種は売買対象とされない。これらの魚種は魚商人が買い取らない
ため、漁業者が自家消費用に持ち帰るか、そのまま海へ戻される。

　図2−8は、価格帯 A、B、小それぞれの取引価格の例を示したものであ
る。価格は 2018 年 2 月 1 日に、村内で商売をおこなう 6 人の魚商人に確認し
た。それぞれの魚商人が回答した価格はいずれも同額であった。

　魚商人による漁獲物の最低買い取り量は 1kg からで、これに満たない場合、
漁業者は漁獲を自家消費用に持ち帰る。買い取りにあたり、魚商人は漁獲物を
価格帯ごとに計量し、0.5kg 単位（＝半分 *nusu*）で金額を算出する。魚商人が村
内で小売りをおこなう際にも、0.5kg が最低の販売量となる。村内における取
引価格の基準となるのは、シモニの魚商人による買い取り価格である。ワシニ
村の魚商人は、シモニでの売却価格よりも 1kg あたり 30 〜 40ksh ほど安くワ
シニ村の漁業者から漁獲を買い取る。ワシニ村の魚商人がシモニで漁獲物を売
却する価格と、村内で小売りをおこなう際の価格は同額である。ワシニ村の住
民はひんぱんに本土へ渡るため、シモニにおける魚の相場を把握している。そ
のため、魚商人は村内の商売においても値段をごまかすことはできず、シモニ
での取引価格が変動すると、それをすぐに自身の売買にも反映させる。した
がって、村内で商売をおこなう魚商人の間で、売買価格に大きな差が生じるこ
とはない。

　シモニの魚商人は、冷凍あるいは冷蔵した魚をある程度手元で保存している
ため、不漁によって漁獲物の供給が数日間滞る程度であれば、売買価格が変動
することはない。いっぽう、1 年をとおしてみると、魚価は漁獲量が全体的に

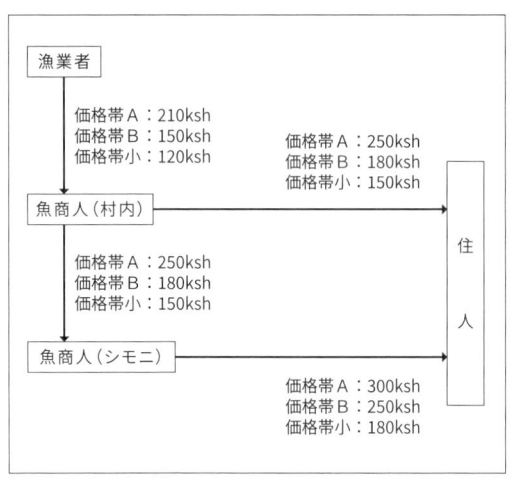

図2－8　鮮魚の取引価格の例

増加するカスカジの季節に下落し、漁獲量が減少するクシの季節に上昇する傾向がある。

これにくわえ、水産物需要の変動も魚価を大きく左右する要因となる。クリスマスなどの休暇シーズンになると、観光客の利用するホテルやレストランでは水産物の需要が高まるため、価格帯Aの値段は上昇しやすい。また、ラマダーンの期間には、家族や親戚が集まる日没後の食事 ftari において大量の魚を消費し、水産物の需要が高まることから、小売価格は全体的に高騰する。あるワシニ村の住民によると、ラマダーンの期間には普段の倍以上の金額を魚の購入に費やすという。

　村のなかではシモニよりも安価に魚を入手できるものの、魚商人はすぐに小売りを切り上げてしまうため、日中に不在の世帯は村内で魚を買うことができない。くわえて、専業漁業者の数が少ないこともあり、海が荒れている日や、多くの漁業者が漁を休む金曜日には、村内にまったく魚が出回らないこともある。そのため、住民のなかには世帯で消費する魚をシモニで購入する者が少なくない。夕方にシモニからワシニ村へ向かう船の上では、夕食用の魚をたずさえた人の姿をよくみかける。また、村内の観光客向けレストランでは、毎日大量の魚が消費されているが、それらは基本的にすべてシモニから調達される。レストランが調理を開始する午前の早い時間帯は、漁業者たちがまだ漁から戻っていないため、村のなかで魚を入手することができない。そのため、レストランの従業員は毎朝本土へと渡り、シモニの魚商人が冷蔵している魚を購

入する。

　以上のように、村内における鮮魚の需要は高いものの、その流通は保存や供給の不安定さといった問題をかかえている。ワシニ村における水産物の売買は、シモニの魚商人が深く関与することで成り立っている。

（4）干物への加工

　ケニアやタンザニアの沿岸部では、傷みやすい魚を長期間保存するために、干物 *ng'onda* への加工がよくおこなわれる。なかには干物が重要な商品となっている地域もあるが（たとえば、中村 2014）、ワシニ村で干物がつくられる機会は少なく、住民もあまり好んで食さない。

　村内でよく干物にされるのは、おもに大型のサメやエイである。これらは身の量が多いため、一度にすべてを消費することはできない。そこで、漁業者たちは身を柵状に切り分けてから大量の塩をふり、天日で1週間から10日ほど乾燥させて干物をつくる。干物は半年ほど保存が可能で、火で軽く炙ってから食す。

　20世紀半ばまでワシニ村やシモニに来航していた外国の交易船は、商品として魚の干物を大量に運んできたという。干物は、おもに鮮魚を入手しにくい沿岸部後背地に居住するミジケンダ（とくにディゴ）の人びとへ売られた。ワシニ村にどの程度の干物が輸入されていたのかを示す資料はないが、1940年代末のモンバサでは、地元で消費する魚の供給が不足していたため、年間1400cwt（およそ70トン）もの干物が、イエメンのアデンから輸入されていたという（Copley 1950b: 35）。かつては、ワシニ村でもサメやエイ以外の魚種をひんぱんに干物へと加工し、ディゴの人びとに売っていた。しかしながら、道路が整備され、自動車やバイクが普及するようになると、後背地においても鮮魚が入手しやすくなった。それにともない干物の需要は低下し、ワシニ村で干物をつくる機会は減っていったという。現在でも、村内ではまれにサメやエイ以外の魚で干物をつくることがある。それらはおもに自家消費に回されるが、ときおり住民同士で直接売買したり、ディゴの人びとへ売却することもある。鮮魚の売買価格が魚種と重量を基準として決められるのに対し、魚の干物は魚種に

かかわらず、大きさによって1枚あたり10〜20kshほどで取引される。普段、干物の売買に魚商人が関与することはない。

(5) 魚の消費

　ワシニ村の住民は普段、あまり肉を食することがなく、日常生活においては魚を中心とした水産物が主要な動物性たんぱく源となっている。肉を食べるのは、おもに結婚式やイスラームの祭日といった特別な日である。村内に肉の小売りをおこなう者はおらず、肉が欲しい場合には自身が所有する家畜を屠殺するかシモニで購入する。ワシニ村のなかには、ウシ *ng'ombe* やヤギ *mbuzi*、ニワトリ *kuku* を所有する者が少なくないものの、その肉を消費することはあまりなく、家畜の所有は蓄財としての意味合いが強い。家畜は放し飼いにされており、普段は水を与える以外とくに世話をおこなうことはない。住民たちはウシやヤギの耳に切り込みを入れたり、ニワトリの足に目印となる紐を縛りつけておき、自身が所有する家畜を識別している。

　魚が食されるのは、おもに昼食と夕食である。朝食は、ショウガなどの香辛料と砂糖を入れたお茶 *chai* と、村のなかで女性たちが売っている揚げパン *mandazi* などでかんたんに済ませることが多い。昼食や夕食では、ココナツミルクを入れて炊いた米 *wali* や、水に溶いた小麦粉を薄くひろげて焼いたチャパティ *chapati*、トウモロコシ粉をお湯に入れて練ったウガリ *ugali* などの主食とともに、魚や野菜の副食が1〜2品ほど用意される。

　魚料理には、塩と香辛料で味付けした揚げ魚 *kaanga*、トマトやタマリンドで酸味をつけた煮魚 *mchuzi*、塩のみで味をつけるスープ *supu* などがある。ワシニ村では、基本的にすべての魚種が食用とされるが、ハコフグ類 *kidunundu* (Ostraciidae) やチョウチョウウオ類は磯臭く、食味がよくないことからあまり好まれない。また、ハリセンボン類には弱い毒があるとされ、食用を避ける者がいる。とくに、妊婦がハリセンボン類を食すのは禁忌とされる。

　22018年2月、シモニにおいて肉の小売価格を確認したところ、ニワトリは一羽あたり600〜700ksh、ウシとヤギはそれぞれ1kgあたり300ksh、400ksh

であった。住民が日常的に購入する価格帯小の魚にくらべると、肉は高価である。しかしながら、ワシニ村の住民が肉よりも魚を好むのは、たんに価格の問題であるとは言い切れない。筆者が 2018 年にワシニ村を訪問した際には、のちに述べる違法操業者の摘発により、周辺地域における魚の供給量が著しく減少していた。シモニの魚商人もじゅうぶんな鮮魚を確保できなくなったことで、住民からの需要が高い価格帯小の魚は一時的に入手しにくい状況となり、価格帯 A、B の魚は牛肉よりも高値で小売りされるようになった。こうした状況においても、村内で肉を消費する機会が増える様子はみられず、住民たちは値上がりした価格帯 A、B の魚や、乾燥させた淡水産の小魚 *umena*、中国から輸入されたという冷凍魚をシモニで購入していた。こうした様子からは、経済的な理由だけでは説明することのできない、住民たちの魚に対する嗜好性の高さをうかがうことができる。

5.　船

(1) 船の種類と用途

島嶼に立地するワシニ村において、船 *chombo*[9] は漁撈のみならず、交通手段としても不可欠なものである。表 2 − 2 は、ワシニ村で用いられている船の種類とその隻数を示したものである。隻数については、ワシニ BMU の内部資料をもとに、2018 年 8 月に現地で直接確認した。この数には修理中の船体も含まれるが、損傷が激しく、明らかに放置されていると思われるものは除外してある。

ワシニ村では、5 種類の船が用いられている。このうち、FRP（繊維強化プラスチック）製のディンゲ *dinge*（写真 2 − 3）をのぞく 4 種類は、いずれも木造船である。ディンゲは全長 3 〜 4m ほどで、おもに本土との交通や、海洋公園を訪問する個人観光客の送迎に使用される。15 馬力の船外機を動力とし、浅

84

表2－2　船の種類と隻数

船の種類	隻数	用途	動力			
			櫂	棹	帆	船外機
ディンゲ *dinge*	9	交通、観光、漁撈	±	＋	－	＋
刳り船 *kidau*	15	漁撈	±	＋	±	－
マシュア *mashua*	8	観光	－	±	±	＋
ダウ *dau*	3	漁撈	±	＋	＋	±
ボーティ *boti*	1	観光	－	＋	－	－

＋：すべてに該当、±：一部に該当、－：該当なし

瀬では木製の櫂 *kafi* や、水底を突く棹 *pondo* を補助的に用いる。新品の船体は
50万 ksh 前後で購入することができる[10]。

　ディンゲの所有者はほとんどが観光業関係者で、専業漁業者のなかで所有す
る者は1名しかいない。2018年に確認した隻数は9隻であったが、2022年に村
を再訪したところ、ワシニの集落前には20隻近くのディンゲが停泊していた。
その多くは、新型コロナウイルスの感染拡大により観光業の回復が見通せない
なか、比較的裕福な住民が、観光客の送迎だけでなく漁撈にも使用できる船を
求めてあらたに購入したものであるという。

　刳り船 *kidau*（写真2－4）は全長2～3m、幅40～50cm ほどの大きさで、お
もに専業漁業者が漁撈に用いる[11]。*kidau* の *ki* は、スワヒリ語で「小さい」を
意味する接頭辞であり、*kidau* は直訳すると「小さなダウ」という意味になる。
材としてよく用いられるのは、固くて耐水性の高いマンゴーの木 *mwembe* で
ある。マンゴーの木は島内に生えておらず、材となる大木を本土から島に運搬
するのは重労働である。そのため、刳り船づくりは村内でおこなわず、シモニ
近郊の船大工に依頼する。価格は大きさや材の質により異なるが、1.5万～4万
ksh 程度が相場である。船外機を装備することはなく、航行時には帆 *tanga* や
櫂、棹を用いる。浅瀬で操業する漁業者の船には、帆柱 *mlingoti* が装備され

ておらず、櫂と棹のみを
推進具として用いる。水
深の浅い場所では、櫂よ
りも推進力のある棹が好
んで使用される。なお、
本土との交通手段として
刳り船を用いる者はおら
ず、刳り船を所有する漁
業者もシモニに渡る際に
はディンゲに便乗する。

写真 2 － 3　ディンゲ

　マシュア *mashua* は、
全長 6 ～ 8m ほどの木造
構造船である（写真 2 －
5）。かつては漁撈や物資
の運搬に用いられること
もあったが、現在はもっ
ぱら観光船として、海洋
公園を訪れるツアー客の
送迎に使用されている。
三角帆が装備されている

写真 2 － 4　刳り船

ものの、帆走することはめったになく、普段は 50 馬力ほどの船外機を動力と
する。マシュアの造船は、村内でもおこなわれる。船大工は竜骨 *mkuku* と肋
材 *dharuma* を組み合わせて原型をつくり、釘で外板 *ubao* を打ちつけていく[12]。
マシュアの建造には、40 ～ 60 万 ksh 程度の費用が必要となる。

　ダウ *dau* は、全長 4 ～ 5m ほどの木造構造船である（写真 2 － 6）。マシュア
にくらべると、船体はやや小さく喫水も浅い。おもに帆を使って航行し、棹や
櫂、船外機を補助的に用いる。造船は村内でもおこなわれ、その工程はマシュ
アの建造と似ている。ダウの造船には、20 ～ 30 万 ksh 程度の費用が必要とな

写真2−5　マシュア

写真2−6　ダウ

る。ダウを所有するのは、いずれも専業漁業者である。

　マシュアやダウとよばれる船は、スワヒリ海岸の一帯でひろくみられるものの、その形状的な特徴には地域差がある。たとえば、タンザニアのキルワ島で用いられている木造船をとりあげた中村（2007）は、マシュアとダウの相違点として、①マシュアにはブームが装備されているがダウにはみられない、②マシュアの船幅はダウよりもひろい、③ダウは船首と同様に船尾が突き出たダブルエンダー型であるのに対し、マシュアは船尾が垂直に切れたトランサム型である、という３点を指摘している。ワシニ村の場合、①と②については該当するものの、③については、ダウのなかにダブルエンダー型とトランサム型の船尾が混在している点において異なる。インド洋西域においてみられる三角帆を装備した木造船は、しばしば英語でダウ（Dhow）と総称される。しかしながら、実際にはダウ *dau* やマシュア、貨物を運搬する大型のジャハズィ *jahazi* など、スワヒリ海岸ではさまざまなタイプの木造帆船が用いられており、住民は大きさや形状、用途の違いにもとづき、これら

を区別している。

　以上がワシニ村で使用されている主要な船であるが、これ以外にもボーティ *boti* とよばれる、平底の木造船が1隻だけ用いられている。ボーティは、沖に停泊したマシュアを乗り降りする観光客を運ぶための艀として用いられる。また、ワシニ村の住民は所有していないものの、島周辺の海ではときおり、アウトリガー（舷外浮材）を装備した準構造船のンガラワ *ngalawa* をみかけることがある。ンガラワは、ワシニ島周辺ではあまり普及しておらず、おもにタンザニアからやって来た漁業者が使用している。

　ワシニ村において漁撈に用いられる船は、ディンゲ、刳り船、ダウの3種類である。このうち、漁撈のみに用いられるのは刳り船とダウで、その積載量はさほど大きくない。とくに専業漁業者がよく用いる刳り船は、船幅が非常に狭く横波に弱い。刳り船は、あくまでも波が穏やかな地先海面における少人数での操業を前提とした船であり、波の高い沖合での操業には適さない。

（2）船体の手入れと船大工の仕事

　ワシニ村の船大工は、ディンゲや刳り船をつくる技術をもたず、マシュアとダウの造船を専門とする。村内で建造される船は年に1〜2隻程度であり、船大工の日常的な仕事は、船体の手入れや修理が中心となる。

　木造船を長持ちさせるためには、こまめな修理や手入れを欠かすことができない。定期的な手入れとしては、魚油 *sifa* を船体の外側に塗布する作業がある。魚油は、魚の内臓をペットボトルに詰めて発酵させたもので、これを塗布すると木造船の防水性を高めることができる。刳り船やダウの場合、ほかにも船体の火入れ作業がおこなわれる。漁業者たちは、船足が遅くなったと感じると、潮の引いたウフクェニにおいて船を囲むように火を焚き、船体が吸った水分を蒸発させる。この作業には、船足を回復させるだけでなく、煤で船体をコーティングすることにより、防虫効果を高める目的もあるという。魚油の塗布と火入れの作業は、船の所有者がみずからおこなう。

　これらの手入れにくわえ、マシュアとダウの場合には、水漏れを止めるため

に綿 *karafati* を打ち込む作業を定期的におこなう必要がある。この作業は高度な技術が必要であることから、船大工に依頼することが多い。船大工は漏水箇所を特定したうえで、ノミを使い、食用油を染み込ませた綿を外板の隙間に均一に打ち込んでいく。

　ワシニ村の船大工は例年、4月から7月ごろにかけて多忙となる。観光客が減るこの時期には、外板の全面的な張替えや、竜骨や肋材の交換といった、大規模な修繕作業を依頼するマシュアの所有者が多い。船大工は、日雇い労働者の助けを借りつつ、いくつかの仕事を同時進行で進めていく。

　造船や大規模な修繕作業は、村内の船大工に依頼するだけでなく、腕のよい船大工を島外から呼び寄せておこなうこともある。筆者の調査中には、バンガに住む船大工が数か月間にわたり村内に滞在し、住民から注文を受けたマシュアの建造をおこなっていた。彼によると、腕のよい船大工はケニア沿岸部のみならず、内陸のヴィクトリア湖周辺や、タンザニア沿岸部まで仕事に出かけるという。ワシニ村の船大工もまた、シモニ近郊でマシュアやダウの建造を請け負うことがある。

6. 漁具と漁法

（1）村内でみられる漁法

　ここからは、ワシニ村でみられる各種の漁法について概観したのち、聞き取りで得られた資料をもとに、1960年代以降における漁具と漁法の移り変わりをたどる。

①釣漁 *mshipi*

　ワシニ村には釣竿を所有する者はおらず、釣糸 *mshipi* を素手で操る手釣漁がおこなわれている。釣糸や釣針は既製品が用いられ、これらはシモニで購入

することができる。沈子には釘や古いバイクのプラグが流用される。

　釣漁は、徒歩でおこなう陸釣りと船釣りにわけられる。陸釣りをおこなうの
は、おもに自家消費用の食料獲得を目的とする大人の男性や、遊びとして漁を
おこなう子どもたちである。操業場所は集落近くの海岸やマングローブ林内の
水路 *mto* で、わざわざ遠方に赴く者はいない。餌 *chambo* には、乾燥させた
タコの内臓 *matumbo* やゴカイ *gwito*、ヤドカリ *mwanamizi* などが用いられる。

　船釣りでは、魚類とイカが漁獲対象となる。イカ釣りには、1 個 200ksh ほど
で購入できる市販のルアー *rapala* を用いる。魚類を対象とする場合には、お
もにイカの切り身が餌として用いられる。餌となるイカは魚商人から購入す
ることが多いものの、釣果の一部を分配するように約束し、イカ釣りを終え
たばかりの漁業者から分けてもらうこともある。主要な漁場はウフクェニか
らマジ・キドゴにかけての水域であるが、まれに大物のヨコシマサワラ *nguru*
(*Scomberomorus commerson*) などを狙って、より深い水域に出漁する者もいる。
船釣りをおこなうのは、現金収入の獲得を主目的とする漁業者が中心となる。
陸釣りは日中にかぎられるが、船釣りでは夜間の操業もおこなわれる。とくに、
魚が活発に活動するといわれる満月の前後は大漁を期待できるため、夜を徹し
て操業を続けることも珍しくない。通常、船釣りは 1 〜 4 人ほどでおこない、
地先海面では刳り船が、沖での操業にはディンゲが使用される。

②延縄漁 *dhurumati*

　ワシニ村では、釣針のついた 10 〜 20 個ほどの枝縄 *wire* を、全長 50 〜
200m の幹縄 *mshipi* に取り付け、水底に沈めておく底延縄漁がおこなわれて
いる。延縄の両端には、漁具全体を固定するために浮標を縛り付けたロープと、
沈子となる大きな石が取り付けられる。沈子以外の部品はすべて既製品が使用
され、漁具一式を揃えるには 5 〜 20 万 ksh ほどの費用が必要となる。

　延縄漁の漁場となるのは、マジ・キドゴからムコンドニにかけての水域であ
る。マジ・キドゴとマジ・メンギでは、サイズの大きなギンガメアジ *kolekole*
(*Caranx sexfasciatus*) などがよく獲れ、ムコンドニではサメが主要な漁獲対象と

なる。延縄漁は1年をとおして操業可能であるが、深い水域での漁はサメがよく獲れる4月から11月ころに集中する。漁具の設置や引き上げと操船を同時におこなう必要があるため、通常は2人1組で出漁する。

③刺し網漁 *nyavu*

　スワヒリ語において、*nyavu* は漁網全般を総称する語であるが、ワシニ村では通常、刺し網のことをさす。

　ワシニ村では、撚糸製漁網 *udaa* とモノフィラメント製漁網 *ukano* を用いた、固定式の刺し網漁がおこなわれている。モノフィラメント製漁網の使用は2001年から法律により禁止されているが（Samoilys et al. 2011: 24）、現在も一部の漁業者が漁を続けている。新品の漁網は、1枚あたり3000〜5000ksh程度で購入できるほか、漁業者たちの間ではより安価な中古品も売買されている。

　撚糸製漁網とモノフィラメント製漁網は、ともに網目3〜5cm、幅25m、丈1.4〜1.8mほどの大きさで、これを2〜6枚ほどつなぎ合わせて使用する。網の上辺には、浮子として市販の発泡スチロール製浮き球や、古いビーチサンダルを半分に切ったものを取り付ける。また、下辺には沈子として小石や鉛板 *risasi* をつける。つなぎ合わせた網の両端には、目印となる数個のペットボトルとともに、先端に大きな石を縛り付けたロープを取り付け、全体を固定しておく。現在、ケニアの沿岸部で流通している刺し網の多くは、アジアから輸入されたものである。

　刺し網漁がおこなわれるのは、ウフクェニからマジ・キドゴにかけての水域である。潮位が低下する前に、船を用いて陸地と平行になるように網を入れておき、退潮時に沖へと移動する魚群を捕獲する。ウフクェニに網を設置した場合、漁獲物の回収は潮位が膝下まで低下したころに徒歩でおこなう（写真2−7）。回収の直前には、網の両端付近の水面を木の棒で打ちつけて、周囲に残った魚を網に追い込む。マジ・キドゴに網を設置した場合には、干潮時に船を使って網を引き上げ、船上で漁獲物を取り外す。水深にかかわらず、同じ場所に連続して網を設置し続けると、魚が警戒して近寄らなくなるため、漁獲量は

写真 2 － 7　刺し網漁

　次第に減少していくといわれている。そのため、数日間続けて操業する場合には、なるべく場所を移動して網入れをおこなうようにする。

　通常、刺し網漁は 2 ～ 4 人ほどでおこなうが、ウフクェニに網を入れた場合には、通りがかりの人が魚の追い込みや網の片付けを手伝い、少量の魚を分けてもらうこともある。刺し網漁が盛んにおこなわれるのは、一日の干満差が大きくなり、岸近くまで魚群が寄りやすくなる大潮の前後である。いっぽう、干満差の小さくなる小潮の前後には、魚群があまり移動しないことから、さほど漁獲を期待することができない。そのため、この期間には網を陸に上げ、漁を休む者が多い。

④地引網漁 *buruta*

　ワシニ村の漁業者たちによると、地引網をさす *buruta* は、スワヒリ語で「引く」を意味する *vuta* という語に由来するという。地引網漁は、ウフクェニにおいて大潮の前後を中心におこなわれる。漁業者たちは潮位が腰ほどの高さにまで低下すると船を出し、陸地側の魚群を囲むように U 字状に網を入れていく。網の全長は 50m ほどで、両端には 3 ～ 5m のロープが取り付けられて

いる。網を入れ終えるとすぐに二手にわかれ、両端のロープを引いて網を陸地側にゆっくりと引き寄せていく。網を寄せて魚を外し終えると、場所を移動しながら網入れを繰り返していく。地引網漁は、網を引くのに人手を要するため、通常は4〜8人ほどでおこなわれる。地引網は2001年より法律で使用が禁止されており（Samoilys et al. 2011: 30）、村内で漁具を所有する者は減少傾向にある。

⑤かご漁 *malema*

かご漁については、次章以降で詳細な記述をおこなうため、ここではかんたんに触れるにとどめておく。

ワシニ村で用いられている漁撈用のかごは、六角形の一辺を陥没させた形状をしており（写真2−8）、側面には沈子となる数個の石と、浮標となるペットボトルを縛り付けたロープが取り付けられている。漁がおこなわれるのは、おもにウフクェニからマジ・メンギにかけての水域で、漁具の設置や回収には船を用いる。ただし、ウフクェニで操業する場合には、潮位が低下した時間帯に徒歩でかごの設置と見回りをおこなうこともある。

漁業者たちは、魚が潮の満ち引きにあわせて水中を移動し、かごの中に入ると考えている。そのため、かごは一晩以上水底に沈めてから引き上げる。ただし、一晩以上漁具を放置したままにしておくと、次第に中から魚が逃げ出すため、漁獲が減少していくという

ウフクェニで操業する場合には、魚群が活発に移動することから、大潮の前後に大漁を期待できる。いっぽう、沖のほうで操業する場合には、漁獲が潮汐に左右されることはないという。通常、かご漁は1〜2人でおこなうが、大型のかごを用いる場合には3〜4人で出漁することもある。

⑥タコ漁と貝類の採集

前章でも述べたように、ワシニ村で魚類を対象とした漁をおこなうのは男性のみである。いっぽう、タコ漁や貝の採集は、女性もひんぱんにおこなう。こ

写真2-8　漁撈用のかご

れらの活動は、潮の引いた島周辺のウフクェニにおいて徒歩でおこなわれ、広範囲が干出する大潮の前後に盛んとなる。

　タコは、岩場のなかに点在する小さな穴 *tundu* に潜んでいる。穴の中に入ったタコは、入り口を小石で塞ぐ習性があるといわれており、人びとはこうした穴を探してウフクェニを歩き回る。タコがいそうな穴を見つけると、小石を取り除いてから針金や木の枝を差し込み、中から慎重にタコを引き出す。島周辺の海では、本土の漁業者が銛 *njoro* を用いた潜水漁をおこなっているが、ワシニ村の住民がこうした方法でタコを獲ることはない。タコは自家消費されるほか、魚商人に売却したり、住民同士で直接売買することもある。

　ワシニ島周辺の海には、さまざまな種類の貝が生息しているが、住民が日常的に食用とするのはテングガイ *kome*（*Chicoreus ramosus*）のみである。採集には道具を必要とせず、見つけた貝を素手で拾っていく。テングガイはおもに自家消費されるが、まれに住民同士で売買することもある。魚商人がテングガイを扱うことはない。

　非食用の貝としては、ハナビラダカラ（*Cypraea annulus*）とキイロダカラ

（*Cypraea moneta*）の採集がおこなわれている。タカラガイを採集するのは、基本的に女性のみである。女性たちは干出したウフクェニを歩き、素手で拾った貝を次々にバケツへ入れていく。村内には、タカラガイを専門に扱う商人が2人おり、1kg あたり 40 〜 50ksh 程度で買い取る。商人は、買い取ったタカラガイを数日間天日で乾燥させたのち袋に詰め、モンバサから不定期にやって来る業者へと売却する。この業者は、沿岸部の各地で買い付けたタカラガイを、腕輪や首飾りといった装飾品の材料として、ケニア内陸部やエチオピアへ出荷しているという。採集や売買にあたって、ハナビラダカラとキイロダカラが区別されることはない。ワシニ村の住民がタカラガイを利用することはなく、採集した貝はすべて島外へと出荷される。タカラガイは 1 年を通して採集することが可能であるが、とくに水温の低下するクシの季節に資源量が増えるという。

　太平洋西部からインド洋にかけての温暖な海に生息するハナビラダカラとキイロダカラは、アジアやアフリカの一部において、貨幣や装飾品の材料、威信財として利用されてきた（上田 2016）。スワヒリ海岸はその主要な産地のひとつであり、19 世紀半ばにはザンジバル経由で大量のタカラガイが西アフリカへと出荷された[14]（Sheriff 1987: 134）。ワシニ村においていつごろからタカラガイの採集が開始されたのかは不明ではあるが、1857 年にワシニ村を訪れた探検家のバートンは、村内にタカラガイを乾燥させる際の腐臭が充満しているとの記述を残している（Burton 1967: 108）。このころには、すでに大量のタカラガイがワシニ村から出荷され、広域的な交易ネットワークのなかで流通していた可能性が高い。

（2）漁具の所有状況と操業形態

　前章で述べた世帯調査の際には、各世帯における漁具の所有状況についてもかんたんな聞き取りをおこなった。表2−3は、ワシニ村で用いられている5種類の漁具を所有している世帯の数を示したものである。なお、タコ漁については拾った木の枝や針金を使用することが多いため、ここでは対象外とした。

　回答を得られた 133 世帯のうち、もっとも多くの世帯が所有していたのは釣

表2－3　漁具の所有状況

単位：世帯

	釣糸	刺し網	かご	地引網	延縄
漁撈を収入源とする世帯（n=30）	12	6	7	0	3
漁撈を収入源としない世帯（n=103）	36	12	5	3	0
計	48	18	12	3	3

複数回答。

糸（48世帯）で、刺し網（18世帯）、かご（12世帯）、地引網（3世帯）、延縄（3世帯）がこれに続く。このうち、延縄は漁撈を収入源とする世帯のみが、地引網は漁撈を収入源としない世帯のみが所有している。先に触れたとおり、地引網漁は非専業漁業者が不定期に集まっておこなう漁法であり、日常的に操業する者はいない。釣糸、刺し網、かごについては、漁撈を収入源とする世帯とそうでない世帯がともに所有している。漁具を所有する世帯の数から判断するかぎり、釣漁と刺し網漁、かご漁がワシニ村における主要な漁法といえる。ただし、漁具を所有する世帯の数は、それらを実際に使用している世帯の数に一致するとはかぎらない。調査中に確認したところ、釣糸や刺し網、地引網、延縄については、しばらく使用されておらず、家のなかで長期間にわたり保管されたり、他人に貸し出している例も確認された。

　釣糸や漁網、延縄といった、人工素材でつくられた漁具にくらべると、木でつくられたかごは劣化しやすい。そのため、長期にわたり漁をおこなわない場合、かごは保管されずにそのまま廃棄され、次回の操業時にはあたらしいかごを用意する。したがって、かご漁では漁具の貸し借りはほとんどおこなわれず、漁業者たちは自前の漁具を用いて操業する。調査時点において、実際にかご漁をおこなっている漁業者の数を確認することはできなかったものの、以上のような理由から、かごを所有する世帯の数と実際に操業している漁業者の組数には、大きな差がないものと推測される。

　専業漁業者と非専業漁業者の間では、操業の頻度や形態などに違いがみられる。表2－4は、聞き取りと観察で得られた資料をもとに、両者がおこなう

表2−4　専業漁業者と非専業漁業者がおこなう漁法

	専業漁業者	非専業漁業者	
		（収入獲得を主目的とする場合）	（食料獲得を主目的とする場合）
釣漁（陸釣り）	±	±	+
釣漁（船釣り）	+	+	±
延縄漁	+	−	−
刺し網漁	+	+	−
地引網漁	−	+	−
かご漁	+	+	+
タコ漁	±	±	+
テングガイ採集	±	±	+

＋：よくおこなう、±：まれにおこなう、−：おこなわない

漁法の種類を示したものである。専業漁業者が主たる漁法とするのは、船釣り、延縄漁、刺し網漁、かご漁である。陸釣りとタコ漁、テングガイの採集については、主たる漁法での漁獲が不振だった場合、補助的におこなわれることが多い。専業漁業者たちは1〜4人ほどで操業し、同じ漁法を同じメンバーで継続する傾向がある。彼らは悪天候の日やイスラームの安息日である金曜をのぞき、毎日のように出漁する。

　いっぽう、非専業漁業者のうち食料獲得を主目的に操業する者は、単独で陸釣りやかご漁、タコ漁やテングガイの採集をおこなう。他人から船を借用して船釣りをおこなうこともあるが、沖のほうまで出漁することはなく、その活動範囲は陸地周辺の浅い水域にかぎられる。食料獲得を主目的する漁業者のなかには、毎日のように活動する者もいれば、大潮の日や仕事が休みの日のみに漁をおこなう者もおり、操業頻度の個人差が大きい。

　現金収入の獲得を主目的とする非専業漁業者たちは、2〜8人ほどで出漁し、船釣りや刺し網漁、地引網漁、かご漁をおこなう。漁をおこないたい者が友人

や知人に声をかけ、そのときどきに参加者を募ることが多いため、操業するメンバーの構成は流動的である。漁は単発的におこなわれることもあれば、数週間から数か月にわたり継続することもある。専業漁業者が自前の船や漁具を使用するのに対し、非専業漁業者のなかにはこれらを所有しない者が少なくない。彼らは、漁獲売却で得られた利益の分配を約束し、漁の参加者以外から漁具や船を借用する。収入獲得を主目的に操業する非専業漁業者たちは、経済状況や参加者の人数、漁撈活動に費やすことのできる時間などを勘案し、そのときどきにあわせた漁法を選択する。

　以上を整理すると、船釣り、刺し網漁、延縄漁、地引網漁は、1年をとおして漁で収入を得る専業漁業者を含め、現金収入の獲得を重視する漁業者がよく選択する漁法といえる。いっぽう、陸釣りやタコ漁、テングガイの採集は、さほど大きな収入を期待することはできないものの、船や高価な漁具を必要とせず単独で操業可能なため、食料獲得を重視する漁業者に好まれる。そうしたなか、かご漁は食料獲得を目的とする者から、漁撈によって通年的に収入を得る者まで、漁獲への期待が異なる幅広いタイプの漁業者が選択する漁法といえる。

（3）漁業への投資

　ここ数十年の間に、ワシニ村でみられなくなった漁法には、魚柵漁（えり漁）*uzio* とサメ刺し網漁 *jarife* がある。柵漁は全長数十ｍ、高さ 2m ほどの木柵をウフクェニに設置し、退潮時に陸側から沖へと移動する魚を捕獲する漁法である。かつてワシニ村の海には、マングローブ材でつくられた柵がいくつか設置されていた。スワヒリ海岸の魚柵には、移動式と固定式のものがあるが、ワシニ村で使用されていたのは後者のみである。魚柵漁での漁獲は、ほかの漁法と比較して必ずしも良好とはいえず、海が荒れる季節には柵がたびたび破損した。その修理は重労働だったため、村内では 1980 年代ころからおこなわれなくなった。さほど数は多くないものの、現在もシモニ半島の周辺では、本土の漁業者が魚柵漁を続けている。

　サメ刺し網漁は、サメがよく獲れるクシの季節を中心におこなう。漁場とな

写真２−９　まき網漁をおこなう本土の漁業者

るのは、マジ・メンギからムコンドニにかけての水域で、操業にはダウを使用する。漁具が高価なこともあり、村内でサメ刺し網を所有する者は多くなかった。サメが獲れない日が続くこともあったが、フカヒレ *pezi* が高値で売れたため、漁業者は大きな収入を得ることができたという。ワシニ村では 2000 年代初頭まで高齢の漁業者が 1 人、サメ刺し網漁を続けていたが、彼が引退すると、あらたに漁をおこなう者はいなくなった。

　このように姿を消した漁法があるいっぽう、1980 年代以降には、島周辺の海で延縄漁やまき網漁 *ring neti* などの漁法があらたに開始された。まき網漁は、現在島の周辺でみられる漁法のなかでもっとも規模の大きなものである。この漁法は、水深 3 〜 20m ほどの水域でおこなわれる。船外機を装備した大型の船（写真２−９）から魚群をとりまくように 100 〜 300m ほどの網を入れていき、20 〜 30 人ほどの勢子が泳いで魚群を網へと追い込んでいく。1 回の出漁で数百 kg の漁獲になることも珍しくないが、漁に必要な大型の船や漁具を調達するためには、100 万 ksh 以上の投資が必要になるという。まき網漁を盛んにおこなうのは、ワシニ村と同じくブンバの人びとが多く居住するバンガの漁業者たちである。ワシニ島の周辺海域は彼らの主要な漁場となっているが、ワシニ村の住民が漁に参加することはなく、村内にまき網を所有する者もいない。

　これまで、ワシニ村ではまき網漁や延縄漁、サメ刺し網漁などの、比較的高価な漁具を必要とする漁法はさほど普及しなかった。だが、このことはワシニ

村の住民が漁具を調達するだけの経済力をもたなかったことを意味するのでは
ない。たとえば、バンガでは交易や出稼ぎなどで富を得た者の一部が漁業へと
投資し、タジリ *tajiri* とよばれる商人になった。タジリは、所有する漁船や漁
具を漁業者へ貸し出すかわりに、2～4割りほどの漁獲を受けとる（Glaesel 1997:
58-59）。魚商人と漁業者が、あくまでも商売上の対等なパートナーであるのに
対し、タジリと漁業者はパトロン‐クライアント関係にある。その影響力には
地域差があるものの、タジリは資本をもたない漁業者を経済的に下支えするこ
とで、ケニア沿岸部における小規模漁業の発展に一定の貢献を果たしてきたと
いってよい。

　以上のようなタジリの経済力を背景として、バンガでは大きな投資を必要と
するまき網漁が導入された。いっぽう、ワシニ村では資本を蓄積した者たちが
漁業ではなく、観光業に積極的な投資をおこなった。海洋公園の開設後、観光
業に将来性を見出した人びとは、観光客の送迎に使用するためのディンゲやマ
シュアを導入したり、宿泊施設やレストランの建設を進めたのである。タジリ
が不在のワシニ村では、ごく少数の漁業者が自己資本によって延縄やサメ刺し
網を導入した。しかしながら、大部分の漁業者は高価な漁具を購入するだけの
経済力をもたず、釣漁や刺し網漁、かご漁など、さほど大きな投資を必要とし
ない漁法を継続した。

　ワシニ島とその周辺に位置する5つの村における、収入獲得手段を比較した
研究によると、ワシニ村は観光業によって収入を得ている世帯の割合がほかの
村にくらべて高く、漁業によって収入を得ている世帯の割合が低いという特徴
がある（Malleret-King 2000: 88-89）。このような観光業への経済的な依存度の高
さは、ワシニ村において漁業への投資が進まなかった社会的背景のひとつとし
て理解しておく必要がある。

(4) ザンジバルの漁業者たち

　1960年代から90年代ごろにかけて、ワシニ村やその周辺地域では、外国か
ら輸入された漁具や、それを用いたあらたな漁法がひろまった。その過程にお

いて重要な役割を果たしたのが、タンザニアのザンジバルから出漁してくる漁業者たちである。ザンジバルには、毎年のように遠方への季節的な出漁 *ago* をおこなう者たちがおり、その活動範囲はタンザニア本土のみならず、ケニアやモザンビークまでの広範囲におよぶ。かつてはソマリアまで出漁する者もいたというが、ここ数十年ほどは海賊の活動や、それに対する海上警備の強化により、ソマリアへの出漁は避けられることが多いようである。

　かつて、ワシニ村の住民たちはヤシの繊維など、身の回りで入手可能な天然素材を用いて釣糸や漁網を自作していた。1960 年代に入ると、周辺地域にはモンバサやタンザニアからナイロン製の釣糸や漁網が流入するようになり、これらの漁具を自作する者はいなくなった。当初、ナイロン製の漁具は高価だったため、ワシニ村の住民はザンジバルの漁業者からよく中古品を購入した。

　1980 年代に入ると、ザンジバルの漁業者たちはワシニ島の周辺で延縄漁をあらたに開始した。延縄漁は日本人によってタンザニア北部に伝えられたのち、ケニア国内にひろまったといわれる（Glaesel 1997: 72）。また、80 年代後半から 90 年代には島周辺でまき網漁がおこなわれるようになったが、これを最初に開始したのもザンジバルの漁業者であったという。延縄漁やまき網漁を見た周辺地域の漁業者たちは、タンザニアから漁具を調達し、これらの漁法に参入していった。

　ケニア沿岸部では、ペンバ島やウングジャ島、トゥンバトゥ島など、ザンジバル各地からやって来た漁業者たちが操業している。なかでもワシニ島の周辺地域で目立つのが、ペンバ島の出身者である[15]。漁法によって移動のパターンに違いはあるものの、彼らの多くは魚がよく獲れるカスカジの季節にケニアで操業し、クシの季節がはじまる直前にペンバ島へと戻る。シモニ半島の一帯には、季節的な出漁者以外にも、ペンバ島から移住してきた漁業者が多数居住している。ちなみに、シモニ近郊にペンバ島からの移住者が増えはじめたのは、ザンジバル革命が起きた 1960 年代のこととといわれる[16]（Wanyonyi et al. 2016: 98–99）。

　例年、ワシニ村にもペンバ島から数組の漁業者がやって来る。彼らは 2〜4 人を 1 組として活動し、島周辺の海でかご漁や刺し網漁を数か月間にわたり続

ける。かつては、ザンジバルから直接漁船でやって来る者が多かったが、最近は貨物船やバスを乗り継いで移動する者が目立つ。刺し網漁をおこなう者は漁具を持参するが、かご漁をおこなう場合は漁具の運搬が困難なため、村に到着してから漁具の製作を開始する。

　ワシニ村で商売をおこなう6人の魚商人のうち、3人は地元の漁業者にくわえ、ザンジバルの出漁者からも漁獲物を買い取っている。彼らは、出漁者に対して刳り船を貸与したり、宿泊場所を提供するといった手厚い支援をおこなう。そのかわり、出漁者は特定の魚商人に対して独占的に漁獲物を売却する。出漁者の宿泊場所には空き家が用意されるほか、魚商人が仮小屋を建てることもある。ワシニ村の魚商人によると、ザンジバルの漁業者は地元漁業者よりも腕がよく、大量の漁獲をもたらすため、その支援に資金を投じてもじゅうぶんな見返りを得ることができるという。彼らは金曜以外、毎日のように出漁する。

　筆者の調査中ワシニ村内に滞在していた、ペンバ島北部からやって来た漁業者によると、彼らがケニアへ出漁する大きな理由は、魚価の高さにあるという。すでに述べたように、ケニアでは一般的に魚種や重量などを基準として、鮮魚の売買価格が算出される。それに対し、ペンバ島では仲買人や魚商人らの競りによって漁獲物の取引がおこなわれる。ケニアにおける魚の売買価格はペンバ島にくらべると総じて高いことから、漁業者たちは大漁を期待することのできるカスカジの季節になると、積極的にケニアへ出漁するのだという。

　ザンジバルからケニアに移住者した漁業者や、季節的な出漁者のなかには、ケニア国内で操業するためのライセンス等を取得せず、違法に操業する者も少なくない。これまで、彼らに対する取り締まりはさほど厳格におこなわれてこなかった。そうしたなか、シモニ周辺では2018年6月に大規模な取り締まりが突如実施され、計109人にもおよぶタンザニア国籍の違法漁業者が逮捕された（The Citizen 2018）。ワシニ村の住民によると、逮捕されたのはその大部分がザンジバルの漁業者であったという。なかには、逮捕を逃れた者もいたが、彼らは再度の取り締まりを恐れて一斉に帰国した。その結果、ザンジバルの漁業者たちは、ワシニ島周辺の海から一時的にほとんど姿を消した。これにより、

シモニへの水産物供給は著しく減少し、鮮魚の売買価格は高騰することとなった。

　これまで、ワシニ村では住民とザンジバルの漁業者との間に、大きなもめごとや対立が生じたことはないという。しかしながら、他地域では違法操業や乱獲を繰り返す出漁者たちに対し、地元漁業者たちが大きな不満を抱いている様子も報告されている（たとえば、Hoorweg et al. 2009: 46-47: King 2003）。そのいっぽう、大量の漁獲をもたらすことによる食料の安定供給や小売価格の抑制、滞在先の住民を雇用して操業することによる就業機会の創出など、彼らの活動が出漁先社会に恩恵をもたらしていることも事実である[18]（WIOMSA 2011: 79-80）。ザンジバルの漁業者たちは、技術移転にとどまらず、ケニア沿岸部の小規模漁業にさまざまな面で影響をおよぼしており、その動向を看過することはできない。

7. 漁業をとりまく社会環境の変化

　1963 年のケニア独立後、沿岸部では資源や環境の保全を推進しようとする政府の取り組みや、水産物流通の広域化、あらたな漁具や漁法の普及が進み、小規模漁業をとりまく社会環境が大きく変化してきた。こうした変化は、ワシニ村の漁業にどのような影響をおよぼしてきたのであろうか。

　第二次世界大戦後、植民地政府は海面漁業に生産力の向上を期待するいっぽうで、漁業者たちに対しては比較的自由な操業をみとめてきた。ところが、独立以降には保護海域の設定や漁法の規制などが進められ、漁撈活動にはさまざまな制約が課されるようになった。ワシニ村の場合、漁業者たちは海洋公園の開設にともない主要な漁場のひとつを失った。陸地から離れた漁場は、年間をとおして波風の影響を強く受けるため、多くの漁業者が用いる割り船での操業は困難である。そのため、海洋公園の開設後も沖合への漁場開拓は進まず、結果として操業可能な水域は狭められることとなった。

　1960 年代以降、沿岸部では交通インフラの整備や保冷設備の普及が少しず
つ進み、水産物の流通にも変化が生じた。ワシニ村で水揚げされた鮮魚も、村
内やシモニ近郊にとどまらず、魚商人や水産業者を介してモンバサや沿岸部の
リゾート地、ひいては海外にも出荷されるようになり、その販路は大きく拡大
した。このように流通の広域化が進んだことで、遠方の市場における需要の変
動が、水産物の取引価格を左右しうる状況が生まれた。

　流通の広域化やあらたな技術の普及は、ときに商品価値の高い水産物の乱
獲をうながし、資源利用のありかたを大きく変化させることもある（たとえば、
赤嶺 2002）。しかしながら、ワシニ村では延縄漁をおこなうごく少数の漁業者
がフカヒレを売却するのをのぞくと、村外への出荷に特化した食用水産物はみ
あたらない。また、市場での需要が高い魚種に対象を絞った漁はおこなわれて
おらず、漁業者たちは浅い水域に生息する魚種を広範囲に利用している。聞き
取りで得られた情報から判断するかぎり、釣漁、刺し網、かご漁という、主要
な漁法のレパートリーは 1960 年代以降変化しておらず、現在のところ、流通
の広域化が換金性の高い資源の集中的な採捕を加速させるにはいたっていない。

　観光業への投資が進んだワシニ村では、専業漁業者が減少し、漁業への経済
的な依存度は全体的に低下しつつある。1960 年代以降、漁業者たちが外国製
漁具の導入や漁獲の売買をとおして、国内外における広域的な経済活動と直接
的・間接的なかかわりを強めてきたことに疑いはない。しかしながら、こうし
た変化が漁業の産業化を強く後押しするような状況にはなく、漁獲から流通に
いたるプロセスは、現在も自給的な漁撈活動の延長線上に成り立っているとい
える。

第 3 章

漁場を選ぶ
──操業形態と漁獲──

扉写真：漁を終え、漁獲物をさばく男性。

1.　地先の漁場と沖の漁場

　かご漁は必ずしも船を必要とせず、集落前にひろがる浅い海において単独で
操業することも可能な漁法である。それにもかかわらず、漁業者のなかにはあ
えて移動に時間を費やし、ワシニ島から離れた沖の漁場へと 2 人 1 組で出漁す
る者たちがいる。活動の様子を実際に観察してみると、ワシニ島の地先と沖の
漁場では用いられる漁具の大きさや餌の種類、かごの設置方法など、さまざま
な点で漁のおこないかたに違いがみられる。

　本書では、漁業者たちが活動を編成していくにあたり、漁場の立地を重視し
ている点に着目し、異なる漁場で操業する 3 組の漁業者を対象とする参与観察
を実施した。次章以降では、観察によって得られた資料をもとに漁具製作、餌
の採集、漁場利用という 3 つの場面にわけて、漁撈活動の詳細な記述を進めて
いく。それに先立ち、本章では調査期間中の操業概況を示したうえで、地先の
漁場と沖の漁場における漁獲の傾向と、操業形態の違いについて考察する。

2.　調査方法と対象者

(1) 調査期間と方法

　本書ではワシニ村に居住し、異なる漁場を利用する 3 組の漁撈ユニット A、
B、C を調査対象として選定した。ここでいうユニットとは、漁獲物を共有す
る労働と生産の単位を意味する。各ユニットの調査期間と操業日数は**表 3 ー
1** のとおりである。なお、それぞれの調査期間における活動状況の詳細につい
ては、本書末尾の付録 1 に示した。

　観察にあたっては潮汐の月周性を考慮し、14 日間を調査期間として設定した。
また、前章でみたとおりワシニ島の周辺では季節によって風向きや海況が変化

表3−1　調査期間と出漁日数

対象		調査期間	期間中の出漁日数
ユニットA	(1回目)	2016年7月22日〜8月4日	8日※
	(2回目)	2016年10月10日〜10月23日	9日
	(3回目)	—	—
ユニットB	(1回目)	2016年8月6日〜8月19日	4日
	(2回目)	2016年10月28日〜11月10日	10日
	(3回目)	2018年1月30日〜2月12日	8日
ユニットC	(1回目)	2016年8月20日〜9月2日	9日
	(2回目)	2016年11月11日〜11月24日	9日
	(3回目)	2018年2月20日〜3月5日	9日

※には漁具の設置のみ、あるいは引き上げのみをおこなった日を含む。

する。このような自然条件の変化が漁撈活動に影響をおよぼす可能性があることから、本書では異なる季節に同様の調査を3回実施した。1回目の調査期間はクシの季節、2回目はクシからカスカジへと季節が変化していくマレレジの時期、3回目はカスカジの季節にあたる。なお、ユニットAについては2回目の調査後に漁具と船の所有者が亡くなり、活動がおこなわれなくなったため、3回目の調査を実施することができなかった。

　調査期間中には、荷物運搬などのかんたんな仕事を手伝いながら、餌の採集や操業の様子を観察するとともに、地元の魚商人が所有するのと同じタイプの電子式吊り秤を用いて、漁獲物や餌の計量をおこなった。漁具の製作や修理、船の手入れといった作業もなるべく観察するようにつとめたが、これらの作業は短い空き時間や夜間にも少しずつ進められるため、すべてを観察することはできなかった。

　調査にあたっては漁場や作業場、餌の採集場所に同行し、直接的な観察をおこなうように試みたが、ムプングティ海洋保護区で操業するユニットCについては、保護区の管理主体であるKWSから漁場への同行調査の許可を得ることができなかった。そのため、ユニットCによる操業中の行動は、彼らが使

用する割り船の船尾に小型ビデオカメラと GPS を搭載して記録し、帰村後に
補足的な聞き取り調査をおこなうことによって把握した。

(2) 調査対象者

　調査対象とした 3 組の構成員（表 3 － 2）は、1 年をとおして漁撈を主たる収
入獲得手段とする専業漁業者である。いずれの構成員も親族関係にはなく、そ
れぞれが独立した生計を営む。ユニット A と C は、世帯内にほかの収入獲得
手段をもたず、構成員がおこなう漁撈のみで収入を得ている。B1 の世帯は、同
居する息子が観光ガイドの仕事で収入をおぎなっている。そのため、ほかの 2
組の構成員にくらべると、B1 の世帯における漁撈への経済的な依存度は低いと
いえる。

　ユニット A の A 1 はタンザニアのペンバ島出身で、2000 年代初頭にワシニ村
へと移住し、村の女性と結婚した。ペンバ島に住んでいたころ、A1 は季節的
な出漁でワシニ村に滞在したことがあり、ゆたかな水産資源と周辺で操業する
漁業者の少なさに魅力を感じて移住を決断した。A1 によると、ペンバ人はブ
ンバやキフンディと兄弟のような間柄であるため、移住後もすぐに村の生活に
馴染むことができたという。長い間ワシニ村に住んでいるため、住民のなかに
は彼がペンバ島の出身であることを知らない者もいる。一緒に操業する A2 は、
ワシニで生まれ育ったブンバである。彼はもともと、ワシニに住む高齢の漁業
者とともに、刺し網漁やサメ延縄漁などをおこなっていた。やがて、高齢の漁

表 3 － 2　各ユニットの構成

ユニット名	船（動力）	構成員（年齢）	居住地
ユニット A	ダウ（帆、船外機、棹）	A1（40 歳代）※、A2（30 歳代）	ワシニ
ユニット B	割り船（棹、櫂）	B1（60 歳代）※	ワシニ
ユニット C	割り船（帆、棹、櫂）	1 回目：C1（50 歳代）※、C2（40 歳代）	ニュママジ
		2 回目：C1 ※	ニュママジ

※ は船と漁具の所有者。

業者が引退すると、A1 に誘われ共同で漁を開始した。釣糸をのぞくと、A2 は
これまで自前の漁具や船を所有したことがない。A1 が亡くなってからしばら
くの間、A2 は拾った貝殻を土産物として観光客に売ったり、日雇いの仕事で
生計を立てていた。やがて、知人からの誘いをうけて、A2 は村内の観光客向
けレストランで荷物運搬や清掃の仕事をおこなうようになった。2022 年に確認
したところ、彼はレストランでの仕事を辞め、モンバサ近郊で渡し船の総舵手
として働いていた。仕事が忙しく、村に残した家族とは数か月に一度しか会う
ことができないという。

　ユニット A は、1 年をとおしてかご漁を継続するだけでなく、サメがよく獲
れるクシの季節になると延縄漁もおこなう（写真3−1）。この季節には、島周
辺の海で操業するだけでなく、サメを狙って遠方へと出漁することもある。ペ
ンバ島出身の A1 は、ワシニ村に移住する以前から遠方への季節的な出漁を何
度もおこなった経験をもち、その活動範囲はケニア北部からモザンビーク北部
にまでおよぶ。毎年ではないものの、A2 と共同で操業を開始してからも、2
人は数週間から数か月にわたる出漁を繰り返してきた。ワシニ村の漁業者によ
る漁撈活動は、いずれの漁法においても島周辺での日帰りでの操業を基本とし、
ユニット A のように遠方へ出漁する者はほかにいない。

　ユニット A の活動においてもうひとつ特筆すべきは、A1 が超自然的な力を
頼って漁獲の安定化をはかろうとする点である。操業中、筆者は A1 がバケツ
に汲んだ海水のなかに乾燥した植物の葉を入れ、その水を引き上げたかごにふ
りかけたり、ビニール片に包んだ葉を延縄に縛りつけている様子を何度か目撃
した。こうした行動について筆者が質問すると、A1 は口をつぐみ、葉は「魚
の薬 dawa la swi」であると簡潔に説明した。A1 の死後、これについて A2 に
確認したところ、彼が用いていたのは乾燥させた大麻 bangi であったという。
A2 によると、A1 はジニ jini とよばれる精霊の存在を信じていた。ジニは陸上
だけでなく海にも出没し、ときおり漁具にかかった魚を盗むことがある。A1
は不漁が続くと、漁具にジニが嫌うとされる大麻のにおいをつけることにより、
魚が盗まれるのを防ごうとする。ただし、大麻の使用を口外すると、その効果

は著しく減少してしまう。その
ため、A1 は筆者にこのことを
説明するのをためらったのだと
いう。スワヒリ海岸では、一部
のムスリムがジニを信仰してお
り、なかにはジニへの信仰を核
とした教団が組織されている例
もある（中村 2011）。ワシニ村
の住民のなかにも、かつてはジ
ニの存在を信じ、雨乞いなどの
儀礼をおこなう者がいた。筆者
が把握しているかぎり、現在ワ
シニ村でジニに関係する儀礼は
すでにおこなわれておらず、敬
虔なムスリムのなかには、その
信仰を否定的に捉えている者も

写真 3 − 1　延縄漁で獲れたサメを引き上げるユ
ニット A

少なくない。A2 自身もジニの存在を信じてはいないが、漁具と船の所有者で
ある A1 の行動に口を出すことはなかったという。

　ユニット B の B1 はワシニ出身のブンバで、これまで日雇い労働やシモニで
の守衛の仕事、船釣りなどで収入を得てきた。しかしながら、2005 年ころから
体調を崩しがちとなり、体力の衰えを感じるようなったことから、これらの仕
事をやめてかご漁を開始した。かご漁を選んだのは、若い時に父や叔父がおこ
なう漁を手伝った経験があり、ほかの漁法にくらべて海に出る時間が短く済む
ためであるという。B1 はかごと釣糸を所有しており、かご漁での漁獲が不振
だった場合には、まれに食料獲得を目的にタコ漁や釣漁をおこなうことがある。

　ユニット C は、船と漁具の所有者である C1 と、共同で操業する C2 の 2 人
から成る。C1 はニュママジ出身のキフンディで、これまで漁撈だけで生計を立
ててきた。ほかの漁業者と一緒に刺し網漁をおこなった経験もあるが、自身が

所有する漁具はかごと釣糸のみである。C2 は、ワシニ島から直線で 10km ほど離れた、本土のムサンベニという町で生まれ育ったキフンディである。ムサンベニに住んでいたころ、C2 はほかの漁業者と一緒にかご漁や刺し網漁をおこない生計を立てていた。しかしながら、周辺の海で魚があまり獲れなくなったことから、知人がおり、周囲に水産資源が豊富なニュママジへと家族で移住した。彼がニュママジに移住したのは、2005 年ころのことである。釣糸をのぞくと、C2 はこれまで自前の船や漁具を所有したことはない。

　ニュママジへの移住後から、C2 は C1 と一緒にかご漁を続けてきたものの、3 回目の調査を開始する直前に 2 人は決別し、C1 は単独で、C2 はニュママジに住むほかの漁業者と一緒にかご漁をおこなうようになった。2 人が決別した背景については第 5 章で述べるが、高齢にともなう漁の引退や病気などの理由以外で、専業漁業者がユニットを解消する例は珍しい。なお、3 回目の調査を実施するにあたり、本書では漁具と船の所有者である C1 の活動を観察対象とした。

　3 組のうち、ユニット A はムクィロ村の漁業者から中古で購入した全長 4m、幅 1.5m ほどのダウを用いる。移動には帆と棹のほか、15 馬力の船外機を使用する。船を用いてかご漁をおこなうワシニ村の漁業者たちは、いずれも動力化されていない小型の刳り船を使用しており、ダウで操業するのはユニット A のみである。ユニット B と C は全長 3m 前後、幅 50cm 前後の刳り船を使用する。ユニット B の刳り船は、ユニット C の船にくらべるとやや小さい。ワシニ島の地先海面で操業するユニット B は、船の停泊場所から漁場までの移動距離が短いため、棹と櫂のみを推進具として用いる。ユニット C は、浅い水域の移動時や操業中に棹と櫂を使用するものの、村と漁場との往復はおもに帆走して移動する（写真 3 − 2）。

　漁を終えて帰村すると、いずれのユニットも陸地に近い浅瀬にアンカーを入れて船を停泊させる。櫂や棹、帆はそのまま船内に置いておくが、ユニット A は他人による無断使用や盗難を防ぐため、毎回船外機と燃料タンクを取り外して A1 の自宅に持ち帰る。3 組が漁具や船を他人に貸し出すことはない。

写真３－２　帆走するユニットＣの船

3. 各ユニットの操業状況

(1) 船の停泊場所と漁場

　ワシニ村でかご漁をおこなう漁業者が利用するおもな漁場は、①ワシニ島の西端からワシニの集落周辺にかけての北側海岸、②ニュママジの南側にひろがる岩礁、③ムプングティ（ジュー島およびチニ島周辺）の３か所である。船釣りや刺し網漁をおこなう者は、まれに本土の地先海面で操業することもあるが、かご漁をおこなう漁業者が本土側の海に出漁することはない。これは、本土側の地先に岩礁があまり発達しておらず、漁具を設置するのに適した水域が狭いためであるという。また、本土とワシニ島との間にひろがる水路の中央部は、潮流が強く漁具が流されやすいため、かご漁の漁場として利用されることはほとんどない。

　ワシニ村の漁業者がよく利用する３か所の漁場のうち、ワシニ島の北側で操業するのはワシニの住民のみで、ムプングティとニュママジの南側の海には両集落の漁業者がかごを設置している。基本的に、漁業者たちは居住する集落の

　近くに船を停泊させておくが、ニュママジの南側で操業するワシニ在住の漁業者は、漁場へのアクセスが容易なことから、自宅から離れた島の南側に船を置いている。

　図３−１は、調査対象とした３組のユニットが利用する漁場の位置と、船の停泊場所を示したものである。ユニットＡがかごを設置しているのは、ワシニ島の東に位置するニュリ *Nyuli* という岩礁である。この岩礁は大潮のときにも干出せず、５〜７mほどの水深がある。ニュリでは、ワシニ島の地先海面よりもサイズの大きな魚がよく獲れるため、ユニットＡは２人での操業を開始して以降、この漁場にかごを設置し続けているという。

　ユニットＡは、ワシニの集落前にひろがる浅瀬に船を停泊させている。出発するとすぐに帆をあげて、島の北側海岸に沿って東へと航行する。島の東端に到達すると南東に進路を変え、漁場に向かって一直線に船を進める。目視でチニ島やジュー島までの距離を確認しながら航行を続けると、やがて漁場に設置してあるかごの浮標が正面にみえてくる。すべて帆走した場合、村から漁場までの移動には45〜60分ほどの時間を要する。漁場までの移動は基本的に毎回帆走するが、風が弱い日には途中で帆を下ろし、船外機を使用することもある。かごの引き上げや設置の際には、こまかな操船が必要となるため、漁場に着くとすぐに帆を下ろし、船外機を使って移動する。ニュリでのかご漁を終えると、再び帆をあげて北東へ10分ほど帆走し、延縄を設置しているニュリ・ヤ・チニ *Nyuli ya chini* という漁場へと向かう。この漁場は30mほどの深さがあり、晴天の日でも船上から水底の様子を観察することはできない。延縄の引き上げと設置をおこなう際には、再び帆を下して船外機を使用する。作業が終わると帆をあげて帰村するが、ときおりシモニに立ち寄り、船外機の燃料を購入することもある。１回の操業に必要な燃料の量は、移動距離や海況によって異なるが、波が高いクシの季節には４リットル、海況が穏やかなカスカジの季節には、３リットルほどを消費する。2016年８月に確認したところ、シモニおける燃料の小売価格は１リットルあたり110Kshであった。

　ワシニに居住するユニットＢは、自宅から徒歩で30分ほどの距離にある

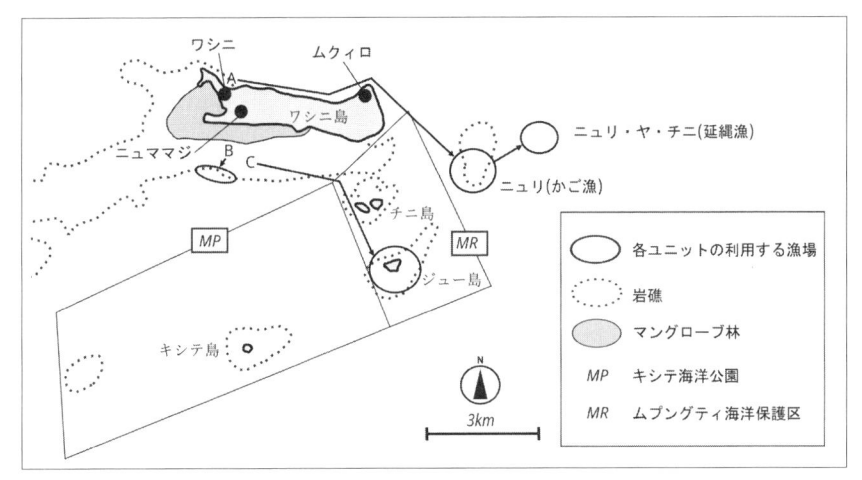

図3－1　漁場と船の停泊場所

ニュママジの南側の海に船を停泊させ、その周辺にひろがる岩礁の縁で漁をおこなう。ユニットBは、沖の漁場ではワシニ島の地先海面よりもサイズの大きな魚がたくさん獲れると考えている。しかしながら、体力的に長時間船に乗る自信がないため、沖のほうまで出漁することができない。そのため、ワシニ島の地先海面でもとくに魚がよく獲れるニュママジの岩礁にかごを設置しているのだという。ユニットBの漁場は、水深が1〜2mと浅い。そのため、この漁場でかご漁をおこなう者のなかには船を使用せず、干潮時に徒歩で漁具の設置や見回りをおこなう者もいる。ユニットBは漁具や餌の運搬が楽なため、いつも船を用いて操業する。

　ニュママジの集落から南へ5分ほど歩くと、狭い砂浜に到着する。そこから船の停泊場所に向かうためには、海側に500mほどひろがるマングローブ林を抜ける必要がある。マングローブ林のなかには、海へと通じるふたつの水路 *mto*（写真3－3）があり、ユニットBはいつも西側に位置する「ムドゥドゥおじいさんの川 *mto mzee mdudu*」とよばれる水路を通って海に出る。この水路から出漁し、かご漁をおこなう専業漁業者はいずれもユニットBと同じ漁場を利用している。水路の手前には、木立に囲まれた小さな広場があり、漁

業者たちが漁具の製作や出漁準備をおこなう共同の作業場として利用している。水路の幅は1〜3mほどで、満潮時には胸上ほど、干潮時には膝下ほどの水位となる。通常、漁業者たちはマングローブ林の外側の海に船を停泊させているが、潮位が高くなる大潮前後には船が流されてしまう可能性が高まるため、水路の奥に船を入れておく。マングローブ林の外側に船を置いている場合、ユニットBの漁場には5〜10分ほどで到着する。

ニュママジに居住するユニットCは、ユニットBが船を停泊させている場所から500mほど東に船を置き、おもにジュー島の周辺にかごを設置している。ユニットCは、「ムドゥドゥおじいさんの川」の東に位置する「キリコの川 *mto kiliko*²」とよばれる水路から海に出る。この水路から出漁し、かご漁をおこなう専業漁業者はいずれも、ジュー島もしくはチニ島の周辺を漁場とする。「キリコの川」の手前にも小さな広場があり、漁業者たちが作業場として利用している。

3回の調査期間をとおして、ユニットCは大部分のかごをジュー島の周辺に設置し続けた。船の停泊場所とジュー島との間には、キシテ海洋公園の水域がひろがっており、漁業者が禁漁区である同水域を航行することはみとめられていない。そのため、ユニットCは出発後すぐに帆をあげて東方へと帆走したのち、キシテ海洋公園の水域を迂回するようにジュー島へと向かう。すべて帆走した場合、ジュー島には1時間ほどで到着するが、風の弱い日には帆が使えず、櫂を漕いで移動することもある。その場合、漁場までの移動には片道あたり2時間以上を要する。ユニットCがかごを設置している水域は2〜3mほどの深さがあり、棹を使用することはできない。そのため、漁場に到着後はすぐに帆を下ろし、操業中は櫂を用いて移動する。

ユニットCはこれまで、ワシニ島の南側や南西側など、ほかの水域にかごを設置したこともあるが、いちばん漁獲量が安定し、サイズの大きな魚を漁獲できたのがジュー島の周辺であるという。ここ数年は、もっぱらジュー島周辺での操業を続けているというが、2回目の調査期間には不漁のため、数個のかごをチニ島の周辺に設置することがあった。

（2）操業時間とかごの数

通常、漁業者たち
は１回の操業で１〜
10個程度のかごを
設置する。表３−
３は、各調査期間に
おける３組の出漁日
と操業時間、使用し
たかごの数を示した
ものである。本書で
いう操業時間とは漁
場に到着し、最初の
かごを引き上げはじ

写真３−３　マングローブ林内の水路

めてから最後のかごを設置し終えるまでの時間をさし、出漁準備や漁場までの
移動時間は含まない。また、ユニットＡについては、延縄漁に費やした時間
を含まない。

　ユニットＡとＣ（１回目・２回目の調査期間）は、常に２人で操業し、どちらか
の構成員が単独で出漁することはなかった。３組ともに、イスラームの安息日
である金曜には基本的に漁を休み、モスクでの礼拝に参加する。ただし、直前
に漁を休んだ場合には、金曜であっても出漁することがある。また、漁具の製
作や船の手入れ、餌の採集といった準備作業は、礼拝時間の合間をぬって金曜
日にもおこなわれる。

　ユニットＡを対象とした１回目の調査期間には、前半（４〜７日目）に漁を
休む日が続いた。調査を開始して２日目の朝、ユニットＡの２人はいつもの
ように漁の準備を進めていたが、出発の直前に船外機の故障がみつかった。２
人はこの日の出漁を急遽中止し、船外機をシモニの修理工のもとに持参した。
その結果、修理には部品の取り寄せが必要であり、数日間は船外機を使用でき

表3－3　操業時間とかごの数

			調査日（日目）					
			1	2	3	4	5	6
ユニットA	（1回目）	操業時間	―	―	53	―	―	―
		かご数	―	―	6/0	―	―	―
	（2回目）	操業時間	53	47	41	45	―	57
		かご数	6/6	6/6	5/5	5/5	―	5/5
ユニットB	（1回目）	操業時間	―	27	―	―	―	―
		かご数	―	2/2	―	―	―	―
	（2回目）	操業時間	―	43	25	40	―	32
		かご数	―	2/3	3/3	3/3	―	3/3
	（3回目）	操業時間	39	50	36	―	33	47
		かご数	3/3	3/3	3/3	―	3/3	3/3
ユニットC	（1回目）	操業時間	67	103	69	73	―	92
		かご数	5/6	6/6	6/6	6/7	―	7/7
	（2回目）	操業時間	―	―	99	118	119	100
		かご数	―	―	7/7	7/7	7/7	7/6
	（3回目）	操業時間	―	―	96	114	97	119
		かご数	―	―	9/9	9/9	9/8	8/8

　：金曜日　　　　　―：出漁せず

操業時間：分

かご数：引き上げ個数 / 設置個数

調査日（日目）								合計	平均
7	8	9	10	11	12	13	14		
—	67	42	70	46	53	59	47	437	55
—	0/5	5/6	6/7	7/7	7/7	7/7	7/6	45/45	5.6/5.6
37	50	—	44	—	—	46	—	420	47
5/5	5/5	—	5/5	—	—	5/5	—	47/47	5.2/5.2
—	—	—	48	—	32	64	—	171	43
—	—	—	2/2	—	2/2	2/2	—	8/8	2/2
21	—	23	—	26	19	15	14	258	26
3/3	—	2/3	—	3/2	2/2	2/1	1/2	24/25	2.4/2.5
—	—	—	—	—	22	91	52	370	46
—	—	—	—	—	2/2	2/3	4/3	23/23	2.9/2.9
—	82	—	—	70	89	76	—	721	80
—	7/6	—	—	6/5	5/5	5/5	—	53/53	5.8/5.8
99	—	—	85	106	146	157	—	1029	114
6/6	—	—	6/8	7/8	8/8	8/8	—	63/65	7/7.2
113	—	85	85	—	—	122	86	917	102
8/8	—	8/7	7/8	—	—	6/7	7/7	71/71	7.9/7.9

ないことが判明した。A1は漁場での移動に支障をきたすため、船外機なしで
は漁をおこなうことができないと判断した。だが、現在すでに設置しているか
ごをそのまま放置しておくと、破損や流失の可能性が高まる。そこで翌朝（調
査3日目）、ユニットAは賃料を払って知人から船外機を借用し、設置してあ
るかごをすべて回収するために漁場へ向かった。船外機の修理が完了するまで
の数日間、2人はそれぞれ所用のために村を離れた。修理を終えた船外機を受
け取った翌日（調査8日目）は金曜であったが、2人はかごを設置するために出
漁した。

　ユニットBを対象とした1回目の調査期間には、B1の身内や知人に不幸が
相次ぎ、村内外での葬式に参列する日が続いた。そのため、期間中の出漁はわ
ずか4日間にとどまった。また、3回目の調査期間にはB1が体調を崩し、5日
間（7～11日）連続で漁を休むことがあった。この間、かごは漁場に設置され
たままであった。

　1回の操業で設置したかごの数は、ユニットAが5～7個、ユニットBが
1～3個、ユニットCが5～9個で、沖の漁場で操業するユニットAとCは、
いずれの操業日においてもワシニ島の地先海面で操業するユニットBより多
くのかごを設置した。ユニットCについては、3回目の調査期間にC1が単独
で操業するようになったものの、使用するかごの数を減らす様子はみられな
かった。

　調査中には、直近に設置したかごの数と引き上げたかごの数が一致しない日
があったが、これは海況の悪化によってかごが流失したことによる。設置場所
にかごがみあたらない場合、漁業者たちは周囲を航行して捜索をおこなう。か
ごの捜索にくわえて、操業中に大きな時間を費やすのが、漁場内の移動であ
る。目視しにくい魚群の動きをさぐるため、漁業者たちはしばしば漁具を広範
囲に分散して設置する。漁場利用については第6章で詳しくとりあげるが、か
ごを分散させると操業中の移動時間は増大する。たとえば、ユニットCは普
段、ジュー島の周辺を漁場として利用しているが、2回目の調査期間には不漁
が続いたため、数個のかごをチニ島の周辺に移動させた（12～13日目）。この2

日間は、ジュー島からチニ島までの移動に時間を要したため、操業時間は普段よりも長くなった。また、波の高い日は船があまり進まないため、とくに操業時間が長引きやすい。漁具の設置範囲や海況は日によって異なるため、たとえ同じ個数のかごを用いた場合でも、操業時間にはばらつきが生じる。

4. かご漁の漁獲

(1) 魚種

　ここからは、調査期間中における各ユニットの漁獲物についてみていく。表3−4は、3組が漁獲した魚種とその重量を示したものである。漁獲物は、各ユニットの構成員に確認した方名をもとに分類したうえで、魚商人への売却前に種類ごとに計量した。学名の同定にあたっては Essen and Richmond（2002）、Anan and Mostarda（2012）、Gomes（2012）を参考とした。なお、操業日ごとの漁獲物とその用途については、本書末尾の付録2に詳しく示した。

　方名上の分類において、3組は計25種類の魚を漁獲した。そのなかで、もっともひんぱんに漁獲されたのが、アイゴ類（とりわけ *Siganus sutor*）である。スワヒリ海岸を含めたインド洋西域において *Siganus sutor* は食用魚としての需要が高く、サンゴ礁域の漁撈活動において重要な漁獲対象種となっている（Robinson et al. 2008）。とくにかごでの漁獲頻度は高く、タンザニアのかご漁では漁獲量の 85% を占めるとの報告もある（Kamukuru 2009）。3組の操業においても、*Siganus sutor* は毎日のように漁獲され、ユニット A と B では各調査期間における総漁獲量の半分以上を占めた。

　3組の漁獲物には、普段かご漁でほとんど獲れることがないという魚種も含まれていた。たとえば、ユニット A を対象とした1回目の調査期間には、ササムロ *mbono*（*Caesio caerulaurea*）と小型のルリホシエイ *karwe*（*Taeniura lymma*）が1匹ずつ漁獲された。これらは通常、刺し網漁で漁獲されることが

表 3 - 4　各ユニットの漁獲

価格分類	方名	学名	和名
A	Siganidae（アイゴ科）		
	tafi（chafi）	Siganus sutor	［アイゴ属］
	tafi manga（chafi manga）	Siganus stellatus	［アイゴ属］
	Lethrinidae（フエフキダイ科）		
	changu	Lethrinus lentjan	シモフリフエフキ
	〃	Lethrinus borbonicus	ニセハナフエフキ
	chengo	Gnathodentex aureolineatus	ノコギリダイ
	dizi	Lethrinus harak	マトフエフキ
	tawa	Lethrinus nebulosus	ハマフエフキ
	tukuwana	Lethrinus mahsena	［フエフキダイ属］
	Mullidae（ヒメジ科）		
	mkundaji		［ヒメジ科］
	Lutjanidae（フエダイ科）		
	chembeu	Lutjanus gibbus	ヒメフエダイ
	tembo	Lutjanus fulviflamma	ニセクロホシフエダイ
	A 合計		
B	Caesionidae（タカサゴ科）		
	mbono	Caesio caerulaurea	ササムロ
	Gerreidae（クロサギ科）		
	chaa	Gerres longirostris	ツッパリサギ
	Nemipteridae（イトヨリダイ科）		
	kanga macho	Scolopsis bimaculata	［ヨコシマタマガシラ属］
	Kyphosidae（イスズミ科）		
	kufi	Kyphosus cinerascens	テンジクイサキ
	Haemulidae（イサキ科）		
	mleha	Plectorhinchus gaterinus	［コショウダイ属］
	Scaridae（ブダイ科）		
	kangu		［ブダイ科］
	pono		［ブダイ科］
	Acanthuridae［ニザダイ科］		
	sange	Naso elegans	［テングハギ属］
	〃	Naso hexacanthus	テングハギモドキ
	〃	Naso thynnoides	ボウズハギ
	kangaja	Acanthurus spp.	［クロハギ属］
	Atherinidae（トウゴロイワシ科）		
	mambangumu	Atherinomorus lacunosus	ヤクシマイワシ
	B 合計		
テングハギ類	Acanthuridae［ニザダイ科］		
	puju	Naso unicornis	テングハギ
	〃	Naso brevirostris	ツマリテングハギ
	テングハギ類合計		
非売買対象	Diodontidae（ハリセンボン科）		
	bunju		［ハリセンボン科］
	Dasyatidae（アカエイ科）		
	karwe		ルリホシエイ
	Chaetodontidae（チョウチョウウオ科）		
	kitatange		［チョウチョウウオ科］
	Muraenidae（ウツボ科）		
	mkunga		［ウツボ科］
	非売買対象合計		
	総漁獲量		

※は漁獲を確認したが、すぐに海へと戻されたため未計量。

単位：kg

ユニットA		ユニットB			ユニットC		
1回目	2回目	1回目	2回目	3回目	1回目	2回目	3回目
23.22	50.43	11.69	15.67	9.84	20.37	6.93	19.57
0	0.3	0	0	0	0.23	0.26	0
1.61	2.91	0	0	0	4.56	6.75	9.76
0	0	0	0	0	0	0	8.39
0	0	0	0	0	2.13	0	1.45
0	0.27	0	0	0	1.51	0	0
0	0	0	0	0	2.04	1.5	18.33
0.28	0	0	0	0	0	5.16	0
0	0	0	0	0.38	0	0	0
0	0	0	0	0	0	1.1	0
25.11	53.91	11.69	15.67	10.22	30.84	21.7	57.5
0.25	0	0	0	0	0	0	0
0	0	0	0	0	0	1.26	0
0	0	0	0	0	0.35	0	0
0	3.24	0	0	0	0	0	0
0	0.35	0	0	0	0	0.39	0.39
0	0.6	0	1.73	0.51	0.83	0.4	15.35
0.32	2.25	0	0	0	3.42	9.79	5.84
1.87	3.66	0	0	0	2.38	2.38	0.66
0.41	0.34	0	0	0	3.26	2.39	0.98
0.2	0	0	0	0	0	0	0
3.05	10.44	0	1.73	0.51	10.24	16.61	23.22
3.4	25.97	0	0	0	2.89	2.45	0
3.4	25.97	0	0	0	2.89	2.45	0
※	0	0	0	0	0	0	0
0.89	0	0	0	0	0	0	0
0.23	0.27	0	0.47	0	0.24	0.22	0
0	0	0	2.74	0	0	0	3.1
1.12	0.27	0	3.21	0	0.24	0.22	3.1
32.68	90.59	11.69	20.61	10.73	44.21	40.98	83.82

多く、かごに入るのは珍しいという。また、ユニットBとCが漁獲したウツボも、ひんぱんにみられる魚種ではない。ウツボはかごに侵入すると、中の魚を食い荒らしてしまうだけでなく、ほかの魚が警戒してかごに近づかなくなる。漁獲が減ることから、漁業者たちはかごにウツボが入るのを非常に嫌う。

3組の構成員によると、かご漁で漁獲される魚種のうち、テングハギ類は資源量の季節的な増減がもっとも大きい。テングハギ類がよく獲れるのは沖の漁場で、ワシニ島の地先海面における漁獲頻度は低い。例年、テングハギ類はクシの季節が終わるころからカスカジの季節にかけて増加し、この時期には1回の操業で10kg以上を漁獲することも珍しくない。クシの終わりにあたる2回目の調査期間には、ユニットAが計26kgほどのテングハギ類を漁獲したものの、同じく沖の漁場を利用するユニットCの漁獲は、わずか2kgにとどまった。ユニットCも例年、この時期には大量のテングハギ類を漁獲するというが、調査を実施した年にはジュー島周辺にテングハギ類がほとんどあらわれず、周囲で操業するほかの漁業者の漁獲も低調であった。こうした状況は、ユニットCにとってはじめての経験だという。なお、3回の調査期間をとおして、ワシニ島の地先海面で操業するユニットBがテングハギ類を漁獲することは一度もなかった。

それぞれの調査期間の漁獲をみると、いずれのユニットにおいても漁獲量の半分以上は、売買にあたりAに分類される魚種によって占められていた。方名上の分類において、各ユニットが漁獲した魚種は、沖の漁場で操業するユニットAとCがそれぞれ17種、19種であったのに対し、ワシニ島の地先海面で操業するユニットBはわずか5種であった。ユニットBの漁獲物は、その大部分がアイゴ類によって占められているものの、このことは地先海面で漁獲される魚種の多様性が、沖の漁場にくらべて低いことを意味するわけではない。たしかに、ユニットAとCが漁獲した魚種はユニットBにくらべて多様であるものの、まとまった量を漁獲した魚種は数種にかぎられる。また、本調査を実施する直前の14日間（2016年7月8日〜21日）に、ワシニ島北側の地先海面にかごを設置する別の漁業者の活動を観察したところ、期間中には12

種（計 10kg）の漁獲があった。このうち、アイゴ類が漁獲されたのは、わずか 1 回（0.3kg）にとどまった。ユニット B の漁獲物にみられる魚種多様性の低さとアイゴ類への偏りは、ユニット B が特定の環境的特性をもつ漁場を選択した結果であり、必ずしも地先海面の漁場に共通する特徴とはいえない。

（2）漁獲量の季節的な変動

前章でも述べたように、ワシニ島の周辺ではクシの季節に水揚げ量が全体的に減少し、カスカジの季節に増加するといわれている。ところが、かご漁では、漁場の立地によって漁獲量の変動に異なる傾向がみられるという。

漁業者たちは、ふたつの自然条件が魚群の移動に大きな影響をおよぼすと考えている。ひとつめは、海水温の変動である。魚は暖かい水 *maji ya moto* よりも冷たい水 *maji ya baridi* を好み、水温が上昇してくると魚群は冷たい水を求めて深場へと移動してしまう。そのため、かご漁や刺し網漁といった比較的浅い水域でおこなわれる漁法では、水温が高くなる時期に漁獲が低調となる。とくに晴天が続くと、水温は次第に上昇していくため、漁をおこなうにあたっては快晴よりも曇天の日のほうが適しているという。

ふたつめは、水面の揺れ *chafuka* である。魚は揺れた水面を嫌うため、強風によってさざ波が立ちはじめると、魚群は深場や風の弱い島影に移動する。また、大雨が続くと水温は若干低下するものの、降雨によって水面に揺れが生じる。そのため、魚群は揺れを避けて深い場所へ移動してしまい、魚があまり獲れなくなるという。

沖の漁場で操業するユニット A と C によると、彼らの利用する漁場では、南方から強い風が吹きつけるクシの季節に波が高くなる。この季節には水面が大きく揺れるため、漁獲が低調となる。クシの季節が終わりに近づくマレレジの時期に入ると、海況の穏やかな日が増えはじめ、漁獲量はカスカジの季節にかけて次第に回復していく。いっぽう、ワシニ島の地先海面で操業するユニット B によると、彼の利用する漁場では水面の揺れを避けて沖のほうから魚群が移動してくるため、クシの季節に漁獲量が増加する。クシの季節の終わりに

あたるマレレジの時期からカスカジの季節にかけて、地先の漁場は沖の漁場と
同様に海況が穏やかとなる。しかしながら、この時期には日差しが強くなるた
め、水深の浅い地先海面では海水温が上昇しやすく、魚群は沖のほうへと移動
してしまう。そのため、ワシニ島の地先海面では、カスカジの季節になると漁
獲は減少する傾向にあるという。

　図３－２は、各ユニットにおける操業１回あたりの漁獲量を、調査期間ご
とに示したものである。ここまで述べてきたように、ユニットＡとＣが操業
する沖の漁場ではカスカジの季節（３回目の調査期間）に、ユニットＢが操業
する地先の漁場ではクシの季節（１回目の調査期間）に漁獲量が増加するという。
しかしながら、操業１回あたりの漁獲量について統計的な分析をおこなったと
ころ、いずれのユニットにおいても調査期間ごとの漁獲量には有意差を見出す
ことができなかった[3]。そのいっぽうで、３回の調査を実施したユニットＢとＣ
では、それぞれの漁場において漁獲量が増加するとされる季節に、全調査期間
をとおした最大漁獲量を記録した。また、３回目の調査を実施することのでき
なかったユニットＡにおいても、カスカジの季節に向けて漁獲量が増加しは
じめるとされるマレレジの時期（２回目の調査期間）に、２回の調査期間をとおし
た最大漁獲量を記録した。３組ともに、最大漁獲量を記録した調査期間は、ほ
かの期間にくらべて最大漁獲量と最小漁獲量の差が大きくなった。つまり、そ
れぞれの漁場において漁獲量が増加すると認識されている時期には、日によっ
て漁獲量の大きなばらつきがあるものの、大漁の水準がほかの時期よりも高く
なる。

　漁獲量の季節的な変動を考えるにあたって軽視できないのは、ここ数十年に
わたり海水温の上昇が続いているという漁業者たちの認識である。それによる
と、最近はクシの季節にも水温があまり下がらず、カスカジの季節には極端に
水温が高くなるという。漁業者のなかには、こうした水温の異常を、ラジオの
ニュースで耳にしたという「エルニーニョ」という語を用いて、筆者に説明す
る者もいた。かご漁をおこなう者にとって、自然条件の変化は魚群の居場所を
推測するための重要な手がかりとなる。彼らの実感している長期的な水温の異

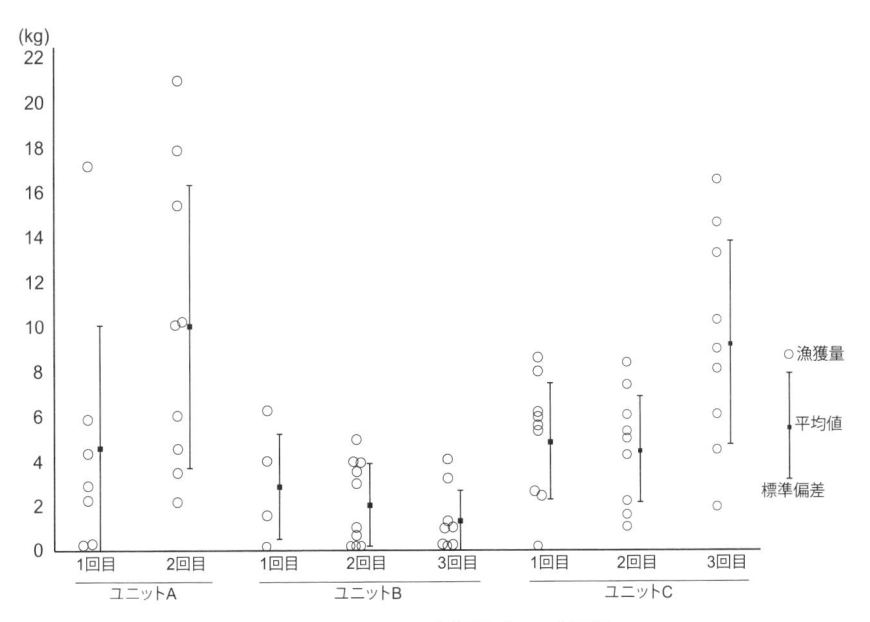

図 3 － 2　調査期間ごとの漁獲量

常が、実際の漁獲にどのような影響をおよぼしているのかは定かでないものの、こうした変化は経験にもとづく魚群行動の予測をより困難なものにしている。

（3）かごの数と漁獲量

　調査対象とした 3 組が用いたかごの数からも明らかなように、沖の漁場で操業する漁業者たちは、ワシニ島の地先海面で操業する漁業者よりも、1 回の操業でより多くのかごを設置する傾向がある。ここでは、かごの数と漁獲量との関係性についてみていく。

　図 3 － 3 は、3 組が引き上げたかごの個数と、それによって得られた漁獲量との関係性を操業日ごとに示したものである。沖の漁場で操業するユニットA と C は、いずれの日においてもワシニ島の地先海面で操業するユニットB より多くのかごを設置した。全調査期間をとおした操業 1 回あたりの平均漁

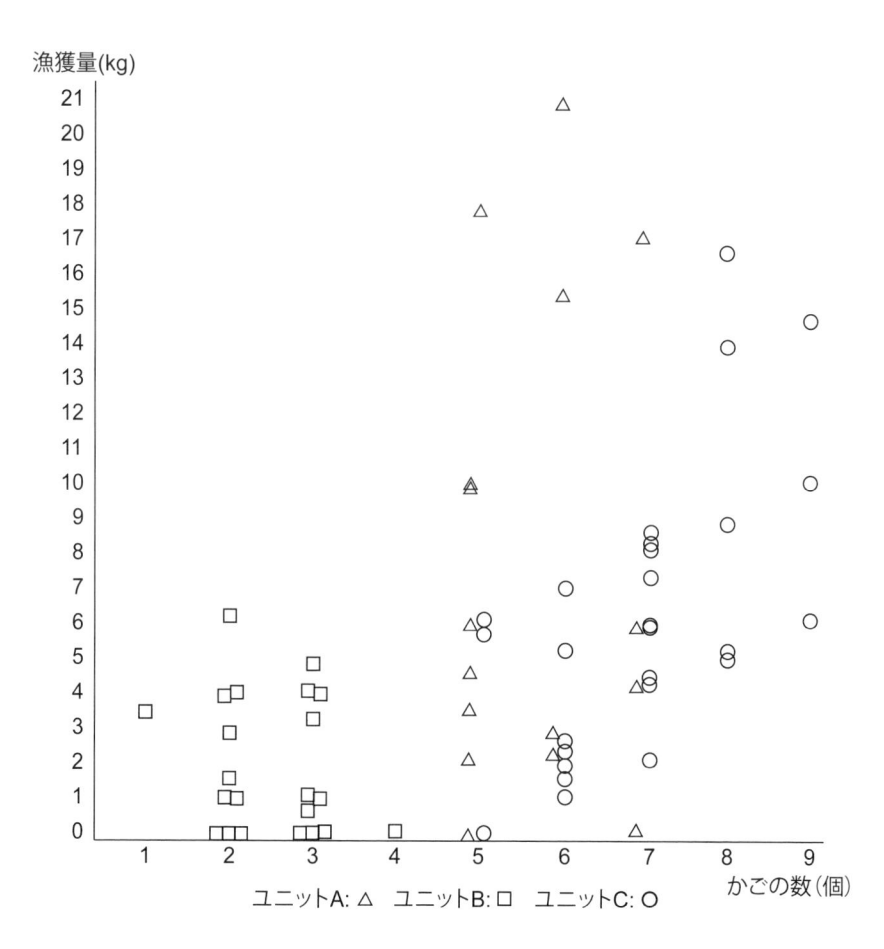

ユニットA: △　ユニットB: □　ユニットC: ○

図3－3　かごの個数と操業1回あたりの漁獲量

獲量は、ユニット A が 7.7kg、ユニット B が 1.96kg、ユニット C が 6.26kg であった。ユニット A と C では、1 回あたりの漁獲量が 10kg を超える日もあったが、地先海面で操業するユニット B の漁獲量は、最大でも 6kg ほどにとどまった。

　狭い船上での作業は、漁業者たちの仕事を妨げてしまう可能性があるため、調査中には引き上げたかごの漁獲を実際に計量することができなかった。そこで、すべての調査期間をとおして得られた総漁獲量を、引き上げたかごの総数で割り、かご 1 個あたりの平均漁獲量を算出した。それによると、かご 1 個あたりの平均漁獲量は、ユニット A が 1.36kg、ユニット B が 0.91kg、ユニット C が 0.87kg であった。[4]

　つぎに、操業日ごとにかご 1 個あたりの平均漁獲量を算出し、統計的な検定をおこなった。その結果、3 組の漁獲量には有意差を見出すことができなかった。[5] つまり、ワシニ島の地先海面と沖の漁場では、かご 1 個あたりの漁獲量にはっきりとした差があるとはいえない。このことをふまえるならば、漁場の立地にかかわらず、1 回の操業で設置するかごの数を増やすことが、全体的な漁獲量の向上をはかるうえで有効な手段のように思われる。しかしながら、3 組の漁獲をみると、引き上げたかごの個数にかかわらず、魚がほとんど獲れなかった日もあり、操業日ごとの漁獲量にはばらつきがみられる。

　まとめると、ユニット A や C のように設置するかごの数が多い漁業者は、ユニット B のようにかごの数が少ない漁業者にくらべて大漁の水準が高い。しかしながら、かごの個数にかかわらず操業日ごとの漁獲量にはばらつきがあるため、全体としてみると、設置するかごの個数を増やすことは、必ずしも漁獲量の安定化に貢献しうるとはいえない。

5. 漁獲物のゆくえ

　ここまでみてきたように、かご 1 個あたりの漁獲量に注目するかぎり、ワシ

ニ島の地先海面と沖の漁場では、漁獲にはっきりとした差を見出すことができない。ここからは、その用途に焦点をあてて、両漁場における漁獲物の比較を進めていく。

　すべての調査期間をとおして、3組はそれぞれ同じ魚商人との取引を続けた。ユニットAの取引相手は、ワシニに住む魚商人である。この商人は、燃料の小売りと鮮魚売買を兼業しており、漁業者たちが自宅に持参する魚を買い取る。ユニットBの取引相手はシモニに居住し、ワシニ村で商売をおこなう魚商人である。彼は毎日午前のうちにワシニ島へと渡り、「ムドゥドゥおじいさんの川」の入り口で、漁を終えた漁業者から漁獲物を買い取る。ユニットCの取引相手は「キリコの川」の入り口に待機する、ワシニ在住の魚商人である。調査期間中、各ユニットはこれらの魚商人と独占的な取引をおこない、ほかの魚商人や住民に対して漁獲物を売却することはなかった。いずれのユニットも、それぞれの魚商人とは5年以上にわたり取引を続けているという。

　表3−5は、各調査期間中の魚商人による漁獲物の買い取り価格を示したものである。島の周辺において水揚げ量が全体的に増加するといわれるカスカジの季節（3回目の調査期間）には、1回目と2回目の調査期間にくらべると、価格帯A、Bの価格が1kgあたり40〜60kshほど下落した。いっぽう、おもに地元で消費される価格帯小やテングハギ類については、価格帯A、Bにくらべると価格の季節的な変動が少ない。

　漁獲量が少ない場合、3組はいずれも売却より自家消費にまわす魚の確保を優先する。ユニットBは、自家消費分を確保したうえで余裕がある場合、売却よりも別居する娘の世帯にわける魚の確保を優先した。また、ユニットAとBについては、作業を手伝った筆者に対して数匹の魚を分配することがあった。これにくわえ、ユニットAは、漁獲物の一部を延縄漁の餌として用いた。ユニットCについては、他人に魚を分配することはなく、すべての漁獲物が売却あるいは自家消費にまわされた。

　2人から成るユニットAとCでは、構成員が話し合って漁獲物の用途を決め、売却で得られた利益を分け合う。ユニットAでは、燃料代を差し引いたう

表3-5 魚商人による買い取り価格 (1kg あたり)

単位：ksh

		価格帯 A	価格帯 B	価格帯小	テングハギ類
ユニット A	(1 回目)	250	210	130	80
	(2 回目)	250	210	130	70
ユニット B	(1 回目)	250	210	130	80
	(2 回目)	250	210	120	70
	(3 回目)	210	150	120	70
ユニット C	(1 回目)	250	210	130	80
	(2 回目)	250	200	120	70
	(3 回目)	210	150	120	70

えで利益の3分の2をA1が受け取り、残りをA2に渡す。ユニットCは、利益を等分したうえで、100kshを差し引いた金額をC2が受け取る。漁具と船の所有者であるA1とC1は、漁具の製作や修理などにかかる費用を負担する。

　表3-6は、各ユニットによる漁獲物の用途を示したものである。いずれのユニットにおいても、売買対象外の魚種が全体に占める割合はわずかであった。3組ともに、売買にあたりAに分類される魚種の売却率は高く、ユニットAとCはその半分以上を売却にまわした。ユニットBについても、漁獲の大部分はAに含まれるアイゴ類によって占められていたものの、全体的に漁獲量が少なく、そこから自家消費や分配にまわす魚を確保したため、Aに含まれる魚種の売却率はほかの2組にくらべて低かった。Bに分類される魚種については、いずれのユニットも小ぶりのものが多く、漁獲の頻度はAに含まれる魚種よりも低かった。

　すでに述べたように、3組の漁獲はいずれも半分以上が売買にあたりAに分類される魚種によって占められていた。各ユニットが売却した漁獲物をみると、沖の漁場で操業するユニットAとCは、価格帯Aに分けられる大きな魚体を大量に売却した。ワシニ島の地先海面で操業するユニットBも、価格帯Aとして売却できるサイズの大きなアイゴ類を漁獲することが何度かあったもの

表 3－6　漁獲物の用途

単位：kg

魚種	用途	ユニットA			ユニットB			ユニットC		
		1回目	2回目		1回目	2回目	3回目	1回目	2回目	3回目
Aの魚種	合計（価格帯A）	17.1	29.8			6.6	16.65	11.82	30.05	
	合計（価格帯小）	4.61	20.01	5.53	6.6	4.01	8.22	7.21	16.2
	自家消費等	1.35	3.87	2.99	4.24	5.68	5.97	2.67	11.25
	使者へ分配		3.17	4.83	0.53				
	賞（宴宴）	2.05	0.23						
Bの魚種	合計（価格帯B）	1.2	1.02						2.22	12.36
	合計（価格帯小）									7.83
	自家消費等	0.2	7.63		1.38	0.51	10.24	14.39	3.03
	使者へ分配	0.84	0.35						
	賞（宴宴）	1.65	0.95						
チップバイガイ類	合計		12.34						
	自家消費等	1.66	6.34				2.98	2.45	
	賞（宴宴）	1.74	7.29						
非売買対象魚	自家消費等		2.96			0.15	0.22	3.1
	使者へ分配		0.25					
	賞（宴宴）	1.12	0.27					
漁獲物全体	合計	22.91	63.17	5.53	6.6	4.01	24.87	21.25	66.44
	自家消費等	3.21	17.84	2.99	8.58	5.68	19.34	19.73	17.38
	使者へ分配	0.84	3.17	5.43	1.04			
	賞（宴宴）	6.56	8.74					
合計		32.68	11.69	20.61	10.73	44.21	40.98	83.82

132

の、合計量が 1kg に満たなかったため、それらは小さな魚体と同じく価格帯
小として売却された。ユニット B の漁獲した魚体は全体に小ぶりなものが多
く、漁獲物を価格帯 A、B の値段で売却することは一度もなかった。漁業者た
ちが説明するように、沖の漁場ではワシニ島の地先海面よりも、高値で売却で
きるサイズの大きな魚体がひんぱんに漁獲されているといえる。

　ここでは、ユニット A による延縄漁での漁獲についても触れておきたい。1
回目の調査を開始して 10 日目、ユニット A はそれまで修理していた延縄を漁
場に設置し、調査期間の終了まで延縄漁を続けた。2 回目の調査期間には、1 日
目から 9 日目までかご漁と延縄漁を続け、10 日目に引き上げた延縄を修理のた
めに持ち帰った。11 日目以降、ユニット A はかご漁のみをおこなった。

　表 3 − 7 は、ユニット A による延縄漁での漁獲を示したものである。2 回の
調査期間をとおして、ユニット A は延縄漁で 6 種を漁獲した。そのうち、オ
ニヒラアジ kolekole（Caranx papuensis）、チャイロマルハタ chewa（Epinephelus
coioides）、センネンダイ kungu（Lutjanus sebae）は、売買にあたり A に分類さ
れる魚種である。普段、これらの魚種は基本的にすべて売却にまわすが、1 回
目の調査期間に漁獲されたオニヒラアジは、ほかの魚に食われて傷んでいたこ
とから売却できず、2 人が等分して自家消費用に持ち帰った。マダラエイ taa
（Taeniura meyeni）とツマグロ papa（Carcharhinus melanopterus）は A、B に含ま
れず、それぞれ 1kg あたり 70ksh、80ksh で売買される。1 回目の調査を開始し
てから 11 日目に漁獲されたツマグロは、一部を延縄漁の餌[6]と自家消費用にま
わしたうえで、残りを売却した。また、ウツボは売買対象とされないため、す
べて自家消費か延縄漁の餌にまわされた。ユニット A の延縄には 12 本の釣針
がついており、小さな魚体を餌として用いる場合には一針に 1 匹、大きな魚体
を用いる場合には適当な大きさに切り分けてから釣針に取り付ける。どの魚種
を用いても餌としての効果はさほど変わらないが、ハリセンボン類はサメの食
いがよくないため、なるべく用いるのを避けるという。

　ユニット A は、これまで 100kg を超えるサメを何度も漁獲した経験をもつ
が、調査期間中には不漁が続き、漁獲されたサメは小型のツマグロのみであっ

表3－7　延縄漁による漁獲

調査期間	調査日	漁獲	用途
1回目	2016年7月31日（10日目）	※延縄設置	
	8月1日（11日目）	ツマグロ×1（34.47kg）	1/4ずつ延縄漁の餌と自家消費用に、残りは売却
	8月2日（12日目）	オニヒラアジ×1（15.22kg）	すべて自家消費
		チャイロマルハタ×1（7.96kg）	すべて売却
	8月3日（13日目）	チャイロマルハタ×1（12.2kg）	すべて売却
	8月4日（14日目）	マダラエイ×1（20.8kg）	すべて売却
2回目	2016年10月10日（1日目）	ツマグロ×1（15.6kg）	すべて売却
	10月11日（2日目）	漁獲なし	
	10月12日（3日目）	漁獲なし	
	10月13日（4日目）	漁獲なし	
	10月15日（6日目）	漁獲なし	
	10月16日（7日目）	ウツボ×1（7.54kg）	すべて自家消費
	10月17日（8日目）	ウツボ×1（4.85kg）	1/2を延縄漁の餌に、残りは自家消費
	10月19日（10日目）	センネンダイ×1（5.2kg）	すべて売却

た。延縄漁には高価な漁具が必要であり、サメが獲れる頻度も高いとは言いがたい。それにもかかわらず、ユニット A はなぜ延縄漁を続けているのだろうか。

　かご漁での漁獲が少ない日、ユニット A は売却や自家消費にまわす魚を減らしてまでも、延縄漁に用いる餌の確保を優先した。餌には売買価格の安い小ぶりな魚体やテングハギ類、売買対象外の魚種が優先的に用いられた。サメの身は、テングハギ類よりも安価で売買されるが、フカヒレは魚商人が 1kg あたり 2800ksh と高値で買い取るため、大型のサメが獲れた日には大きな収入を得ることができる[7]。また、延縄漁ではサメ以外にも、10kg を超える大型の魚が漁獲されることもあり、それらは価格帯 A として売買される。船外機を使用するユニット A は、刳り船を用いるほかの漁業者と異なり、燃料代として毎回の操業にコストを費やしている。そうしたなか、彼らはかご漁で得られた商品価値の低い魚種を餌として用いることで、より高値で売却できるサイズの大きな魚体やフカヒレを延縄漁で獲得し、収益の向上をはかろうとしているのである。

6.　漁場の立地と操業形態

　ワシニ島の地先海面と沖の漁場にみられる操業形態の違いは、つぎのように整理することができる。地先海面においてかご漁をおこなうのは、食料や副次的な収入の獲得を期待する非専業漁業者と、ユニット B のように遠方の漁場へ出漁するための体力をもたない高齢の専業漁業者が中心である。地先海面での操業は単独を基本とするが、非専業漁業者のなかには 2 人 1 組で操業する者もいる。このように、地先海面において複数人で操業する場合は、ほかの漁法とかご漁を組み合わせておこなうことが多い。

　いっぽう、沖の漁場で操業するのは、1 年をとおしてかご漁を主たる収入源とする専業漁業者が中心である。非専業漁業者はワシニ島の地先海面で操業す

136

ることが多いものの、長期にわたりほかの仕事での収入が見込めない場合に
は、2〜3人で沖の漁場に出漁することもある。この場合には、剝り船ではな
く、船外機付きのディンゲが使用される。専業漁業者についても、沖の漁場で
は2人1組での操業を基本とする。3回目の調査期間にC1が単独で操業したの
をのぞくと、沖の漁場において単独でかご漁をおこなう漁業者はワシニ村にい
ない。

　3組の漁獲物をみるかぎり、ワシニ村でかご漁をおこなう専業漁業者たちは、
売買にあたりAに分類される魚種、とりわけアイゴ類を主要な漁獲対象として
いる。沖での操業は漁場への移動に時間や体力を要するが、地先海面よりも
高値で売買される大きな魚体をひんぱんに漁獲することができる。

　いずれの漁場においても、操業日ごとの漁獲量にはばらつきがみられるもの
の、3組の漁獲からは、設置する漁具の数を増やすことが、大漁の水準を高め
うる可能性が示唆された。かごの設置や引き上げといった漁場での作業自体は、
漁具の数が多くても単独でおこなうことができる。しかしながら、次章以降で
述べるように、餌の採集や漁具の製作、手入れといった準備作業には、大きな
時間と労力が必要となる。こうした作業にかかる負担は、設置するかごの数を
増やすほどに増大していく。そのため、単独で操業する漁業者が、かごの数を
大きく増やすことは難しい。そうしたなか、漁撈への経済的な依存度の高い漁
業者たちは、複数人でユニットを編成することにより、準備作業にかかる負担
を軽減し、単独で操業する漁業者よりも多くのかごを設置することを可能にし
ている。

　3回目の調査期間中、単独で操業するようになったC1は漁獲を維持するた
め、設置するかごの数を減らそうとはしなかった。その結果、C1はほかの漁業
者が休んでいる深夜や日の出前の時間帯にも、延々と漁具の製作や餌の採集を
おこなうようになった。複数人で操業する漁業者と同程度のかごを単独で用い
ることは、まったく不可能ではないものの、そのためにはかなりの時間と労力
が必要になる。

　かご漁はウフクェニからマジ・メンギにかけての広範な水域において操業可

能な漁法であり、その日に消費する食料を確保する程度であれば、集落周辺の地先海面でもじゅうぶんに必要な量の魚を入手することができる。そうしたなか、漁撈への経済的な依存度の高い漁業者たちは、複数人でユニットを編成し、大きな魚体を狙える沖の漁場になるべく多くのかごを設置することで、収入の向上をはかろうとしている。ワシニ村のかご漁にみられる漁場選択や操業形態の違いには、個々の漁業者の漁獲に対する期待や、資源分布についての見通しが色濃く反映されているといえるだろう。

第 4 章

かごをつくる
──漁具の製作と改良の動き──

扉写真：漁に用いるかごを編む男性。

1.　自作される漁具

　経済活動のグローバル化が進んだこんにち、工業的に製造された漁具は世界中に流通している。こうした状況はアフリカにおいても例外ではなく、各地では域外から輸入された漁具がひろく用いられている。

　1948 年から 58 年にかけて、ケニア沿岸部では外国から輸入された釣糸や漁網の普及が進み、漁獲量が大きく向上した（Martin 1973: 189-190）。それまで植物性の素材を用いて漁業者たちが自作してきたこれらの漁具は、やがて既製品へと完全に置き換わった。いっぽうで、漁撈用のかごについては既製品が流通しておらず、漁業者の多くは現在も身の回りで入手可能な素材や道具を用いて漁具の自作を続けている。

　スワヒリ海岸で用いられているかごは、木製のものが主流である。木は傷みやすいため、長期間にわたり同じかごを用い続けていると次第に強度が低下したり、水底でサンゴや岩に接触することで破損してしまう。そのため、漁業者たちは引き上げたかごの状態を常に点検し、必要に応じて修理や手入れをおこなうとともに、傷みの激しいかごを新品へと交換していく。その過程では、同じような漁具が再生産されるだけでなく、製作にあらたな素材を導入したり、かごのサイズを変更するといった改良がほどこされることがある。

　これまでの研究において、スワヒリ海岸のかご漁はしばしば、この地域に外国製の漁具が普及する以前から続けられてきた、「伝統的」な漁法として語られてきた（たとえば、Ochiewo 2004; Wambiji et al. 2013）。このように、その伝統性が強調される活動においては、知識や技術があたかも本質的なもののように描かれ（大村 2013）、そこにみられる人びとの創造力は看過されてしまうことが少なくない。とくに、漁業者たちが日々の漁撈活動のなかで、漁具に手を加えていくような取り組みは、あらたな漁具や漁法の導入のようには目立たず、個人のレベルにとどまることも多いため、部外者からは見落とされてしまいやすい。だが、長期的な視点からみると、このような取り組みは周囲へと少しずつ

波及し、地域における資源利用のありかたを変化させる引き金となる可能性も
ある。このことを念頭に置くならば、たとえ些細なもののようにみえたとして
も、漁具改良のアイデアが生み出され、人びとの間に共有されていくプロセス
に目を向けることは重要であろう。

　本章では、ワシニ村でひろく用いられている木製かごの構造とその製作手順
を示したうえで、2000 年代以降にみられるようになった、人工素材の導入と漁
具の大型化という、ふたつの変化を紹介する。こうしたアイデアが生み出され、
人びとの間で共有されるようになった背景をさぐることで、かご漁における漁
具改良の動きがどのような方向性に展開しているのかを考察する。

2. スワヒリ海岸のかご

　漁撈用のかごは、スワヒリ語においてマレマ *malema*、マデマ *madema*、マ
イェマ *mayema* などとよばれる。マレマはケニア沿岸中南部、マデマはタン
ザニア、マイェマはケニア沿岸北部でおもに用いられる呼称である。ワシニ村
ではかごをマレマとよび、漁具と漁法の両方をさす。

　世界各地では Z 型や S 型、円型、矢じり型、長方形型、D 型など、さまざ
まな形状のかごが漁撈に用いられている（Slack-Smith 2001）。スワヒリ海岸に
おいてひろく普及しているかごは、六角形の一辺を陥没させたような形状を
している（写真 4 − 1）。この形状は、先行研究において六角形型（Hexagonal
Shape）とよばれることが多いため（たとえば、Samoilys et al. 2011）、本書の表記
もこれにしたがうこととする。

　六角形型以外の形状としては、ケニア沿岸北部の一部において Z 型のかご
が使用されている（写真 4 − 2）。六角形型のかごの場合、魚が漁具のなかに侵
入する際に通過する筒状のパーツが、中央の陥没部にひとつ差し込まれている。
これに対し、Z 型のかごには筒状のパーツがふたつ差し込まれており、双方向
から魚が侵入する構造になっている。ケニア北部のパテ島で聞き取りをおこ

なったところ、パテ島の南方海域で操業する漁業者たちは、海況の穏やかなカスカジの季節に、沖のほうで六角形型のかごを用いた漁をおこなう。クシの季節になると、沖の海況は悪化しやすいため、漁獲が著しく減少するだけでなく、小型の刳り船での出漁が困難となる日が続くことも珍しくない。そのため、一部の漁業者はクシの季節に入ると、六角形型のかごを陸に持ち帰り、かわりにZ型のかごを島の地先海面に設置する。Z型のかごは、潮の満ち引きにあわせて陸地側と沖とを移動する魚群を双方向から捕獲できるため、潮間帯では六角形型のかごよりも漁獲がよいという。このような季節にあわせたかごの使い分けは、ワシニ島の周辺ではみられない。

写真4-1　六角形型のかご

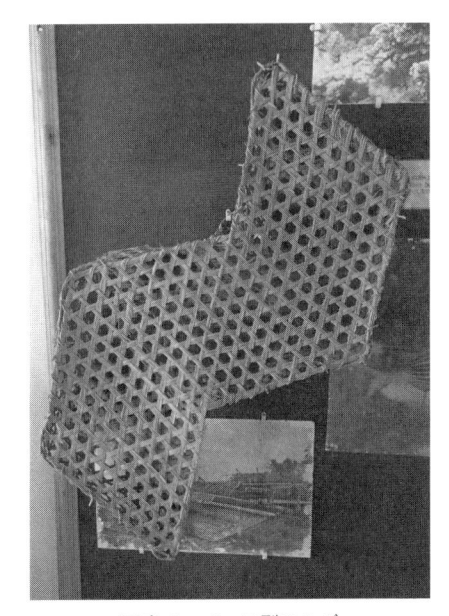

写真4-2　Z型のかご
［ケニア・ラム博物館所蔵］

　タンザニアの北部では、直径30〜40cm程度のかご数十個を、1本のロープに1〜2mの間隔で取り付け、それを延縄のように水底に沈める方法で漁がおこなわれている。筆者は一度だけ、ワシニ島と本土との間にひろがる水路でこの漁法を目撃したが、これはザンジバルの漁業者

による操業であった。ワシニ村の住民によると、ケニアでは浮標を縛り合わせた１本のロープに１個のかごを取り付けるのがふつうであり、このような方法でかご漁をおこなう者はいない。

　六角形型に類似した形状のかごは、スワヒリ海岸以外でもひろく用いられている。その起源とされるのは、インド亜大陸とセイロン島の間にひろがるポーク海峡やマンナール湾の周辺において使用されていたかご[1]で、16 世紀に同地で植民地経営を開始したポルトガル人が、セイシェルやマダガスカル、北大西洋のマデイラ諸島、ブラジルなどに持ち込んだという（Hornell 1924: 1950; Brandt 1984）。ザンジバルで行政官をつとめたイングラムス（Ingrams 1924）はこの説を支持したうえで、スワヒリ海岸で用いられている六角形型のかごも、ポルトガル人によって持ち込まれたものであると推測している。しかしながら、その主張にはじゅうぶんな根拠が示されておらず、やや実証性に欠ける部分もある。

　植物性の素材でつくられた漁具は、たとえ条件がよくても遺物として残りにくい（秋道 1989: 270）。そのため、スワヒリ海岸でかごが使用されるようになった時期をはっきりと特定するのは困難である。この地域におけるかごの使用を示唆する最古の記録は、紀元 1 世紀に書かれた『エリュトゥラー海案内記』である。それによると、アフリカ大陸東部の沿岸に位置するメヌーティアス *Menutius* 島では、住民が漁網ではなく水路に設置したかごで魚を獲っていたという（蔀訳註 2016: 29）。この記述からは、当時使用されていた漁具の形状や大きさまでは把握することができない。イングラムスは、メヌーティアス島を現在のペンバ島に比定したうえで、六角形型のかごが持ち込まれる以前の『エリュトゥラー海案内記』に登場するかごは、ムゴノ *mgono* という筒状の筌であった可能性を指摘している（Ingrams 1924）。

　かごは、スワヒリ海岸において古くから用いられてきた漁具のひとつであることに疑いはない。しかしながら、その研究は漁業学や水産学の領域に集中しており、物質文化的な視点から同地域のかごをとりあげた研究は非常に少ない。現時点で、筆者は広域的な事例の比較や検討をおこなうだけの、じゅうぶんな

資料を持ち合わせていない。だが、その文化史的な研究はスワヒリ海岸にとどまらず、古くから人的・物的な交流が展開されてきたインド洋海域世界における漁撈文化の比較分析を展開するうえで、重要なテーマとなる可能性を秘めているように思われる。

3.　ワシニ村のかごづくり

（1）材料の入手

　ここからは、ワシニ村でひろく用いられている木製のかごを例として、その構造や製作手順について述べる。

　ワシニ村でかご漁をおこなう者のうち、専業漁業者は材料の入手やパーツの製作、組み立てといった、漁具製作に必要な一連の作業をみずからおこなうことが多い。いっぽう、非専業漁業者や一部の専業漁業者のなかには、自力でパーツを製作する技術をもたない者もいる。こうした人びとは、ほかの漁業者に製作してもらったパーツ一式を購入し、最終的な組み立て作業のみをおこなうか、作業代を支払って組み立てまでの作業を依頼する。他人が使用するかごの組み立てやパーツの販売は、あくまでも漁業者たちが副業として引き受ける仕事であり、それだけで生計を立てる者はいない。基本的に、かごやパーツは依頼を受けてから製作されるため、注文者は好みの素材やサイズを指定することができる。

　2018 年、ワシニ村ではかご本体を構成するパーツ一式が 600 〜 700ksh で売買されていた。ところが 2022 年に確認すると、その価格は 900 〜 1000ksh にまで上昇していた。漁業者によると、この価格上昇は国内における物価高騰の影響にくわえ、新型コロナウイルスの感染が拡大するなかで食料や収入を得ようとかご漁に参入する者が増え、漁具の需要が高まったことが理由であるという。パーツの製作にくわえ、本体の組み立てまでを依頼する場合には、さらに

300 〜 500ksh 程度の作業代を支払う必要がある。

　かごを製作するためには、まず材料となる木の枝を確保する必要がある。ワシニ村において、かごの材としてよく用いられるのは、マメ科の *mubamba* (Fabaceae sp.) や、バンレイシ科の *mchapia kima*（Annonaceae sp.）といった木の枝である。スワヒリ海岸では、割いた竹 *mwanzi* を用いることもあるが（Kamukuru 2009: 75）、ワシニ島に竹は生えておらず、住民がかごづくりの素材として利用することはない。

　森の中を歩き、加工のしやすい若い木の枝をみつけると、漁業者たちは山刀を用いて 1 〜 1.5m ほどの長さに切り、その場で葉を落とす。かご 1 個を製作するのには、30 〜 40 本ほどの枝が必要となる。

　かつて、かごづくりに用いる木の枝は、集落の周辺でかんたんに手に入れることができたという。しかしながら近年は木の数が減っており、まとまった量を確保するためには、ニュママジとワシニとの間にひろがる森のなかに入る必要がある（写真 4 − 3）。とくに新型コロナウイルスの感染が拡大していた時期には、かご漁をあらたに開始する者が増え、漁具製作のために若い木がつぎつぎと伐採されたため、材の確保に苦労したという。

　本書で調査対象とした 3 組のうち、ユニット A と C は使用する漁具をみずから製作する。2 組がつくるのは、あくまでも自分たちが用いるかごのみで、ほかの漁業者から漁具やパーツの製作依頼を受けることはない。ユニット B は、若い時に父や叔父からかごのつくりかたを習ったことはあるが、自身は本体のパーツをあまり上手に編むことができないという。そのため、ユニット B はいつもシモニの漁業者からパーツ一式を購入し、自身は組み立てのみをおこなう。

　ユニット A と C は、おもにマメ科の木を用いてかごを製作するが、適当な材が入手できない場合には、バンレイシ科の木を用いることもある。2 組によると、マメ科の木もバンレイシ科の木も材としての強度はさほど変わらないが、マメ科の木のほうが柔らかく、加工をおこないやすいという。ユニット B は、いつもギニアアブラヤシ *mchikichi*（*Elaeis guineensis*）でつくられたパーツを購

写真 4 － 3　枝の伐採

入する。ギニアアブラヤシはワシニ島やシモニの町には生えておらず、シモニ半島の内陸部で入手する。ユニット B によると、ギニアアブラヤシはほかの木よりも海水に強く傷みにくいため、かごの材に適しているのだという。ワシニ村には、ユニット B 以外にもギニアアブラヤシで作られたかごを好んで用いる者が数名おり、いずれも本土の漁業者に材の伐採からパーツの製作までを依頼している。

　以上のように、3 組は入手のしやすさや加工のしやすさ、耐久性といった点を重視して材を選定しており、樹種の違いが漁獲に直接的な影響をおよぼすとは考えていない。

（2）かごの構造とパーツ

　3 組のうち、ユニット A と C では漁具と船の所有者である A1 と C1 が、かごの製作や修理の作業を主導する。A2 と C2 もかごの製作技術をもち、必要なときに作業を補助する。ユニット A は A 1 の自宅で、ユニット B と C はマン

グローブ林の入り口にある作業場や自宅でパーツの製作と組み立てをおこなう。

かごの本体は、上面と底面を構成する2枚のウタンガ *utanga*、側面のムクラ *mkura*、魚がかごの中に入る際に通過する筒状のキヴァ *kiva* という、3種類のパーツで構成される（写真4−4）。2枚のウタンガは同じ大きさ・形状をしており、製作にあたって上面と底面が区別されることはない。

パーツを製作するのに必要な枝が集まると、それらを村に持ち帰り、ナイフで割いてティー *tii* とよばれる編み材をつくる。ティーは幅1cm、厚さ0.3〜0.5cm ほどで、ウタンガとムクラには太めのものが、キヴァには細めのものが好まれる。完成したティーは、紐で束ねてからマングローブ林内の水路に一晩ほど沈めておく。こうすることで材が柔らかくなり、パーツが編みやすくなるという。

3種類のパーツのうち、最初に編むのはウタンガである。漁業者は地面に座り、横、右斜め、左斜めに置いたティーを互い違いに交差させて、六角形状の目（図4−1）ができるようにウタンガを編む。このとき、ティーの交差する部分が緩いと、パーツ全体の形状がいびつになり、強度が低下してしまう。そのため、編み終えた部分は足で踏みながら固定し、ゆるみのない均等な目ができるように、力をかけながら作業を進める。目のサイズはかごの大きさによって異なるが、直径3〜5cm のものが主流である。

ウタンガをつくる際には、キヴァが差し込まれる陥没部 *mlangoni* の左右にある、どちらかの角 *pembeni* から、円を描くように反対方向へ向けて編み進めていく。このと

写真4−4　かご本体を構成するパーツ
右から時計回りにウタンガ、ムクラ、キヴァ。

きに注意しなくてはならないのが、陥
没部の深さである。ここが深すぎると、
魚が警戒してキヴァの入口までやって
来ず、浅すぎると魚が素通りしてキ
ヴァの中に入りにくくなるという。

　ウタンガのつぎに編むのは、かごの
側面を構成するムクラである。ムクラ
の目の大きさや形状は、ウタンガと同
様である。一点から放射状に編みはじ

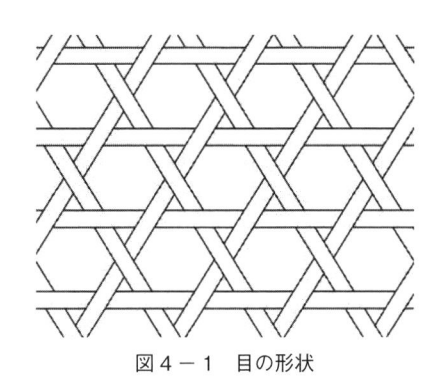

図 4 − 1　目の形状

め、幅が 30 〜 40cm ほどになると、そこからは形を変えて、上辺と底辺が平
行になるように編み進めていく。ムクラには、ウタンガの外周と同じ長さが必
要となるため、ときおり編みかけのムクラを地面にひろげ、その上で完成した
ウタンガを転がして長さを確認する。必要な長さまで編み終えると、放射状の
部分を切り落としてして長方形に整える。

　ほかのパーツが平面であるのに対し、キヴァは立体的な形状をしているため、
編むのがもっとも難しい。かごの外側にあたる入口部分は、縦が 30 〜 40cm、
横が 15 〜 30cm ほどで、楕円形をしている。目の形状はほかのパーツと同じ
だがその直径は 2 〜 3cm と小さい。かご本体の中に差し込まれるキヴァの先
端は、魚が外に出るのを防ぐための返し *chongo* になっている。キヴァに侵入
した魚は、この返しの手前にある出口からかごの中に入る。この出口は縦が
20 〜 30cm、横が 10 〜 20cm ほどの大きさで、入口よりも細長い形状をしてい
る。キヴァの製作にあたっては、返しの部分から下方の入口に向けて、少しず
つ直径が大きくなるように編み進めていく。漁業者たちは、キヴァの直径が漁
獲を左右する重要な要素であると考えており、各自の漁場でよく獲れる魚のサ
イズにあわせてその大きさを決定する。出口と入口の大きさは、実際に漁を繰
り返すなかで、漁獲の様子を見ながら調整することもある。

　パーツを編む作業は、かご製作のなかでもっとも時間と技術を要する工程で
ある。集中的に作業をおこなえば、かご 1 個分のパーツは 3 日ほどで完成する。

ただし、実際には漁の前後の空き時間や夜間などに少しずつ作業を進めることが多いため、完成までにはこれ以上の日数が費やされる。

（3）組み立て作業

　3種類のパーツが完成すると、つぎに組み立てをおこなう。まず、ビニール紐を用意して上面・底面のウタンガとムクラを10cmほどの間隔で縛り合わせていき、かごの原型をつくる（写真4-5）。この際、底面の一部はムクラと固定せず、開閉できるようにしておく。この部分は漁獲物の取り出し口で、かごを沈める際には紐で仮止めする。

　パーツを紐で縛り合わせただけではじゅうぶんな強度を維持できないため、かごの外側には適当な長さに切った木の枝で枠組みをつくり、本体と紐で縛り合わせて補強する。枠組みに用いる木は、ティーと同じ樹種であることもあれば、作業場所の近くで入手できるほかの木を使うこともある。最後に、返しが下を向くようにキヴァを陥没部に差し込み、紐で固定するとかごの本体は完成する。

　本体が完成すると、最後に付属品を取り付ける。キヴァが差し込まれている反対側の側面外側には、紐で沈子 *nanga* となる適当な大きさの石を2～4個取り付けるほか、先端に浮標 *boya* となるペットボトルを縛り合わせた、3～10mのロープを取り付ける（図4-2）。浮標は漁場で自身のかごを見分けるための目印にもなっており、漁業者たちはそれぞれのかごに取り付けたペットボトルの個数や色、大きさを記憶している。かごの組み立てと付属品の取り付け作業は、数時間で完了する。なお、ワシニ島の地先海面において徒歩でかごを設置する漁業者のなかには、沈子や浮標を用いず、低潮時にかごの本体をそのまま海に設置する者もいる。この場合、近くで大きな石を拾ってかごの上に載せ、潮が満ちたあとにも漁具が動かないようにしておく。

　組み立てと付属品を取り付ける段階では、パーツを固定するための紐やペットボトル、ロープなど、木以外の素材が用いられる。このうち、紐やペットボトルは村内や海岸で拾ったものが用いられる。ロープについても拾ったものを

写真4－5　本体の組み立て作業

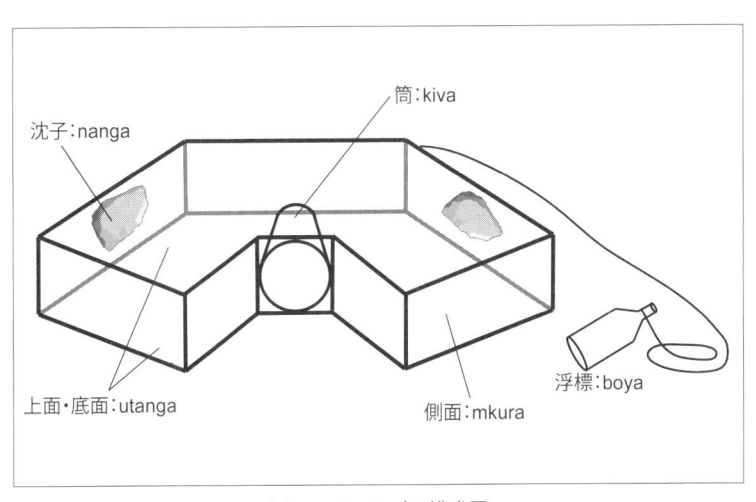

図4－2　かごの模式図

利用することがあるが、あまりにも傷みがひどいと、漁場に設置している最中にロープが切れ、漁具を流失するおそれがある。そのため、経済的に余裕がある場合には新品を購入する。

　以上のように木製かごを製作する場合、材の伐採と加工に山刀とナイフを使用する以外、特別な道具は必要としない。また、ロープを購入する場合をのぞくと、木製かごを製作するのに必要な材料はすべて、費用をかけずに身の周りで入手できるものばかりである。

4. かごの大きさ

　前章で述べたとおり、ワシニ島から離れた沖の漁場では大きな魚体がひんぱんに漁獲される。そのため、沖の漁場ではワシニ島の地先海面よりも大きなかごが使用される。

　表4-1は、調査対象とした3組が所有するかごの大きさを示したものである。いずれのユニットが所有するかごも、奥行にくらべて幅が大きく、やや横長の形状をしている。各ユニットのかごのサイズを比較すると、ユニットAのかごがもっとも大きく、ユニットBのものがもっとも小さい。ユニットBとCが所有するかごは、それぞれワシニ島の地先海面と沖の漁場で使用される、一般的なサイズといってよい。ユニットAのかごは、ほかの漁業者が所有しているものと比較しても目立って大きく、地先海面で操業するユニットBのかごとは横幅、奥行ともに50cm以上の差がある。このように、3組が所有するかごの大きさにはばらつきがあるものの、目の大きさはほぼ同一であった。ちなみに、ケニアの漁業法では目の大きさが2.5インチ（6.35cm）以下のいかなる漁具も使用が禁止されており、かごも規制の対象に含まれるという（Hicks and McClanahan 2012: 2; Vadziutsina and Riera 2020: 5）。しかしながら、漁業者たちはこの規制が漁網に対してのみ適用されると理解しており、筆者が確認した郡の水産事務所の職員も、かごは規制の対象外であるとの見解を示した。ワシ

表4－1　各ユニットが所有する木製かごの大きさ

単位：cm

	横幅	奥行	厚さ	目の大きさ	キヴァの口径 （縦：横）
ユニットA	174	150	37	5	36：26
ユニットB	110	94	33	4	33：18
ユニットC	139	130	30	5	30：22

二村で用いられているかごの大部分は、この基準を満たしていないものの、筆者の知るかぎり、これまで取り締まりの対象となった者はいない[2]。

　3組が用いるかごのキヴァを比較すると、入口部分の口径にはわずか数cmの差しかないものの、漁業者たちはこれが漁獲を大きく左右すると説明する。口径が小さければ、大きな魚体を捕獲することはできない。いっぽう、口径が大きすぎると、大きな魚体を捕獲することが可能となる反面、中に入った小さな魚体がキヴァを通って外へ逃げ出してしまう可能性も高まる。

　各ユニットが所有する木製かごは、大きさがほぼ統一されている。ユニットBは、パーツを注文する際にサイズを指定することはないが、いつも同じ漁業者に製作を依頼するため、同じ大きさのかごを揃えることができるという。漁具を自作するユニットAとCは、物差しなどを用いて長さを測ることはないものの、パーツを編む際に各辺の目の数を統一することで、かごの大きさにばらつきが生じないようにしている。所有するかごの大きさを統一することで、漁具が破損した場合にも、それぞれのかごにあわせてパーツを作り直す必要がなく、手元にある予備のパーツを用いて迅速に修理をおこなうことが可能となる。

5.「伝統的」な漁具の変化

（1）あらたな素材の導入

　ワシニ村ではこれまで、ティーで本体を編んだ木製のかごのみが使用されてきた。そうしたなか、一部の漁業者たちは近年、かご本体の製作に針金や漁網といった人工素材を用いるようになった。

　村内ではじめて人工素材を用いたかごが製作されたのは、2000年代初頭のことである。ある日、ワシニ村の漁業者が所用のため、漁業が盛んなマリンディの町を訪れた。このとき、彼は地元の漁業者たちが市販の金網でつくられたかごを使用しているのをみかけた。ワシニ村に戻ると、この漁業者はマリンディで目にしたかごをまねて、金網でかごを製作しようと考えた。金網はシモニで入手可能であったものの、かご1個を製作するためには3000kshほどの材料費が必要となる。そこで、彼は支出を抑えるため、ロール状の針金を1000kshほどで購入し、それを金網のように編むことでかごを完成させた。やがて、一部の漁業者もこれをまねるようになり、針金でつくられたかごは少しずつ村内で普及していった。また、数は少ないものの、漁業者のなかには市販の金網を購入してかごを製作する者もあらわれた。

　この数年後には、今度はワシニ村に住む別の漁業者が鉄筋を溶接した枠組みに漁網を張ったかご（写真4－6）を製作した。鉄筋のかごも針金のかごと同様に、ワシニ村の漁業者が島外で見かけたかごを模倣したのがはじまりであったという。漁網は中古品を安価に入手することができるものの、鉄筋の溶接は職人に依頼する必要がある。材料代や溶接代として、1個あたり3000～4000kshほどの費用が必要となるため、鉄筋を用いたかごは村内でさほど普及しなかった。やがて、一部の漁業者はこのかごから着想を得て、木の枝を紐で縛り合わせた枠組みの外側に、漁網を張ったかごをつくるようになった。

　現在のところ、村内で用いられているかごの大部分は木製のものによって占

められているものの、人工素材でつくられたかごの数は着実に増えている。漁業者たちによると、素材によって目の大きさは若干異なるが、どのような素材を用いても漁獲にはさほど変化がないという。漁獲に直結しないにもかかわらず、漁業者たちがあえて材料代をかけて人工素材の導入を進め

写真4－6　鉄筋の枠組みに漁網を張ったかご

る背景には、修理や手入れにかかる負担を軽減し、漁具を長持ちさせようという狙いがある。木製のかごは製作に費用がかからないものの、耐久性が低く、こまめな手入れをおこなっても半年程度しか使用することができない。また、水底に沈めているかごは破損するだけでなく、藻が付着することで次第に汚れていく。魚は汚れを嫌うため、こうしたかごをそのまま使い続けると、次第に漁獲量が減少していくという。そのため、漁場に設置しているかごは、少なくとも月に1回ほどの頻度で村に持ち帰り、洗浄と破損箇所の修理をおこなう必要がある。いっぽう、人工素材のかごは、木製のものよりも耐久性が高く、きちんと手入れをおこなえば1年以上は使うことができる。また、人工素材は木にくらべると藻が付着しにくいため、漁具を村に持ち帰る頻度を減らすことができるという利点もある。

　ただし、木以外の素材が用いられるようになっても、漁業者たちはすべてのパーツを人工素材に置き換えているわけではない。表4－2は、ワシニ村で用いられているかごが、どのような素材を組み合わせ作られているのかをパターン別に示したものである。ただし、筆者はすべてのかごを確認したわけではないため、実際にはこれ以外のパターンが存在する可能性もある。

表4－2　素材の組み合わせ

パターン	ウタンガ（上面）	ウタンガ（底面）	ムクラ	キヴァ	枠組み
1	木	木	木	木	木
2	針金（金網）	針金（金網）	針金（金網）	木	木
3	針金（金網）	木	針金（金網）	木	木
4	漁網	漁網	漁網	木	鉄筋
5	漁網	漁網	漁網	木	木
6	漁網	木	漁網	木	木

　素材の組み合わせには、6つのパターンを確認することができた。もっとも一般的なのは、すべてのパーツを木で製作したかご（パターン1）であり、管見のかぎり村内で用いられているかご全体の7割程度を占める。本体に人工素材を用いたかごには、ムクラと2枚のウタンガをすべて人工素材に置き換えたもの（パターン2、4、5）と、底面のウタンガのみを木で製作したもの（パターン3、6）がある。パターン3や6のかごを使用している漁業者によると、底面をあえて木で製作するのは、かごから餌が流失するのを防ぐためであるという。漁網や針金、金網はティーにくらべると材が細いため、かごの底から餌が抜け落ちやすい。そこで、上面や側面に人工素材を導入しても、底面だけはティーで編んだウタンガを使用し続けているという。なお、パターン2、4、5のように、底面を人工素材で製作する場合でも、乾燥させたヤシの葉を漁網や金網の目に挟むことで、餌の流失を防ぐための工夫をほどこす者がいる。

　いずれのパターンにも共通しているのは、キヴァはすべて木製であるという点である。人工素材を用いる漁業者のなかには、かつて針金でキヴァの製作を試みた者もいた。しかしながら、形状や大きさの調整が難しく、漁獲もあまりよくなかったため、この漁業者は再び木製のキヴァを製作するようになったという。人工素材の普及が進むなかでも、漁業者たちはすべてのパーツをあらたな素材へと置き換えるのではなく、とくに高度な技術が必要とされるキヴァの製作には、扱い慣れたティーを使用し続けている。

　人工素材でつくられたかごは、ワシニ村以外でも用いられている。ここでは、筆者がケニア沿岸部で確認したふたつの事例を紹介する。

事例1：結束バンドを用いたかご（モンバサ）

　ひとつめの事例は、モンバサの旧市街周辺で操業する漁業者のかごである。この漁業者は、鉄筋を溶接した枠組みに中古の漁網を張ったかごを使用していたが、底面から餌が流失することに困っていた。そこで、餌の流失しにくい素材を探していたところ、荷物の結束に使用するポリプロピレン製のバンド（PPバンド）をみかけ、それを底面に流用することを思いついた（写真4－7）。

　PPバンドは1.5cmほどの幅があるため、漁網にくらべると餌が流失しにくい。完成したかごを実際に使ってみると、底面を漁網で製作していたときよりも漁獲が向上したため、この漁業者は所有するかごの底面をPPバンドに張り替えた。現在のところ、周囲で操業する漁業者のなかにPPバンドを用いる者はいないという。かご1個に必要なPPバンドは、数百ksh程度で購入することができる。なお、この漁業者が所有するかごのキヴァは、いずれも木製である。

写真4－7　底面にPPバンドを用いたかご（上下逆に置かれている）

事例2：電線を用いたかご（パテ島）

　ふたつめの事例は、ケニア沿岸北部のパテ島で用いられているかごである。この村では、もともと木製かごのみが使用されていたが、最近は被覆を剥いだ電線でつくられたかごが急激に増えている（写真4−8）。

　電線を用いたかごは、村内の青年が2015年ころにはじめて製作した。電線は、無料もしくは安価に譲り受けた廃材を用いる。ナイフを用いて電線の被覆を剥いだのち、取り出した2〜3本の導体をよりあわせながら、各パーツを編んでいく。電線を用いたかごは、木製のものよりも丈夫で長持ちすると評判になり、村のなかで普及していった。現在は、村内でかご漁をおこなう漁業者の半数以上が、電線で作られたかごを所有しているという。筆者が聞き取りをおこなった漁業者は、木製かごと電線のかごを併用しているが、将来的にはすべてを電線でつくられたかごに置き換えるつもりであると語っていた。

　当初、導線は被覆を剥いだものがそのまま使用されていたが、錆びやすいことから、次第に漁業者たちは白色のペンキを塗るようになった。白は魚が水中で識別しにくい色であるため、漁具に適しているという。電線を用いたかごには、キヴァだけを木で製作したものと、キヴァを含めたすべてのパーツを電線で製作したものとが混在している。この村では、針金や漁網でつくられたかごは用いられておらず、かご本体の製作に使用される人工素材は電線のみである。

写真4−8　電線で編まれたウタンガとキヴァ

　以上のように、人工

表 4 － 3　各ユニットの所有するかごの素材と個数

		ウタンガとムクラの素材 / 枠組みの素材	合計
ユニット A	(1 回目)	木／木 (5 個)、漁網／鉄筋 (2 個)、針金／木 (4 個)	11 個
	(2 回目)	木／木 (4 個)、漁網／鉄筋 (2 個)、針金／木 (4 個)	10 個
ユニット B	(1 回目)	木／木 (5 個)	5 個
	(2 回目)	木／木 (5 個)	5 個
	(3 回目)	木／木 (6 個)	6 個
ユニット C	(1 回目)	木／木 (11 個)	11 個
	(2 回目)	木／木 (13 個)	13 個
	(3 回目)	木／木 (14 個)	14 個

素材でつくられたかごは各地でみられるが、用いられる素材のバリエーションやその普及状況はさまざまである。ワシニ村において特筆すべきは、人工素材でつくられたかごが地先海面ではまったく用いられず、沖の漁場で操業する専業漁業者のみが使用しているという点である。

　表 4 － 3 は、調査対象とした 3 組が所有するかごの数を、素材別に示したものである。沖の漁場で操業するユニット A が所有するかごは、およそ半数に漁網や鉄筋、針金などの人工素材が使用されている。同じく沖の漁場で操業するユニット C は現在、木製のかごのみを使用しているものの、丈夫で長持ちする漁具が欲しいため、いつかは人工素材を導入したいと考えている。しかしながら、これまで材料代をかけずに製作してきたかごに対して、金銭的な投資をおこなうことに躊躇している。地先海面で操業するユニット B は、ほかの 2 組にくらべて所有するかごの数が少ない。彼は、現在使っている木製かごに不満がないため、人工素材を導入するつもりはないという。

　すでに述べたように、沖の漁場を利用するのは、漁業への経済的な依存度の高い専業漁業者が中心である。一度に多数のかごを設置する彼らにとって、漁具の製作や手入れにかかる負担は少なくない。金銭的な投資が必要になるもの

の、人工素材の導入は、漁業者たちが漁の準備にかかる作業の負担の軽減をはかる手段のひとつとなっている。

（2）かごの大型化

　人工素材の導入とともに、ワシニ村のかご漁で近年みられるようになった変化が、漁具の大型化である。

　村内で最初に大型かごが製作されたのは、2010 年ころである。ワシニ島南東の岩礁（ニュリ）でかご漁をおこなうユニットＡは、島周辺の海で年々資源が減っており、自身の漁場でもあまり魚が獲れなくなっていると感じていた。そこで、深い水域に漁場を拡大することで、より大きな魚体を漁獲し、漁獲売却の収益性を高めようと考えた。ユニットＡがニュリで使用するかごは幅が1.7m ほどあり、ほかの漁業者が用いるかごよりも大きい。深い水域へと進出するにあたり、ユニットＡはさらに大型の木製かごを製作した（写真４－９）。このかごは幅 2m、奥行 1.9m、厚さ 0.5m ほどで、ユニットＢが地先海面で用いるかごと比較すると、倍近くの大きさになる。一般的なかごの場合、漁業者たちはかごを頭上に載せ、両手で支えながら運搬するが、この大型かごは 1 人で運ぶのが困難なほどの重量がある。

　2010 年、この年の延縄漁を終えたユニットＡは、それまで使用してきたかごをニュリの岩礁に設置し続けるとともに、あらたに製作した大型かごを延縄漁の漁場に近い水深 25m ほどの水域に沈めた。大型のかごを用いた漁は、クシの季節に延縄漁を再開するまで数か月間にわたり続けられた。大型かごの漁獲は良好であったため、ユニットＡはそれ以降ほぼ毎年、延縄漁を休むカスカジの季節になると、ニュリでの操業を継続しながら大型かごを用いた漁をおこなうようになった。2010 年に設置した大型かごは 1 個のみであったが、翌年からは 2 個のかごを用いるようになった。使用した木製かごは、しばらく放置しておくと傷んでしまうため、ユニットＡは毎年 1 か月ほどを費やして大型のかごを新調する。ほかの木製かごと同様に、島に生えているバンレイシ科やマメ科の木を材として用いるため、材料代はかからない。

写真4－9 ユニットAの大型かご

　カスカジの季節におけるユニット A の活動については、A1 が亡くなり調査を実施することができなかったため、この大型かごの漁獲についてはじゅうぶんな資料をもちあわせていない。ただし、1回目の調査を実施する前年（2015年）の予備調査において、大型かごを用いた漁を数回観察したかぎりでは、フエフキダイ科の魚がひんぱんに漁獲されている様子がみられた。大型かごで漁獲される魚はいずれも、ニュリで獲れる魚よりも明らかにサイズが大きく、価格帯小として扱われる小ぶりな魚体が漁獲されることは一度もなかった。

　ユニットAは、A1の出身地であるペンバ島で用いられているかご（写真4－10）を参考に、この大型かごを製作したという。A1 によると、ペンバ島には専業漁業者が多く、地先海面の漁場は混雑している。そのため、刳り船よりも船幅のひろいダウを所有する者は、沖のほうに大型かごを設置することが多い。ペンバ島に住んでいた当時、A1 は大型かごを実際に使用したことはなく、ワシニ村に来てからはじめて製作したという。普段かごを製作する際に、ユニット A は幅1cm ほどのティーを用意するが、大型かごにはこれよりも幅と厚さのあるティーを用いる。そのため、当初はパーツの編みにくさを感じてい

写真 4 − 10　ペンバ島北部の大型かご

たが、毎年漁具の新調を繰り返すなかで、次第に材の扱いに慣れていったという。かごを構成する各パーツの編み方や漁具の組み立て方法は、これまで用いてきたかごと同じである。

　ワシニ島の周辺では、ユニット A が漁を開始する以前から、ペンバ島の漁業者たちが大型かごを使用しており、ワシニ村の漁業者たちもその存在を知っていた。しかしながら、村内において大型かごが製作されることはなかったという。ユニット A 以外に、村内で大型かごを用いる者があらわれたのは、2015年のことである。この年、観光客の減少によって就業機会を失った若者 3 名が集まり、共同でかご漁を開始した。ユニット A が大型かごで良好な漁獲を得ていることを知っていた彼らは、シモニに住むペンバ島出身の漁業者に依頼し、ユニット A と同じような大型かごを 3 個製作してもらった。3 人は賃料を支払ってワシニ村の住民から船外機付きのディンゲを借用し、このかごを用いた漁をジュー島の東方で 4 か月ほど継続した。また、翌年には別の非専業漁業者 2 人が同様にディンゲを使用し、大型かごを用いた漁をチニ島の東側にひろがる深い水域でおこなった。2020 年から 2021 年にかけても、新型コロナウイ

ルスの感染拡大により観光業で収入を得ることができなくなった数名の若者が、長期にわたり大型かごを用いた漁をおこなったようであるが、その詳細については把握していない。

　現在のところ、村内で大型かごを使用するのは、観光業での収入を見込むことのできなくなった非専業漁業者が中心であり、専業漁業者のなかで大型かごを用いるのはユニット A のみである。こうした状況は、専業漁業者が大型かごを用いるペンバ島とは対照的といえる。ワシニ村でかご漁をおこなう専業漁業者のなかには、ユニット A が良好な漁獲を得ている様子を目の当たりにし、大型かごを製作したいと口にする者もいるが、彼らの使用する刳り船では、漁具を漁場まで運搬することができない。人工素材を用いたかごとは異なり、大型かごは費用をかけずに製作することが可能である。しかしながら、操業にはダウやディンゲのように積載量の大きな船が不可欠であることから、今のところ、大型かごが人工素材を用いたかごのようにひろく普及するにはいたっていない。

6.　改良のひろがり

　本章では、これまで「伝統的」な漁法として描かれることの多かったかご漁において、漁具がたんに再生産されるだけでなく、漁業者たちの手によってあらたな改良がくわえられていく様子を具体的に示した。

　ワシニ村でみられる漁具改良のうち、かごの大型化は漁獲の向上をねらったもので、人工素材の導入は修理や手入れにかかる負担を軽減し、漁具を長持ちさせることを念頭に置いたものである。漁場に設置しているかごは、常に破損や流失の可能性があり、漁具への投資にはリスクをともなう。また、どのような素材を用いても、かごはあくまでも交換を前提とした消耗品であり、長期にわたり使用し続けることは難しい。そうしたなか、一部の漁業者たちは漁獲の向上に直結するとは考えていないにもかかわらず、あえて金銭を投じて人工素

材の導入を進めている。その様子からは、これまで用いられてきた木製かごの製作や手入れにかかる、時間的・労力的な負担の大きさをうかがうことができる。

　先に述べたとおり、人工素材の導入とかごの大型化は、異なる改良の方向性をもつ。そこに共通しているのは、漁業者が村の外でみかけたかごに着想を得て類似品を製作し、それを周りの者が模倣することによって、改良のアイデアが共有されたという点である。聞き取りによると、村内で最初に人工素材を導入した者や大型かごを製作した者は、改良の意図やその製作方法などを、他人に説明することはなかったという。それにもかかわらず、周囲の漁業者たちは彼らが漁具を製作する様子や、それを実際に用いる様子を見て、独自に模倣を進めていった。漁具製作にかかわるアイデアの共有は短時間のうちにも起こりえるが、そのためには、個人が長期にわたる実践をとおして習得した技術の蓄積が不可欠である（Iida 2019）。ワシニ村のかご漁における漁具の変化は、けっしてかごそのものの構造を革新的に変えるようなものではなく、あくまでも既存の漁具に手をくわえていく発展的な変化といえる。素材の扱い方には違いがあるものの、人工素材を用いたかごも大型かごも、その作り方は基本的にそれまで用いられてきたかごの製作方法を踏襲している。一見すると、漁業者たちは容易にあらたなアイデアを取り込み、かごの性能を向上させているかのようにもみえるが、こうした模倣は漁具の製作と利用にかんする豊富な経験があってこそ、はじめて可能となる。

　改良したかごが、製作に必要な投資や労力にじゅうぶん見合うものと判断されれば、その導入は今後も進むだろう。しかしながら今のところ、ワシニ村において人工素材のかごや大型かごを使用している専業漁業者はいずれも、所有するかごをすべて改良品へと置き換えることなく、従来の木製かごと併用している。漁業者たちは、日々の操業をとおしてその効果をみきわめながら、慎重に漁具の改良を進めている。

第 5 章

餌を採る
──漁業者たちの餌に対する期待と信頼──

扉写真：餌が入った袋を船に運ぶ漁業者。奥にみえるのはチニ島。

1. 漁撈活動における餌の利用

　まだ日が昇りきらない早朝から、潮の引いたワシニ島周辺の岩礁には、かご漁をおこなう漁業者たちが続々とやって来る。彼らは腰をかがめながら漁に用いる餌を黙々と採り続け、持参した袋がいっぱいになると、それらを船に積み込んで漁場へと出発していく。

　かご漁における餌の利用は、ケニアのみならず世界中でひろくみられる。その種類はさまざまで、たとえば1970年代のジャマイカでは、野菜や果物が餌として用いられていたという (Munro et al. 1971)。ほかにも、インドではエビの頭 (Varghese et al. 2008)、沖縄ではカツオの頭や内臓、ウニの卵巣、アーサー (ヒトエグサ)、蒸かしたサツマイモなどの利用が報告されている (秋道 2016)。

　餌を用いる漁法自体はけっして珍しいものではないが、大量の餌を必要とする場合には、その調達と操業が分業化されることもある。たとえばインドネシアでは、カツオの一本釣り漁をおこなう漁船に、敷網で捕獲した大量の小魚が餌として供給される (Widodo et al. 2016)。また、沖縄県の波照間島では、大正時代にカツオの一本釣りが開始されたが、その餌には30kmほど離れた黒島の漁業者から購入したジャコ (雑魚) が用いられた。餌の調達費用は経営を圧迫し、戦後にカツオ漁が衰退する要因のひとつになったという (古谷野 2011)。

　波照間島の例からも明らかなように、餌の調達は漁家経営と密接にかかわる問題ではあるものの、そこには経済性や合理性といった観点だけでは説明しにくい側面もある。ワシニ村では、船釣りをおこなう者がイカを購入し、その切り身を餌として用いることがある。いっぽう、かご漁では購入した餌が用いられることはなく、漁業者たちは大きな時間を費やして、効果的と考える餌をみずから採集する。

　漁撈活動の記述において、餌の調達は操業に付随した準備作業のひとつとして位置づけられることが多く、それ自体に主眼を置いた研究はあまりない。し

かしながら、そこには漁獲物の分析や漁場での行動観察だけでは把握することの困難な漁業者たちの自然認識や、それにもとづく漁撈戦略を明らかにするための、重要な鍵が隠されているように思われる。

　本章では、操業の前後におこなわれる餌の採集とその利用に着目する。漁場のみならず、餌の採集場所における漁業者たちの行動を詳細に記述することで、彼らが餌のもたらす効果に大きな期待と信頼を寄せ、漁獲の向上や安定化をはかろうとしている様子を具体的に示す。これにより、従来の研究とは異なる視点から漁業者たちの環境利用について考察するとともに、かご漁における餌採集の位置づけを明らかにする。

2. 餌の種類

　ワシニ村のかご漁では、島内や島周囲の岩礁において入手可能な数種類の餌が用いられている。本書では漁業者たちの認識にもとづき、それらを海藻、動物性の餌、そのほかの3種類に分類して扱う。

　表5−1は、ワシニ村のかご漁で用いられる餌の種類と、その採集場所を示したものである。このうち、カイメンは生物学上動物に分類されるが、ワシニ村の漁業者たちはこれを海藻の一種であると認識している。これをふまえ、本書ではカイメンを海藻に含めて扱うこととしたい。

　漁業者たちから聞き取りをおこなったところ、ワシニ村のかご漁では12種類の餌が用いられていることが明らかとなった。このうち、もっともひんぱんに用いられるのが、島周辺の岩礁に分布する海藻である。餌として用いられる6種類の海藻のなかで、とくによく採集されるのがアオサ *mwani*、ソゾ *dewa*、ジュズモ *katani*、カイメン *gandua* の4種類である。ゴノメグサ *pamba* とイバラノリ *unga wa mwana* は、これら4種類にくらべると魚の食いが劣るとされ、ほかの海藻がじゅうぶん確保できなかった場合、補助的に採集されることが多い。

表5−1　ワシニ村で用いられる餌の種類

漁業者による分類	和名（方名）	学名	採集場所
海藻	アオサ (*mwani*)	緑藻植物門アオサ藻綱アオサ目 アオサ科アオサ属（*Ulva* sp.）	岩礁
	ソゾ (*dewa*)	紅藻植物門真正紅藻綱イギス目 フジマツモ科ソゾ属（*Laurencia* sp.）	岩礁
	ジュズモ (*katani*)	緑藻植物門アオサ藻綱シオグサ目 シオグサ科ジュズモ属（*Chaetomorpha* sp.）	岩礁
	ゴノメグサ (*pamba*)	紅藻植物門真正紅藻綱イギス目 イギス科ゴノメグサ属（*Centroceras* sp.）	岩礁
	イバラノリ (*unga wa mwana*)	紅藻植物門真正紅藻綱スギノリ目 イバラノリ科イバラノリ属（*Hypnea* sp.）	岩礁
	カイメン (*gandua*)	海綿動物門（Porifera）	岩礁
動物性の餌	クモヒトデ (*chanja maji*)	棘皮動物門クモヒトデ綱（Ophiuroidea）	岩礁
	キバウミニナ (*tondo*)	軟体動物門吸腔目キバウミニナ科 キバウミニナ（*Terebralia palustris*）	マングローブ林
	カニ (*kaa*)	節足動物門軟甲綱 十脚目短尾下目（Brachyura）	岩礁
ほか	ハマザクロ[マヤプシキ] (*mpia*)	フトモモ目ハマザクロ科 ハマザクロ属ハマザクロ（*Sonneratia alba*）	マングローブ林
	パパイア (*mpapai*)	アブラナ目パパイア科（*Carica papaya*）	陸上
	牛糞 (*mabi ya ng'ombe*)		陸上

　餌として用いるカイメンは、ガンドゥーア *gandua* とよばれる。ガンドゥーアは緑がかった褐色をしており、被子植物である海草に付着している。ザンジバルのウングジャ島では、かご漁にゴズィ *gozi*[1] とよばれる餌がよく用いられるが、これはカイメンに藍藻と珪藻が混合したものであるという（De la Torre-Castro and Ronnback 2004: 369）。実物を確認していないため、はっきりと断定することはできないものの、ワシニ村のガンドゥーアはこれと同様のものである可能性が高いと思われる。餌として用いられるほかの海藻にくらべると、ガンドゥーアは資源量が少なく見つけにくいため、まとまった量を採集するには時間を要する。

mwani はアオサをさすだけでなく、海藻全般を総称する語でもある。島の周囲にはリュウキュウスガモ *chaani*（*Thalassia hemprichii*）などの海草も繁茂しているが、海草は「海の草 *nyashi za baharini*」、あるいはたんに「草 *nyashi*」とよばれ、海藻とは区別される。漁業者たちは、しばしば海草藻場を魚の「家 *nyumba*」とよぶ。魚が身を隠しに集まる海草藻場は漁具の設置場所としては適しているものの、魚が海草そのものを食べることはないという。

　動物性の餌としては、棘皮動物であるクモヒトデ *chanja maji* や、巻貝のキバウミニナ *tondo*、小型のカニ *kaa* が用いられる。カニは、潮の引いた岩礁において素手で捕獲し、石で甲羅を砕いてから餌として用いる。動きが素早く、捕獲に手間を要することから、カニを餌として用いる者は少ない。

　クモヒトデは、岩礁のなかに点在する砂地に生息する。生きたクモヒトデをそのまま餌として用いると、かごの中からすぐに逃げ出してしまう。そのため、出漁直前にはクモヒトデを入れた袋を櫂で何度も叩き、殺しておく。

　キバウミニナは、マングローブ林の泥地に生息する、5cm ほどの巻貝である。海藻やクモヒトデは採集後 2〜3 日で傷んでしまうが、キバウミニナは風通しのよい日陰に保管しておくと、10 日間ほどはもつ。出漁直前には、ひとつずつ貝殻を石で砕き、中身が出た状態にしておく。住民がキバウミニナを食用とすることはない。

　そのほかの餌としては、パパイア *mpapai* やハマザクロ（マヤプシキ）*mpia* の葉、乾燥した牛糞 *mavi ya ng'ombe* が用いられる。ハマザクロは、島の周囲に自生するマングローブの一種である。ワシニ島では 9 種類のマングローブがみられるが、魚が食べるのはハマザクロの葉だけであるという。これらの葉や牛糞は、かんたんに入手することができるものの、海藻や動物性の餌にくらべると、魚の食いは劣るとされる。とくに牛糞は、水中ですぐに溶けてしまうため、あまり効果は期待できない。かつては、海藻などを採集する体力のない高齢の漁業者がよく牛糞を用いたというが、現在餌として使用する者はほとんどいない。若い漁業者のなかには、牛糞が餌として用いられるのを知らない者もいる。

　周囲に広大な岩礁とマングローブ林がひろがるワシニ村では、海藻と動物性

の餌を両方とも入手することができる。いっぽう、スワヒリ海岸の他地域に目を向けてみると、かご漁で使用される餌の種類には、海村をとりまく自然環境によって違いがみられる。筆者がケニア沿岸部の各地で聞き取りをおこなったところ、周辺にマングローブ林のない村では、キバウミニナが用いられることはなく、海藻だけを採集する傾向が強い。それに対し、周辺に岩礁が発達しておらずマングローブ林に囲まれた村では、キバウミニナがおもに採集され、海藻は補助的に用いるか、まったく用いられないことが多いようである。クモヒトデについては、周囲に岩礁が発達している村でも、用いられる場合とそうでない場合がある。

　各地では、ワシニ村ではみられない餌も確認された。たとえば、ケニアのモンバサやマリンディ、ウクンダでは、商店で購入したパンやキャベツのほか、ウガリをかご漁の餌として用いる者がいる。ウガリは、食事として用意した残り物を使うだけでなく、漁のために調理することもあるという。ケニアでは、ほかにもナマコを餌として用いる者がいる。タンザニアのウングジャ島北部では、船釣りだけでなく、かご漁においても購入したイカの切り身を餌として使用する。また、餌とは異なるが、ケニアでは貝殻や白いタイル、銅板などをかごの中に入れて魚を誘い込むことがあるという（Glaesel 1997: 292）。

　以上のように、ほかの地域では人間の食料を餌として用いることもあるが、ワシニ村のかご漁で使用される餌は、住民が直接的に利用せず、島のなかで費用をかけずに入手することのできるものばかりである。なお、餌はすべて漁業者自身が調達し、他人に採集を任せることはない。

3.　漁場にあわせた餌の選択

　12種類もの餌のなかから、漁業者たちはどのように用いる餌を選択しているのであろうか。ここからは、調査対象とした3組の事例を中心として、餌利用の具体的な様子をみていく。

表5−2 餌の種類と重量

単位：kg

対象	餌の種類	調査日（日目）													
		1	2	3	4	5	6	7	8	9	10	11	12	13	14
ユニットA （1回目）	アオサ								50.9	43.8	18.6	8.2			
	ソゾ										18.5	31.3	42.9	15.2	50.2
	ジュズモ													44.8	
	クモヒトデ										21.6	22	20.1	21.1	17.6
（2回目）	アオサ													54.4	
	ソゾ／ジュズモ※	29.7	32.1	37.1	29.3		29.3	28.4	30.1		25.3				
	クモヒトデ	16.7	14	14.7	22		24.5	24	20.7		20.5				
ユニットB （1回目）	カイメン		14.3								12.5		16.4	14.8	
（2回目）	カイメン		15.2	17.8	14.5		14.2	13.5		13.6		5.4	16.4	9.8	17
（3回目）	カイメン	17.9	17.1	18		17	16.5						12.8	18.1	17.5
ユニットC （1回目）	ソゾ	66.7	55.3	55.9	53.6		53.5		41.3			42	33.2	44.5	
	クモヒトデ		14.1	10.9	16.6		13.5		18.9			7.7	15.7	11.1	
	キバウミニナ	5.5										21.3	10.3	7.4	
（2回目）	ソゾ			45.2	46.5	47.9	44.6	43.5			45.3	29.1	35	40.1	
	クモヒトデ			19			13.9	11.5				15.2	14.6	13.8	
（3回目）	ジュズ／カイメン※			49.4	57.1	50.8	64.3	61		43.6	42.1			45.8	58.3
	クモヒトデ			6.5	41.2	10.8	11.1			8	11.6				
	キバウミニナ			27.3	11.4		28.8	24.6			26.8			22.4	32.1

　：休漁日　　　　　　　　　　※：2種類を混合して採集したため、種類ごとの計量ができなかったもの

　表５−２は、各ユニットが用いた餌の種類と重量を調査期間ごとに示した
ものである。重量については、採集に用いる袋に入れた状態で、出漁の直前に
計量した。ユニットＡとＣについては、２種類の海藻を混合して採集すること
があり、その場合には種類ごとの計量をおこなうことができなかった。海藻を
みつけると、漁業者たちはそれをわし掴みするように採集し（写真５−１）、つ
ぎつぎと袋に詰めていく。そのため、採集された海藻のなかには、海草や小石、
小さな貝殻なども混ざっていた。

　３組が用いたのは海藻と動物性の餌のみであり、そのほかの餌が採集され
ることは一度もなかった。動物性の餌として、ユニットＡはクモヒトデのみ
を、ユニットＣはクモヒトデとキバウミニナを用いた。海藻については、ユ
ニットＡがアオサ、ソゾ、ジュズモの３種類を、ユニットＣがソゾ、ジュズ
モ、カイメンの３種類を用いた。ユニットＢについては、３回の調査期間をと
おしてカイメンのみを用い、動物性の餌を採集することは一度もなかった。

　海藻と動物性の餌は、採集したものをそれぞれ別の袋に入れて保管する。漁
具を沈める直前に漁業者はこれらをキヴァからかごの中に入れたのち、木の棒
を用いて混ぜ合わせる。かごごとに用いる餌の量や種類を調整する様子はみら
れず、それぞれのかごには同種の餌がほぼ同量ずつ入れられる。持参した餌は
すべて用いられ、余っ
たものを持ち帰ったり
廃棄することはなかっ
た。

　漁業者たちによると、
かご漁に用いられる餌
のなかには、特定の魚
種が好むものがあると
いう。たとえば、テン
グハギ類は海藻をひろ
く摂餌する藻食性とさ

写真５−１　カイメンを採集するユニットＢ

れるが、とくにイバラノリを好む。ただし、テングハギ類は取引価格が安いことから積極的に漁獲対象とはされず、イバラノリを好んで用いる者もいない。パパイアやハマザクロといった植物の葉をよく採餌するのは、おもにブダイ類である。これらの葉は、ワシニ島の地先海面と沖の漁場の両方で用いられる。ただし、マングローブ林の近くで操業する場合には、落ち葉が大量に浮遊しており、餌としての効果が弱まるためにハマザクロを用いることはない。

　かご漁では多様な魚種が漁獲されるものの、漁業者たちがその食性をはっきりと認識している種類は多くない。たとえば、魚類学においてアイゴ類は藻食性、ハマフエフキやマトフエフキなどを含むフエフキ類は小型の底生無脊椎動物などを摂餌する動物食性とされる（Esseen and Richmond 2002）。しかしながら、漁業者たちはこれらを含めたほとんどの魚種が、海藻と動物性の餌を両方とも食べる雑食性だと認識している。[2] 雑食性の魚が好む餌の種類は、日によって変化するという。そのため、漁をおこなうにあたっては，海藻と動物性の餌を混合して用いることで、漁獲の確実性を高めようとする者が多い。

　餌の選択にあたって重視されるのは、魚種ごとの食性よりも漁場の立地である。ワシニ島から離れた沖の漁場には、漁業者たちが採集するような餌が分布しておらず、そこに生息する魚は常に空腹 *njaa* であるという。そのため、沖の漁場で操業する場合には、資源量が多く、採集しやすい餌だけを用いてもじゅうぶんに漁獲を期待できる。いっぽう、周辺に海藻やクモヒトデなどの餌が豊富に分布するワシニ島の地先海面では、採集しやすい餌を用いるだけでは、なかなか魚をかごの中に誘い込むことができない。そこで、漁業者たちはほかの海藻にくらべて希少なカイメンや、漁場から離れたマングローブ林に生息するキバウミニナなど、魚にとって「おいしい食べ物 *chakula kitamu*」を餌として用意する。カイメンのみを用いるユニット B によると、彼の漁場に生息するアイゴ類は動物性の餌をあまり食べず、他の海藻にくらべて希少性の高いカイメンをとくに好むのだという。そのため、この漁場にかごを設置する者はいずれも動物性の餌を採集せず、カイメンのみを用いて漁をおこなっている。

　以上のように、餌の選択にあたっては漁場の立地が重視されるため、同じ水

域で操業する漁業者たちは類似の餌を
用いる傾向が強い。だが、なかには特
定の餌がもたらす効果に強い信頼を寄
せ、周囲とは異なる種類の餌を積極的
に採集しようとする者もいる。

　沖の漁場で操業する漁業者は、資源
量が比較的豊富なソゾとクモヒトデを
餌として用いることが多い。そうした
なか、ユニットAの2人は、海藻の
なかでもとくにアオサが効果的な餌で
あると考えている。彼らは普段、採集
しやすいソゾとジュズモを用いること
が多いが、アオサを大量に確保でき
た日（写真5－2）には、それだけで

写真5－2　ユニットAが採集した大量の
　　　　　アオサ

じゅうぶんな漁獲を見込むことができるため、動物性の餌やほかの海藻を用い
ずに漁をおこなう。

　ジュー島やチニ島の周辺で操業する漁業者たちは、船を停泊させている場所
の周辺に分布するクモヒトデを動物性の餌として採集する。そうしたなか、ユ
ニットCはこの漁場で操業する者のなかで唯一、クモヒトデとキバウミニナ
の両方を用いる。ユニットCのうち、活動を主導するC1は、クモヒトデより
もキバウミニナのほうが効果的な餌であると考えており、マングローブ林まで
赴く時間的な余裕がある日や、不漁が続いた場合に、キバウミニナを積極的に
採集しようとする。彼と同じ漁場を利用するワシニ村の漁業者たちは、ユニッ
トCがわざわざ停泊場所から離れたマングローブ林まで赴き、キバウミニナ
を採集する理由がわからないと語っていた。

　調査中には、引き上げたかごに残された餌や、捌いた魚の内臓の内容物を手
がかりとして、その日の魚たちの餌の好みや、自身が用いた餌の効果について
言及することがあった。彼らはけっして慣習的に餌を用いているのではなく、

日々の操業においてその効果を確認しながら、餌の採集と利用を続けているのである。

4. 餌の確保に向けた努力

(1) 採集場所の利用

　それぞれの漁場に適した餌を確保するため、漁業者たちはその採集に大きな時間と労力を費やす。ここからは、餌の採集場所における彼らの行動に焦点をあて、その具体的な様子をみていく。

　餌の採集は、潮の引いている時間帯に徒歩でおこなう。ワシニ島の周囲にひろがる岩礁のうち、カイメンは島の南側、アオサは島の北側に多く、それ以外の海藻とクモヒトデは広範囲に分布している。餌として用いられる海藻は中潮帯から低潮帯にかけて、クモヒトデは中潮帯に多くみられる。キバウミニナは、島の西側から南側にひろがる広大なマングローブ林のなかでも、南側のムクングーニ *mkunguni* とよばれる一帯にのみ分布する。集落や船の停泊場所から離れたムクングーニに毎日赴き、採集した餌を運搬するのには、大きな時間と労力を要する。そのため、漁業者の多くは1回で数日分のキバウミニナをまとめて採集し、村へ持ち帰る。

　餌の採集は基本的に種類ごとにおこなうが、海藻については異なる種類を同時に採ることもある。2人から成るユニットAとCでは、同じ時間帯にそれぞれの構成員が海藻とクモヒトデを分担して採集し、先に終わったほうがもう1人の採集を手伝う。キバウミニナについては生息場所が離れているため、海藻やクモヒトデの採集とは別におこなう。1回目と2回目の調査中、ユニットCは常に2人の構成員が揃ってキバウミニナを採集した。海藻とキバウミニナの採集に特別な道具は必要とせず、漁業者たちは素手で拾ったものを袋に入れていく。クモヒトデの採集には、袋にくわえて船体の手入れに用いる魚油を用意

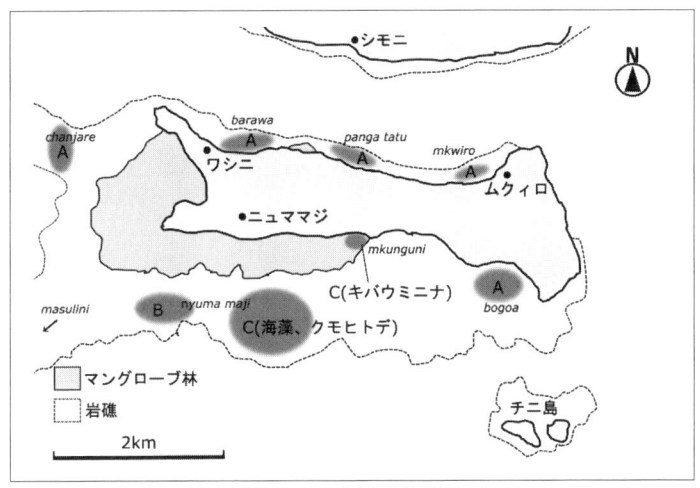

図5－1　餌の採集場所

する。クモヒトデは地表だけでなく、砂の下や岩陰にも潜んでいる。これらを効率的に採るため、漁業者はペットボトルに入れた魚油をごく浅い潮だまりに数滴ふりまく。こうすると、隠れていたクモヒトデが一斉に出てくるため、採集がおこないやすくなる。

　図5－1は、各ユニットが調査期間中に餌を採集した場所の名称とおおまかな位置を示したものである。ユニットAは一度だけ、ワシニ島西方の無人島周辺でアオサを採集したが、それについてはここに示していない。

　ユニットBとCは、3回の調査期間をとおして船の停泊場所で海藻やクモヒトデを採集し続けた。それとは対照的に、ユニットAは、船外機付きの船を利用して島の北側と南側の岩礁を広範に移動して採集をおこなった。普段、ユニットAは船の停泊場所にほど近い岩礁（barawa）で海藻とクモヒトデを採集するが、海藻の資源量が減ってくると、次の採集日には別の岩礁に移動する。このように、場所を転々としながら餌を採集する者は珍しく、ワシニ村のほとんどの漁業者たちはユニットBやCのように、船の停泊場所において海藻とクモヒトデの採集を続ける。

　3組が餌を採った場所では、他村の漁業者が餌を採集する様子もみられた。ただし、ワシニ島の中央から西側（*chanjare, barawa, panga tatu, nyuma maji*）で採集をおこなうのはワシニ村の住民、島の中央から東側（*mkwiro, bogoa*）で採集をおこなうのはムクィロ村の住民が中心となる。キバウミニナの生息するムクングーニには、ワシニ村とムクィロ村の両村から漁業者がやって来る。

　ワシニ島の北側にひろがる岩礁は、大潮のときでも沖に 0.2km ほどしか干出しないが、西側から南側にかけての岩礁は 0.6 〜 2km ほど沖まで潮が引く。いっぽう、シモニ半島の周辺にはあまり岩礁が発達しておらず、餌の採集にはあまり適さない。そのため、広範囲が干出するワシニ島の周辺には、本土からもかご漁をおこなう多数の漁業者が餌を求めてやって来る。彼らは干潮時にワシニ島の周辺で餌を採集したのち、そのまま漁場へ直行する。大部分の漁業者はワシニ島西方の水域や、ジュー島およびチニ島の周辺を漁場とするが、なかには本土の地先海面にかごを設置しているにもかかわらず、餌を採集するためだけに刳り船を漕いでワシニ島までやって来る者もいる。本土の漁業者が餌を採りに多く集まるのは、ワシニ島の南西にひろがる岩礁（*masulini*）である。ワシニ島からこの岩礁へは、干潮時に徒歩で向かうことも可能であるが、距離が離れていることもあり、ワシニ村の漁業者が餌の採集に赴くことはめったにない。3組が海藻やクモヒトデを採集する場所でも、まれに本土の漁業者が餌を採っている様子をみかける。ユニットBやCと同じ場所で、地元漁業者に混じって海藻とクモヒトデを採集する。本土の漁業者たちが、ワシニ島でキバウミニナを採集することはない。

　のちに詳しく述べるように、岩礁やマングローブ林において餌を採集することのできる時間は、潮位によって制限される。そのため、漁業者たちが餌の採集にやって来る時間帯は重なることが多い。作業中、漁業者たちはあまり他人に近づきすぎることなく、数十mから数百mほどの間隔をあけ、少しずつ場所を移しながら餌を採り続ける。

　ワシニ村の漁業者たちは、餌の採集場所になわばりはなく、誰でも好きな場所で餌を採ることができると説明する。しかしながら、実際にはワシニ村、ム

クィロ村、本土の漁業者の間では、ここまでみたように採集場所のゆるやかな
すみわけがみられる。

(2) 海藻の季節的な増減

　ユニットAとCは、ほとんどの操業日に海藻と動物性の餌を混合して用い
たが、いずれの日においても、海藻の重量は動物性の餌を上回った。また、村
内にはユニットBのように海藻だけを用いて漁をおこなう漁業者はいるが、
動物性の餌のみを使用する者はみあたらない。牛糞やカニ、植物の葉を用いる
場合も、それらを単体で用いることはあまりなく、海藻と混合するのが一般的
である。ワシニ村のかご漁において主たる餌とされるのは、あくまでも海藻で
あり、動物性の餌は副次的な位置づけにあるといえる。

　漁業者たちの説明によると、動物性の餌は1年をとおして安定的に採集する
ことができるのに対し、海藻については種類ごとに資源量の季節的な変動がみ
られるという。図5−2は、各ユニットからの聞き取りで得られた情報をも
とに、それぞれの海藻が増減するとされる時期を示したものである。

　3組が用いる4種類の海藻のうち、アオサとカイメンは潮に流されやすい。
そのため、資源量は海況の悪化するクシの季節になると減少し、海が穏やかな
カスカジの季節に増加する。とくに、島の南側では、南方から強い波がおし寄
せるため、クシの季節に資源量が減りやすい。ソゾは、海水温によって資源量
が増減するといわれており、水温が冷たくなるクシの季節に増加し、温かくな

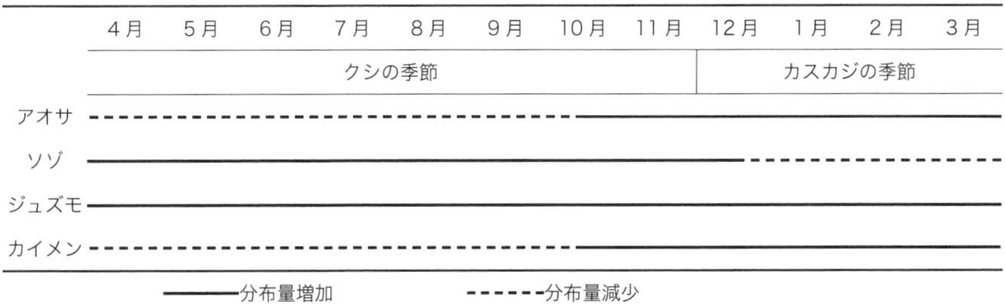

	4月	5月	6月	7月	8月	9月	10月	11月	12月	1月	2月	3月
				クシの季節						カスカジの季節		
アオサ	-	-	-	-	-	-	-	-				
ソゾ									-	-	-	-
ジュズモ												
カイメン	-	-	-	-	-	-	-	-	-	-	-	-

―――分布量増加　　　------分布量減少

図5−2　海藻の季節的な増減

るカスカジの季節に減少する。ジュズモは、ほかの3種類の海藻にくらべると魚の食いが劣るものの、資源量に大きな変動はなく、1年をとおして安定的に採集することができるという。

　以上のような資源量の変動にかんする漁業者たちの認識をふまえ、ここからは3組が用いた海藻の重量についてみていく。表5-3は、各ユニットが操業1回あたりに用いた海藻の量を、調査期間ごとに整理したものである[3]。各ユニットが用いたかごの数には、日によって若干のばらつきがあるものの、漁業者たちがそれにあわせて採集量を調整する様子はみられなかった。ただし、3組ともに、潮位による活動時間の制限や資源量の減少にともない、用意した袋が満杯になるまで海藻を採集することのできない日があった。

　1回の操業で用いた海藻の重量に調査期間ごとの差があるのかを確認するために、統計的な分析をおこなったところ、ユニットBとCついては有意差を見出すことができなかった[4]。かごの数が少ないユニットBは、ほかの2組にくらべると、1回の操業で用いる餌の量も少ない。そのため、資源量の増減にさほど大きな影響を受けず、3回の調査期間をとおしてカイメンを安定的に確保することができたと考えられる。観察した範囲では、ユニットBと同じ場所で餌を採集するほかの漁業者たちも、3回の調査期間をとおしてカイメンのみを用い続け、餌の種類を時期によって変更する様子はみられなかった。

　ユニットCは1回目と2回目の調査期間中、ソゾのみを採集した。しかしながら、3回目の調査期間にはソゾの資源量が著しく減少したため、ソゾのかわりにジュズモとカイメンを採集するようになった。ユニットCは、ジュズモよりカイメンのほうが魚の食いがよいため、可能であればカイメンだけを用いたいと考えている。だが、希少なカイメンを大量に採集するには大きな時間を要するため、1年をとおして資源量が比較的に安定しているジュズモを合わせて採集することで、まとまった量の海藻を確保しようとした。ジュズモとカイメンは混合して採集されたため、種類ごとの計量はできなかったが、その大部分はジュズモが占めていた。

　ユニットBとCが、3回の調査期間をとおして比較的安定した量の海藻を確

表 5 - 3　各ユニットが用いた海藻の重量

単位：kg

		海藻の重量		
		最小値	最大値	平均
ユニット A	1 回目 (n=7)	37.1	60	46.3
	2 回目 (n=9)	25.3	54.4	32.9
ユニット B	1 回目 (n=4)	12.5	16.4	14.5
	2 回目 (n=10)	5.4	17.8	13.7
	3 回目 (n=8)	12.8	18.1	16.9
ユニット C	1 回目 (n=9)	33.2	66.7	49.6
	2 回目 (n=9)	29.1	47.9	41.9
	3 回目 (n=9)	42.1	64.3	52.5

保したのに対し、ユニット A が 1 回目と 2 回目の調査期間に用いた海藻の重量には有意差がみられた[5]。ユニット A は、ほかの海藻に優先してアオサを採集しようとするものの、調査期間中には繁茂しておらず、実際にアオサが用いられたのは、1 回目の調査期間に 4 回、2 回目の調査期間では 1 回にとどまった。アオサがみあたらない場合、1 回目の調査期間にはソゾが採集されたが、2 回目の調査期間にはソゾの資源量も減少したため、ユニット A はソゾとジュズモをあわせて採集するようになった。ユニット A はジュズモをあくまでも補助的な餌として位置づけており、ソゾとあわせて採集する際にも、過度にジュズモの割合を増やそうとはしない。その結果、ユニット A が 2 回目の調査期間に用いた海藻の重量は、全体的に減少したと考えられる。

　ユニット B のように設置するかご数が少ない漁業者の場合、海藻の資源量が減っても大きな影響は受けにくい。いっぽうで、ユニット A や C のようにかごの数が多い漁業者たちは、1 回の操業で大量の餌が必要となるため、資源量の増減に合わせて採集する種類を変えることで、まとまった量の海藻を確保しようと試みている。

（3）餌の採集と潮汐

　船を用いる場合、かごの設置や引き上げといった漁場での作業は、潮位に関係なくいつでもおこなうことができる。いっぽう、岩礁やマングローブ林における餌の採集は、基本的に徒歩でおこなわれることから、活動可能な時間が潮位によって制限される。

　図5－3は、3回の調査期間のうち、いずれのユニットにおいても操業日数がもっとも多かった2回目の調査期間における、各ユニットの活動時間と潮汐との関係を示したものである。ここでいう餌の採集時間とは、餌を採り始めてから採り終えるまでの時間を示し、採集の準備や採集場所までの移動時間は含まない。

　ほかの漁法では午後や夜間に操業することも珍しくないが、かご漁では午前中の操業が好まれる。これは、夜間だと漁場に設置したかごの位置を特定しにくいことにくわえ、午後以降は風が強くなり、海況が悪化しやすいためであるという。また、漁業者のなかには、前日の午前に設置したかごを翌日の午後まで放置しておくと、時間の経過とともにかごの中から魚が逃げ出す可能性が高まるため、いつも午前のうちにかごの設置と引き上げをおこなうと説明する者もいる。調査対象とした3組においても、操業は日の出から正午ころまでの時間帯に集中し、14時以降に漁を終えることは一度もなかった。

　ユニットBは漁場と採集場所が隣接しているため、餌の採集を終えてから漁場に到着するまでの移動時間をほとんど考慮する必要がない。そのため、比較的遅い時間から餌を採りはじめても、午前のうちに漁を終えることができる。いっぽう、漁場までの移動に時間を要するユニットAとCが午前中に操業を終えるためには、出漁前の餌採集に費やすことのできる時間がより限定される。海藻については、ひざ下程度の潮位があっても採集をおこなうことが可能であるが、クモヒトデについては潮が完全に引いていないと魚油が効果を発揮しないため、大量に採集することが難しい。また、キバウミニナの生息するムクングーニの泥地は、他のマングローブ林に比べてぬかるみやすいといわれてお

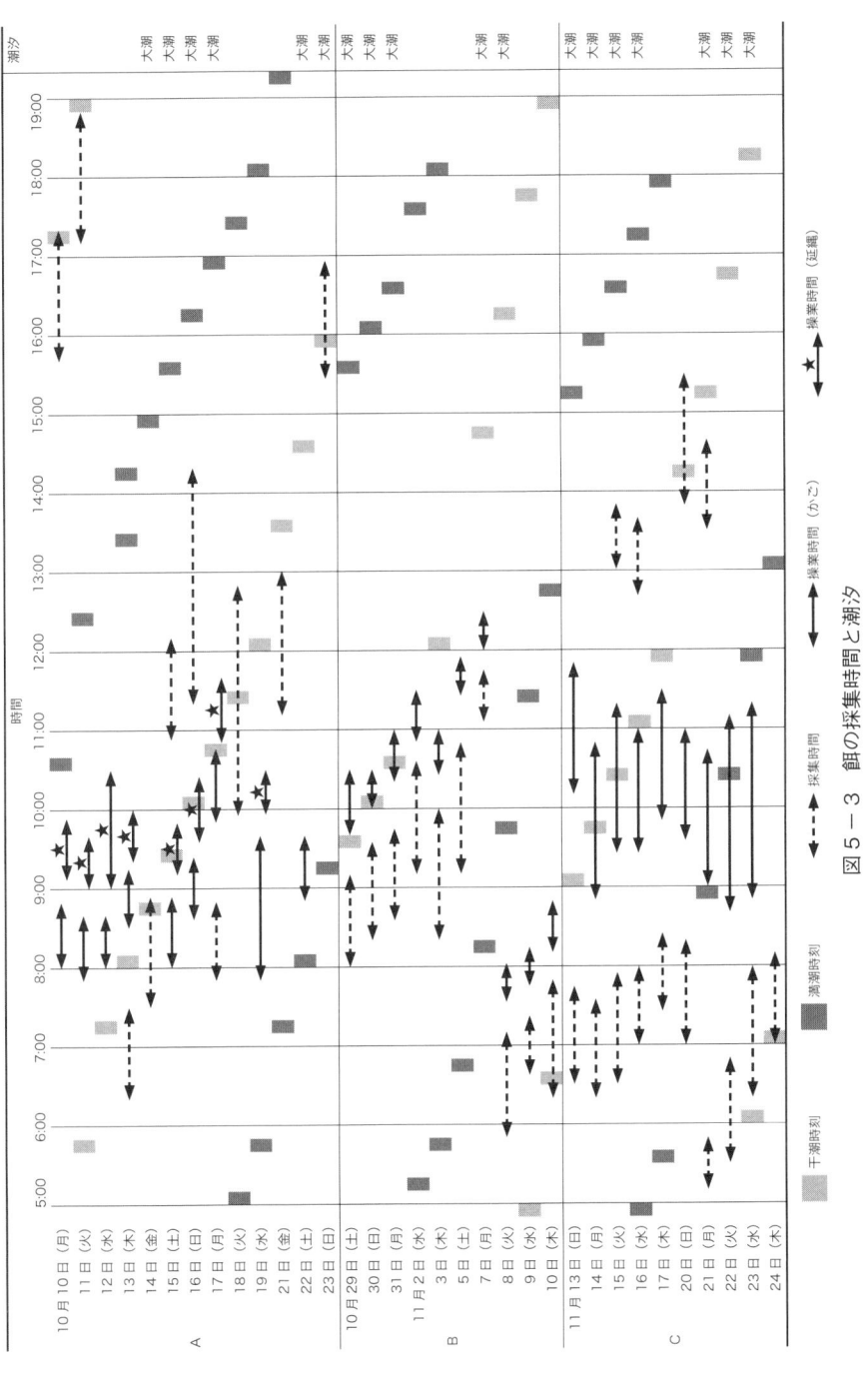

図 5 − 3　餌の採集時間と潮汐

注：操業もしくは餌の採集がおこなわれなかった日は記載していない。

り、じゅうぶんに潮位が低下した状態でなくては立ち入ることができない。[6]

　以上のように、動物性の餌を採集するにあたっては、海藻の採集以上に潮位の変動を考慮する必要がある。ユニットＡは、基本的に出漁直前に餌の採集をおこなうが、潮汐によっては出漁前の採集が困難な日もある。そうした場合は、前日の低潮時に海藻と動物性の餌の採集を済ませておき、餌の入れた袋を船上で保管しておく。

　ユニットＢは、鮮度の高い採集直後の餌を用いたほうが漁獲がよくなると考えており、出漁直前の採集を続けた。調査期間の前半には、干潮時刻の変動にあわせ、採集と操業をおこなう時間帯は全体的に遅くなっていった。しかしながら、11月8日になると、操業時間が遅くなりすぎてしまうとの理由から、潮が満ち始める前の早い時間帯に採集と操業を終えるようになった。

　ユニットＣも、ユニットＢと同様に餌として用いる海藻は新鮮なもののほうが望ましいと考えている。そのため、1回目と2回目の調査期間に用いられた海藻は、いずれも出漁の直前に採集された。11月20日の出漁前に海藻を採集した時間帯は満潮時刻に重なっていたが、ユニットＣはスノーケリング用のマスクを装着し、胸下あたりまで潮が満ちた船の停泊場所においてソゾを採集した。この日はもともと、潮位の低い早朝の時間帯に餌の採集が予定されていた。しかしながら、朝方にＣ1の子どもが怪我をし、その対応におわれた。そのため、予定していた時間に活動を開始することができず、潮の満ちている時間帯に海藻を採集することとなった。本土の漁業者のなかには、潮が満ちている時間帯に潜水して海藻を採る者もときおりみかけるが、ワシニ村の漁業者がこのような方法で餌を採集することはめったにない。出漁直前に潮位が低下している場合、ユニットＣの2人は、それぞれの構成員が海藻とクモヒトデを分担して同時に採集する。しかしながら、出漁時に潮位の低下が見込まれない場合には、前日の低潮時に2人でクモヒトデを確保しておき、当日朝はなるべく潮位の低い時間を選んで海藻のみを採集する。2回目の調査期間中には、翌日に用いる餌を前日のうちに採集することが4回（11月15日、16日、20日、21日）あったが、ここではクモヒトデのみが採集された。Ｃ1が単独で活動

するようになった 3 回目の調査期間には、出漁直前だけではじゅうぶんな量の
海藻を確保できず、前日にも海藻を採集するようになった。前日に採集した海
藻は袋に詰め、翌日まで船の停泊場所から少し離れた水底に沈めておく。こう
することにより、陸上で保管するよりも海藻の鮮度を保つことができるという。
翌朝の出漁時には、袋を船上に引き上げて、そのまま漁場へと向かう。

　漁業者たちは午前中に操業時間を確保することを優先させながら、潮汐にあ
わせて餌の採集時間を変えていく。潮汐は漁撈活動にとって重要な自然現象で
あるものの（秋道 1995: 112-113）、かご漁では操業そのものよりもむしろ、餌の
採集活動を規定する大きな条件となっている。

（4） 採集に費やされる時間の大きさ

　潮汐によって活動可能な時間帯が制限されるなか、漁業者たちはどの程度の
時間を餌の採集に費やしているのであろうか。表 5 − 3 は各ユニットが操業
と餌の採集に費やした時間を、調査期間ごとに示したものである。

　ユニット C による操業日数は、いずれの調査期間においても 9 日間であっ
た。1 回目、2 回目の調査期間と、C1 が単独で活動するようになった 3 回目の調
査期間を比較すると、合計の操業時間には大きな変化がみられなかった。いっ
ぽう、3 回目の調査期間には用いる餌の量を減らそうとしなかったため、ユ
ニット C が採集に費やした時間は、1 回目・2 回目の調査期間にくらべると合
計で 600 分以上も増大した。また、ユニット A を対象とした 2 回目の調査期
間には、A2 が体調不良のため A1 単独で餌の採集をおこなうことがあった（7
日目と 9 日目）。2 回目の調査期間中、2 人が揃った場合の採集時間は 1 日あたり
67 〜 105 分であったのに対し、A1 が単独で採集をおこなった日には 180 分前
後の時間が費やされた。餌の採集に注目するかぎり、2 人 1 組での活動は漁の
準備にかかわる時間的負担の軽減に大きく貢献しているといえる。

　各ユニットの活動時間をみると、大半の調査日において餌の採集時間は操業
時間を上回り、なかには操業の倍以上の時間が採集に費やされる日もあった。
また、合計の活動時間を比較すると、いずれの調査期間においても、餌の採集

表５－４　操業時間と餌の採集時間

単位：分

			調査日（日目）														合計
			1	2	3	4	5	6	7	8	9	10	11	12	13	14	
ユニットA	（1回目）	操業			53※1					67※2	42	70	46	53	59	47	437
		採集							82		85	79		56	44	65	411
	（2回目）	操業	53	47	41	45		57	37	50		44			46		420
		採集	97	96		67	83	69	188	72	177			105		92	1046
ユニットB	（1回目）	操業		27							48			32	64		171
		採集		49							32			63	67		211
	（2回目）	操業		43	25	40		32	21		23		26	19	15	14	258
		採集		72	79	74		81	110		93		34	81	39	87	750
	（3回目）	操業	39	50	36		33	47						22	91	52	370
		採集	73	62	81		72	62						47	34	64	495
ユニットC	（1回目）	操業	67	103	69	73		92		82			70	89	76		721
		採集	93	96	88		101			129		127	38	98	84		854
	（2回目）	操業			99	118	119	100	99			85	106	146	157		1029
		採集			76	74	130	128	62			165	110	82	107	73	1007
	（3回目）	操業			96	114	97	119	113		85	85		122	86		917
		採集	93		41	199	167	232	187	68	215	83		56	227	126	1694

　　　　　　　＝休漁日　　※1：漁具の引き上げのみをおこなった日　　　　※2：漁具の設置のみをおこなった日

には操業と同程度、あるいはそれ以上の時間が費やされた。かご漁をおこなう漁業者たちは、たとえ操業時間を確保できても、餌を準備できなければ出漁を取り止める。餌の入手は操業の前提条件であり、漁業者たちはそのために大きな時間と労力を費やしている。

5.　餌への期待と信頼

（1）餌の量と漁獲量

　かごに入れた餌は魚が食べるだけでなく、潮流によって流出することでも損耗するため、一定量の餌を用意しておかなければ漁獲の可能性を高めることはできないと漁業者たちは説明する。また、漁場に適した種類の餌を増やすことは、漁獲量の増加につながる可能性があるという。そのため、たとえ餌の資源量が減少しても、漁業者たちが採集する量を過度に減らそうとすることはない。

　図5-4は、各ユニットがかご1個あたりに用いた餌の平均重量と、それによって得られた平均漁獲量を操業日ごとに示したものである。かごごとの餌重量は、漁獲量と同様に実際に計量することができなかったため、その日に用いた餌の総量をかごの数で割ることによって平均量を算出した。

　かご1個あたりに用いられた餌の平均重量の最大値は、ユニットAが11.6kg（1回目の調査期間）、ユニットBが9.8kg（2回目の調査期間）、ユニットCが14.2kg（3回目の調査期間）であった。また、最小値は、ユニットAが7.3kg（1回目の調査期間）、ユニットBが2.1kg（3回目の調査期間）、ユニットCが5.5kg（2回目の調査期間）であり、最大値・最小値ともに地先海面で操業するユニットBがもっとも小さかった。

　3組のなかにおける、かご1個あたりの平均漁獲量の最大値はユニットBの3.44kgで、この日には9.8kgの餌が用いられた。3組の漁獲をみると、かご1個あたりに10kg以上の餌を用いたにもかかわらず、ほとんど魚が入らなかっ

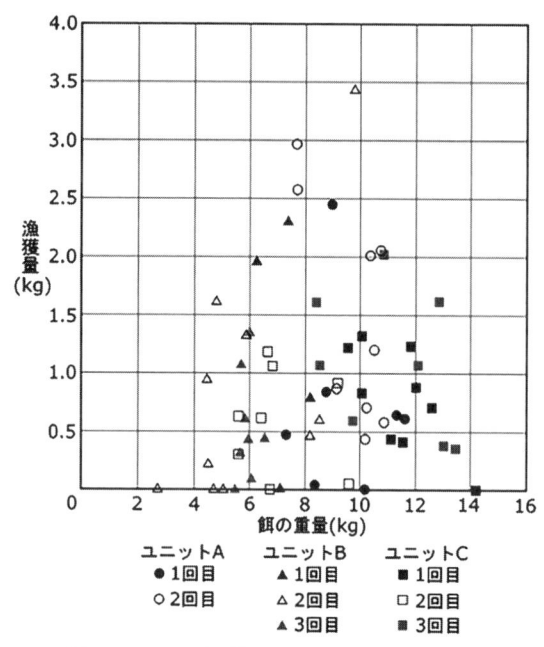

ユニットA　　ユニットB　　ユニットC
● 1回目　　▲ 1回目　　■ 1回目
○ 2回目　　△ 2回目　　□ 2回目
　　　　　▲ 3回目　　■ 3回目

図5-4　かご1個あたりの平均漁獲量と餌の重量

た日もあり、餌の重量に比例して漁獲量が増えるとは必ずしもいえない。

当然のことながら、漁獲は餌だけでなく、その日の海況や魚群の居場所、漁具の設置場所など、さまざまな条件によって左右される。そのためであろう、少なくとも本調査で得られた資料からは、漁業者たちが説明するような、餌重量と漁獲量との相関性は見出すことができなかった。

（2）漁業者たちのこだわり

大量の餌を用いることは、必ずしも漁獲の安定化につながるとはいえないものの、漁業者たちは餌の効果に対して強い期待と信頼を寄せている。

餌の効果に対する期待の大きさは、採集に費やされる時間の長さだけでなく、つぎのような話からもうかがうことができる。ワシニ村の年長者によると、かつて魚が豊富に生息するキシテ島の周辺は、かご漁をおこなう漁業者が多く集まる主要な漁場のひとつであった。しかしながら、海洋公園の開設にともない周辺が禁漁区となったため、漁業者たちはジュー島やチニ島、ワシニ島の南側の地先海面に漁場を移すことになった。すると、それまでかごから流出する餌を食べていたキシテ島周辺の魚群は餌の不足におちいり、漁業者たちがかごを設置している水域に移動してきた。そのため、ジュー島やチニ島、ワシニ島の

周辺では、海洋公園の開設後に魚がよく獲れるようになったという。

　漁業者たちがたんに餌を用いることが重要であると考えているのであれば、資源量の増減にあわせて用いる餌を選択することで、採集にかかる時間や労力は軽減することができるだろう。しかしながら、彼らはあくまでも、漁場において効果的だと考える特定の餌を用いることが、漁獲向上をはかるうえで重要であると考えている。たとえば、ユニットがアオサを効果的な餌だと考えていることについてはすでに述べた。ユニット A を対象とした2回目の調査期間中には、ワシニ島周辺でアオサの資源量が減少し、ユニット A もアオサを採集できない日が続いた。そうしたなか、ワシニ島から西へ 10km ほど離れた無人島の周辺にアオサが繁茂していることを知ったユニット A は、調査 12 日目の朝、その日の出漁を急遽とりやめて無人島へと向かい、翌日以降に用いる餌の採集に半日を費やした。この日、ユニット A は 112kg のアオサを採集し、それを翌日から3日間にわけて使用した。

　また、ユニット C では2回目の調査期間終了後に、C1 と C2 が決別したが、この背景には餌の採集をめぐる両者の対立があった。すでに述べたように、活動を主導する C1 は、クモヒトデよりもキバウミニナを用いたほうが効果的であると考えている。ともに操業する C2 は、C1 があえて船の停泊場所から離れたマングローブ林まで赴き、キバウミニナを好んで採集しようとする理由が理解できないと不満を漏らしつつも、彼の指示にしたがって餌の採集を一緒に続けていた。1回目と2回目の調査期間中、キバウミニナはさほどひんぱんに採集されず、おもにクモヒトデが動物性の餌として用いられた。ところが C2 によると、2回目の調査期間を終えたあと、C1 がキバウミニナの採集を試みる頻度は次第に増していったという。やがて2人は干潮時刻にあわせ、夜中にも懐中電灯を用いてキバウミニナを採集するようになった。筆者の知るかぎり、ワシニ村においてこのように日没後に餌の採集をおこなう者はほかにいない。

　キバウミニナを採集し続けようとする C1 対する、C2 の不満は次第に高まっていった。そして、3回目の調査を開始する直前になると、ついに C2 は C1 と決別し、ニュママジ在住の別の漁業者とともにかご漁を開始した。結局、C1 は

あらたなパートナーを見つけることができず、キバウミニナを採集しながら単独で操業するようになった。

このように、漁業者たちは餌のもたらす効果に強い期待を寄せ、その選択に強いこだわりをもっている。餌の採集は、あくまでも準備作業のひとつではあるものの、ときに操業やユニット編成の維持よりも優先されるほどに、漁撈活動のプロセスにおいて重要な位置を占めているのである。

6. 餌採集の位置づけ

ここまでみてきたように、かご漁をおこなう漁業者たちは、餌がもたらす効果に期待と信頼を寄せ、その確保に多大な時間と労力を投入している。しかしながら、かご1個あたりに用いた餌重量と漁獲量との関係に着目するかぎり、彼らが説明するような餌の効果を見出すことはできなかった。それにもかかわらず、漁業者たちはなぜ生産性という観点からは不合理にもみえるような時間と労力を、餌の採集に費やしているのであろうか。

かご漁において、餌が漁獲にもたらす効果の有無やその程度については、さまざまな見解が示されており（たとえば、High and Ellis 1973; Mariappan et al. 2016）、安易に結論を導き出すことはできない。ケニアと同型のかごが用いられているタンザニアのウングジャ島では、餌を用いるかご漁と、餌を用いない網漁で漁獲された魚体について、胃の内容物を比較した研究（De la Torre-Castro et al. 2008）が存在する。それによると、かご漁で漁獲された魚体の胃には、網漁で漁獲された魚体にくらべて、餌として用いられるゴズィが高い割合で含まれているという。このことは、漁業者たちの選択した餌が、魚をかごの中へと誘い込む効果をもつ可能性を示唆しているものの、餌の種類や量が漁獲にどの程度の影響をもたらすのかについては、はっきりと示されていない。

一般的に、かご漁のような待ち受け型の漁法では、漁獲の場面において人間が対象生物へと直接的に働きかけることが困難である。そうしたなか、餌の利

用は対象生物への間接的な働きかけを可能としうる、数少ない手段のひとつと
して大きな意味をもつ。漁業者たちは、日々の操業をとおして得られた経験を
もとに、みずからの漁場で効果的と考える餌を見つけ出すことで、こうした手
段を最大限に活用しようとしているのである。

　ワシニ村で用いられている餌は、いずれも住民がほかの用途で用いることが
なく、身の回りで入手可能な天然資源ばかりである。漁業者たちは時間と労力
を投入することで、これらを生産のための資源として利用し、漁獲の向上と安
定化に結びつけようとしている。このような努力は、漁撈活動の実態をふまえ
た水産資源の保全を模索するにあたっても、けっして軽視することはできない。
たとえば、ケニアのかご漁では幼魚の混獲を軽減する手段として、かごの中か
ら小さな魚体が逃げ出せるように、既存の漁具に狭い隙間を設けることの有効
性が指摘されている（Gomes et al. 2014）。しかしながら、餌の効果に強い期待
と信頼を寄せる漁業者たちが、水中で餌が流出しやすくなるような漁具の改良
を、果たしてすんなりと受け入れるであろうか。

　漁業研究においては、しばしば漁獲量や活動時間、労働投下量などをもとに、
活動の効率や効果が分析される。こうした指標が、水産資源の利用実態を把握
するうえで一定の有効性をもつことに疑いはない。しかしながら、漁具の製作
や手入れ、餌の採集といった、漁場以外でおこなわれる準備作業を視野に入れ
るならば、そこから導き出される数字やその評価は、おのずと異なるものにな
るだろう。

　また、これまでの研究では、採捕の対象となる水産資源そのものの利用実態
に大きな関心が寄せられてきた。そのいっぽう、かご漁で用いられる餌のよう
に、生産活動と密接なかかわりをもつものの、それ自体に大きな経済的価値を
もたない天然資源の利用実態については、必ずしもじゅうぶんな注意が払われ
てきたとはいえない。今後、餌として用いられる資源が枯渇したり、漁業者た
ちがあらたな資源に餌としての価値を見出せば、それにともない漁撈活動のパ
ターンや水産資源の利用方法は変化していく可能性もある。本章において明ら
かとなった、餌に対する漁業者たちの期待と信頼は、漁撈活動の編成とそれに

もとづく資源利用の実態を深く理解するうえで、海村をとりまく生態系と人び
ととのかかわりをひろく目を向けることの重要性を示唆しているといえるだろ
う。

第6章

かごを沈める
——魚群行動の予測と漁場利用——

扉写真：刳り船からかごを投下する男性。

1. かご漁における漁場利用

　漁撈や狩猟のように移動性の高い生物を採捕する活動では、対象生物の習性をふまえ、その行動を予測することが重要となる。とくに、かご漁や罠猟といった待ち受け型の漁（猟）法では、地形や障害物などに配慮し、適切な場所に漁具や罠を設置できるかが活動の成果を左右する大きな要因となりうる。陸上における罠猟の場合、足跡や食痕といった痕跡が対象生物の行動を予測するための手がかりとして利用される（森 1994: 蛯原 2009）。そのいっぽう、水域を活動の場とする漁撈では、こうした痕跡を利用することが難しく、対象生物の行動予測にはさらなる困難をともなう。

　広大な水域のなかで、漁具を設置するポイントを選定するにあたり大きな役割を果たすのが、地形や潮の流れ、魚群行動などを総合的に把握し、適切な判断を下すための「海を読む知識」（三田 2004）である。たとえば、比較的水深の浅いサンゴ礁域で操業する漁業者たちは、底質や水深、地形といった漁場の特徴を、資源分布と結びつけて認識している（高橋 2004: 渡久地 2011）。また、航海者や漁業者のように海と深くかかわる生活を営む人びとは、古くから海上における位置や方位の認識に関心を払ってきた（秋道 1995）。ヤマアテとよばれる海上での位置特定方法にかんする研究では、漁業者たちが周囲の風景から目印をみつけ出し、その位置関係から漁場や自船の位置を特定する精緻な能力をもつことが報告されている（五十嵐 1971）。漁場利用にかんする知識は、特定の個人や集団の間で秘匿されることにより、資源をめぐる競争や乱獲の抑制に貢献しているとの見方も存在する（Forman 1967）。

　魚群探知機や GPS に代表される近代的装備の普及は、魚群の探索や海上での位置特定にかかわる不確実性の縮減に、ある程度の貢献を果たしたと思われる。しかしながら、漁業者たちはこうした装備に対して全面的に依存するとはかぎらず、従来の方法と併用したり、それを補完する形で使用することもある（たとえば、卯田 2001）。また、世界を見渡すと、装備の近代化を進めるだけの

経済力をもたない漁業者も少なくない。漁場利用にかんする知識や技能は、古くからとりあげられてきた研究テーマのひとつであるものの、その重要性はけっして薄れていない。

　漁具の製作や手入れ、餌の採集といった準備作業には時間と労力を要するため、1回の操業で設置するかごの数を大きく増やすことは難しい。そのため、漁獲の安定化をはかるにあたっては、かぎられた数の漁具を効果的に配置する工夫が求められる。本章では、同じ水域で操業する漁業者同士の関係性と、彼らの自然認識に着目しながら、かご漁の漁場利用について考察する。3組の調査対象ユニットが調査期間中にかごを設置したポイントの分布をもとに、漁業者たちがどのように魚群の動きを予測し、漁具を配置しているのかを具体的に示すことによって、かご漁における漁場利用の特性を明らかにする。

2. 漁具の運用

　第4章でも触れたように、漁業者たちは漁獲の減少を防ぐため、漁場に設置しているかごをときおり村へと持ち帰り、修理や手入れをおこなう。目がわずかに裂けている程度の破損であれば、裂けた部分をティーや紐でかんたんに縛り合わせるだけでかごの修理は完了となる。いっぽう、漁具が水底で岩やサンゴにぶつかり、その破損が広範囲におよぶ場合には、パーツを取り外して新品に交換する必要があるため、修理にはより大きな手間と時間がかかる。また、漁業者のなかには、かごをときおり日光にあてることで藻がつきにくくなり、漁具を長持ちさせることができると説明する者もいる。こうした漁業者は修理の前後に数日間、かごを日あたりのよい場所で乾燥させてから漁場に戻す。

　図6－1は、各ユニットが所有するかごの数と、その運用状況を調査期間ごとに示したものである。かごの所有数には修理中のものを含むが、製作中のものについては除外してある。漁場に設置したかごは、基本的に次回の操業時にすべて引き上げて漁獲を確認する。

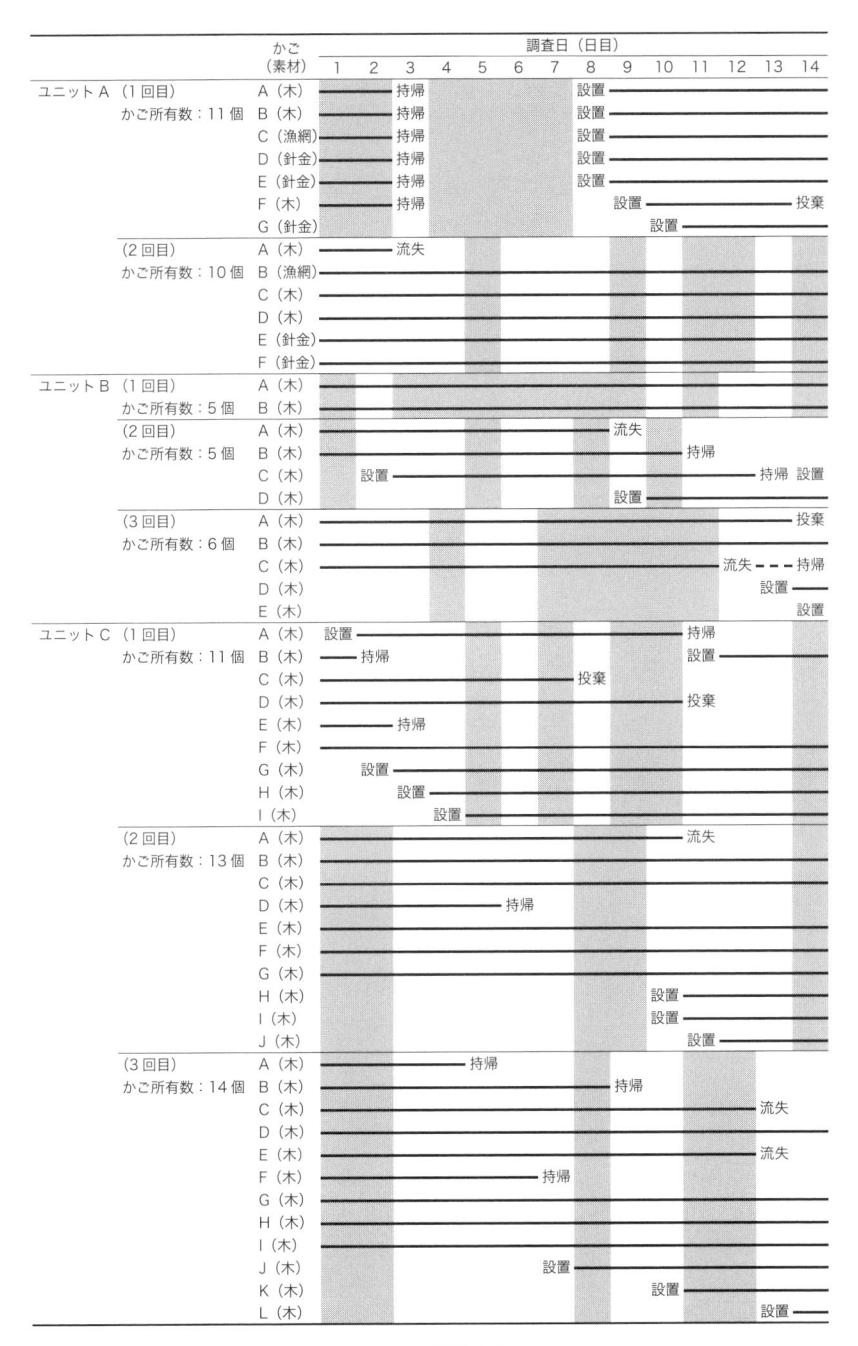

：休漁日

図6－1　漁具の運用状況

　いずれのユニットも、漁場に設置している数よりも多くのかごを所有しており、それらを入れ替えながら用いた。ユニットＢを対象とした２回目の調査期間には、入れ替え可能なかごが手元になかったため、持ち帰った漁具を急いで修理し、翌日すぐに漁場に戻すことがあった（14日目のかごＣ）。これを除くと、いずれのユニットも持ち帰ったかごの修理や手入れには数日間を費やした。

　３組ともに、調査中には漁場に設置していたかごが行方不明となることがあった。ユニットＢを対象とした３回目の調査期間には、12日目にかご１個が行方不明となった（かごＣ）。ユニットＢ1は時間をかけて周囲を捜索したものの、結局かごを発見することはできなかった。彼は、かごが高波によって沖のほうへ流されてしまったと考え、捜索をあきらめた。ところが休漁日を挟んだ調査14日目、操業中のユニットＢ1は、11日目にかごＣを設置したポイントから東へ数百ｍ離れた波打ち際で、流失した自身のかごが漂着しているのを偶然発見した。このように、行方不明になったかごが翌日以降に見つかるのは、非常にまれなことであるという。かごＣはわずかに損傷していたため、村に持ち帰り修理をおこなった。

　漁具の流失は、海況の悪化や周囲を航行する船の船外機によるロープの切断を原因とすることが多い。しかしながら、筆者がワシニ島の北側海岸で操業する別の漁業者の活動を調査していた際には、漁具の盗難が疑われることもあった。このとき、ワシニの集落前にひろがる海では、本土の若者が銛を用いた潜水漁を毎日のようにおこなっていた。この若者は、ワシニの住民が設置しているかごや漁網の近くで潜ることが多かったため、彼が漁具から魚を盗んでいるのではないか、との噂が村内の一部でひろまった。そのため、筆者が調査対象としていた漁業者は、漁場に設置していた自身のかごが行方不明になったとき、魚の入った漁具がまるごと盗まれたのではないかと疑った。漁具の流失と盗難を見分けるのは困難であり、この若者が実際にかごを盗んだのかどうかについては不明である。

　調査期間中、各ユニットは漁具を入れ替えるため、村と漁場との間でかごをひんぱんに運搬した。ユニットＢとＣが使用する刳り船は、船幅が非常に狭

いため、かごを搭載すると船体のバランスが不安定になりやすい。そのため、一度に運搬可能なかごの数は1～2個程度にとどまる。ユニットAのダウは、刳り船にくらべると船幅がひろく、より多くのかごを運搬することができるものの、ユニットAは船上での作業スペースを確保するため、通常は1～2個程度のかごしか搭載しない。1回目の調査期間中、ユニットAは船外機の故障にともない、漁場に設置している6個のかごを一度に持ち帰ることがあった（調査3日目）。このときは、船上に積み上げたかごをロープで固定して運搬したが、船体のバランスが不安定だったため帆を上げることができず、漁場からの帰りは船外機を使用した。

　かごの持ち帰りは出漁前に計画されることもあれば、引き上げた漁具の状態をみて、その場で決められることもある。あらかじめ持ち帰りを計画している場合には、当日もしくは前日のうちに、入れ替えるためのかごを持参して漁場に設置する。引き上げたかごの状態を確認し、その場で持ち帰りを決めた場合には、次回以降の操業で入れ替えるかごをなるべく早く持参する。引き上げたかごの損傷が激しく、修理が困難だと判断した場合には持ち帰らず、そのまま漁場に投棄する。このとき、浮標とロープは再利用するために取り外すことが多い。キヴァについても、目立った損傷がない場合には取り外して再利用することがある。

　3組が漁場に設置したかごの数は、各調査期間をとおしてほぼ一定に保たれ、日によって大きく変動することはなかった。かごの数を維持し続けるためには、漁具の流失や破損といった不測の事態を想定し、交換用のかごや修理用のパーツを用意しておく必要がある。漁業者たちは、漁場に設置するかごの数がなるべく減らないように配慮しながら、漁具の交換やパーツの製作を進めている。

3. 漁場での作業

（1）かごの引き上げと設置

　漁場に到着すると、漁業者たちは浮標を目印に自身のかごを探し、引き上げを開始する。通常は１個ずつ引き上げと設置の作業を繰り返していくが、複数のかごを離れた場所に移動させたいときは、引き上げたかごをまとめて運搬することもある。あらたなかごを持参した場合には、最初にそれを設置してから、漁場に沈めてあるかごの引き上げに着手することが多い。

　ユニットAでは、船と漁具の所有者であるA1が操船を、A2がおもに漁具の引き上げや設置の作業を担当する。漁場に到着すると２人はすぐに帆を下ろし、船尾に座るA1が船外機を操作してかごに接近する。船体中央で待機するA2は、浮標に取り付けたロープをつかみ、ゆっくりと船のほうに手繰り寄せていく。かごが水面近くまで上がると、A1は急いでA2の横へ移動し、かごの本体をつかんで２人がかりで船上へ引き上げる。ユニットAのかごは、ほかの漁業者のものよりも大きく、水分を吸うとかなりの重量がある。かごを引き上げ終えるとA1は船尾へ戻り、漁具を設置するポイントを探して船を移動させる。その間、A2はかごから漁獲物を取り出し、餌を入れておく。あらたにかごを設置するポイントが決まると、A1は再びA2の横へ移動し、２人がかりでかごを持ち上げ水中へと投下する。

　ユニットBは、設置してあるかごに接近すると、作業中に船が流されるのを防ぐためにアンカーを入れる。その後、B1は船体の中央へと移動し、ロープをつかんでゆっくりとかごを引き上げていく。漁獲物を取り出し、餌を入れ終えるとかごを投下する（写真６－１）。別のポイントにかごを設置する場合には、餌を入れたあとにアンカーを上げ、かごを積んだまま櫂や棹を用いて漁場内を移動する。

　ユニットCは、漁場に到着すると帆を下ろし、２人で櫂を漕いでかごへと接

近する。浮標に近づくと船体中央に座る C2 がロープを手繰り寄せ、かごの引き上げを開始する。かごが水面近くまで上がると、船尾に座る C1 も引き上げを手伝う。漁獲物の取り出しと餌を入れる作業は C2 の担当で、その間 C1 は船内にたまった海水をかき出したり、つぎに漁具を設置するポイントを探して櫂を漕ぐ。ポイントが決まると、2 人でかごを持ちあげて海に投下する。

写真 6 - 1　かごを投下するユニット B

　いずれのユニットも、かごの引き上げから餌を入れ終えるまでの作業は、1 個あたり 5 〜 10 分ほどで完了する。2 人で操業するユニット A と C では、操船を担当する船と漁具の所有者 (A1、C1) が、かごを設置するポイントを最終的に決定するが、判断に迷う場合には、パートナー (A2、C2) に意見を求めることもある。

(2) ポイントの探索

　餌を入れ終えたかごは、引き上げたのと同じポイントにそのまま投下されることもあれば、別のポイントに移動させることもある。あらたなポイントを探索するにあたり、漁業者たちは水底の様子を注意深く観察しながら船を動かす (写真 6 - 2)。

　ユニット B の漁場は水深が 1 〜 2m と浅く、船上から容易に水底の様子を観察することができる。いっぽう、ユニット A の漁場は 5 〜 7m ほどの深さがあり、雨の日や曇天の日には、水底の様子をはっきりと目視することができない

写真6－2　水底を観察しながら移動するユニットA

こともある。こうした日には、船上から識別できるうっすらとした色の違いが、水底の様子を把握する手がかりとなる。A2によると、色が濃くみえる場所は岩場や海草藻場で、薄くみえる場所には砂地がひろがるという。調査中には、筆者が水底の様子をまったく判別することができない日もあったが、ユニットAの2人はこうした色の違いをもとに水底の様子を推測し、漁具を設置するポイントについて相談していた。

　ユニットCの漁場の水深は2〜3mほどで、普段は船上から水底の様子をはっきりと目視できるが、雨風が強い日や海の荒れている日には、水底を観察しにくいこともある。そうした場合、C1はスノーケリング用のマスクを装着し、水面に直接顔をつけて水底の様子を確認する。

　かごを設置するのに適しているといわれるのは、大きな岩の影や海草藻場などである（写真6－3）。こうした場所はンブオ *mbuo* とよばれ、魚が身を隠したり、採餌のためによく集まる。これにくわえ、地先海面ではムランゴ *mlango* とよばれる岩礁の割れ目が、かごを設置する格好のポイントとなる。ムランゴは、潮汐にあわせて陸側と沖との間を往来する魚群の通り道となるため、大漁を期待することができるという。

　2人で操業するユニットAとCでは、構成員たちがかごを設置するポイントについて相談する際に、離れた場所にひろがる水底の様子や、ンブオの位置について言及することがあった。また、ユニットBについても、つぎにかごを設置するポイントを尋ねる筆者に対して、B1が離れた場所にあるムランゴを

指し示すことがあった。このように、漁業者たちは漁場内におけるンブオやムランゴの位置をおおまかに把握している。

　いっぽうで、かごを設置するのを避けたほうがよいとされるのは、潮流の強い場所である。たとえ魚が集まりやすいポイントであっても、潮の流れが強いとか

写真6－3　海草藻場に設置されたかご

ごが大きく流されたり、流失してしまう可能性が高まる。また、ウツボやウニ fuma がいる場所も、なるべくかごを設置しないほうがよいといわれる。漁業者たちがウツボを嫌っていることについてはすでに述べた。これにくわえ、魚は棘で怪我をするのを恐れて、ウニの生息する場所にもあまり近づかないという。そのため、漁業者たちはウツボやウニがいるのを目視したポイントには、なるべくかごを設置しないようにする。ユニットAを対象とした調査中には、船からかごを投下した直後、水底にウツボの姿を発見したため、一度かごを引き上げて別のポイントに移動させることがあった。ウツボは3組が利用するいずれの漁場にも生息しているが、ウニはユニットBとCの利用する漁場だけにみられる。

　かごを設置するにあたり、沖の漁場で操業するユニットAとCは、魚が入りやすいように、潮の流れてくる方向にキヴァを向けると説明する。ただし、ユニットAが設置したかごを確認したところ、実際の操業では地形や障害物の配置にあわせて、別の方向に向けてかごを設置することもあった。いっぽう、ワシニ島の地先海面で操業するユニットBは、退潮時に陸側から沖へと移動する魚群を狙うため、いつもキヴァが陸側に向くようにかごを沈める。ユニットBと同じ漁場を利用するほかの漁業者たちに確認したところ、彼らもまた

同じよう陸側を向けてかごを設置するという。

　船から投下したかごは、水底に着くまでの間に流されてしまい、思うように設置できないこともある。とくに、水底に着いたかごが石やサンゴなどの障害物に引っかかり、大きく傾いた状態だと、引き上げまでの間に潮で流されてしまう可能性が高まる。沈めたかごの位置や方向を調整する必要がある場合、漁業者たちは浮標にとりつけたロープを引き、かごを少し浮かせて移動させる。このとき、C1 はスノーケリング用のマスクを装着し、船上から水底の様子を覗き込む。また、浅い水域で操業する B1 は、マスクを装着せずにそのまま水中に飛び込み、直接かごを持ち上げて移動させることがある。

　以上のように、ワシニ村のかご漁では漁場の底質や障害物、漁獲に悪影響をおよぼす生物の有無、潮流などの条件を総合的に考慮して、かごを設置するポイントが決められる。かご漁における漁場利用が比較的浅い水域に集中しているのは、漁業者たちが沖合で操業するのに適した大きな船を持たないことにくわえ、目視によって得られる水底の情報が、ポイントの選定にあたって重視されていることとも深く関係しているように思われる。

4. かごの配置

（1）ポイントの分布

　3 組のユニットを対象とした調査期間中には、GPS を用いて漁具の設置ポイントをひとつずつ記録した（図6−2、図6−3、図6−4）。ここでは、その記録をもとに、各ユニットによる漁場利用の様子をみていく。図中のアルファベットと数字の組み合わせは、かごの設置ポイントを示している。たとえば 8A であれば、調査 8 日目にかご A を設置したポイントを意味する。このアルファベットは、図6−1 に記載したかごのアルファベットと対応している。なお、各漁場の底質については海図（United Kingdom Hydrographic Office 1950）

を参考とした。

①ユニット A

　ユニット A が 1 年をとおしてかごを設置するニュリの岩礁は、砂地に囲まれている。岩礁内は比較的平坦で、中央部には大小の岩が点在する砂地がひろがる。

　1 回目の調査を開始してから 8 日目、船外機の修理が完了したユニット A は、村に持ち帰っていた 5 つのかご（かご A、B、C、D、E）を漁場へと運搬し、これらすべてを岩礁南西側の周縁部に設置した。ところが、翌日（調査 9 日目）漁場へ向かうと、海は荒れており、前日に設置したかごは北のほうへ大きく流されていた。ユニット A は、水面の揺れがひどく漁獲が期待できないことと、漁具が流失する可能性を考慮して、この日あらたに持参したかご 1 個を、波がいくぶん穏やかな岩礁中央部の砂地付近に設置した（かご 9F）。また、調査 9 日目から 10 日目までの間に、8 日目に設置したすべてのかごを、岩礁中央部の砂地付近へと移動させた。それ以降、ユニット A はこの水域での操業を続けた。かごを設置したポイントの大部分は砂地に近い岩礁の周縁部に分布しているが、一部のかごは砂地のなかにも設置された。

　2 回目の調査期間中も、ユニット A は岩礁中央部の砂地付近にかごを設置しようと試みた。しかしながらこの時期、砂地周辺ではバンガから出漁してきた漁業者たちが、毎日のようにまき網漁をおこなっており、ユニット A と操業時間が重なった。そのため、ユニット A は思うようにかごを設置することができず、砂地からやや離れた岩礁の南西側で操業を続けた。調査期間の終盤、バンガの漁業者たちが砂地を独占的に利用し続けることに腹を立てたユニット A は、船上から彼らに対して直接抗議するとともに、ワシニ BMU に対して操業が妨害されているとの申し立てをおこなった。ユニット A の申し立てに対し、ワシニ BMU はバンガ BMU をとおして、まき網漁をおこなう漁業者たちに注意することを約束した。その後の展開について、筆者は把握していない。

　ユニット A は普段、岩礁の中央部から南側にかけての水域で操業すること

206

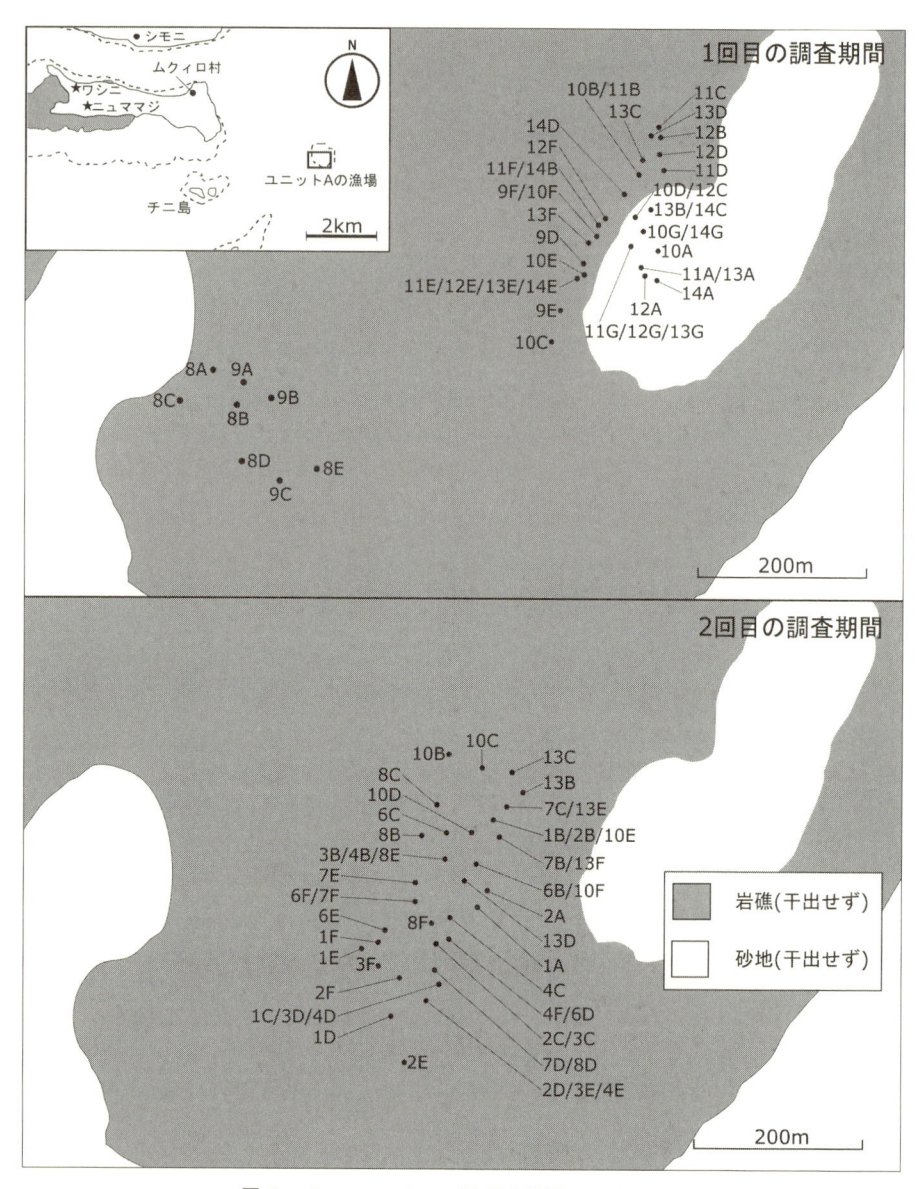

図6－2　ユニットAが漁具を設置したポイント

が多いものの、不漁の場合には岩礁の北側や西側に移動することもある。岩礁の外側は水深が深く、潮の流れが強いことから、かごを設置するのにはあまり適さないという。

②ユニットB

ユニットBがかごを設置するのは、ワシニ島の地先海面にひろがる岩礁の周縁部である。漁場内は岩場と砂地に覆われており、そのなかには海草藻場やサンゴが点在している。

1回目の調査期間中、ユニットBは4日間出漁し、各操業日に2個のかごを設置した。調査2日目、2個のかごは数mの間隔をあけて沈められた。いっぽう、10日目から13日目にかけて、数日ぶりに漁を再開したユニットBは魚群のいそうな場所をさぐるため、2個のかごを数百m離して設置した。

2回目の調査期間中、ユニットBは西側の水域（かご9Bよりも西側）と、そこから200mほど離れた東側の水域（かご11D/12Dよりも東側）に分けてかごを設置した。調査開始後、東側の水域では毎日のように漁獲があったものの、西側のかごにはまったく魚が入らない日が続いた。自身が不漁であることにくわえ、周囲で操業するほかの漁業者たちが西側から東側へとかごを移動させ、良好な漁獲を得ているのを知ったユニットBは、魚群が東のほうに集まっているのではないかと推測した。そこで、調査11日目以降には、すべてのかごを東側の水域に設置するようになった。

3回目の調査期間には、漁具を設置する範囲がさらに東西にひろがった。かごCは、調査1日目から6日目までほぼ同じ場所に設置され続けたのち、5日間の休漁日を挟んだ12日目に流失した。また、かごAとかごB、流失したかごCの代用として持参したかごDについても、同じような場所に連続して設置されることが多かった。この調査期間には、1回の操業で3個程度のかごが用いられたが、ユニットBはそれらを数百mの間隔をあけて漁場内に分散させた。

ユニットBがかごを設置したポイントは、いずれも水深の浅い岩礁の内側

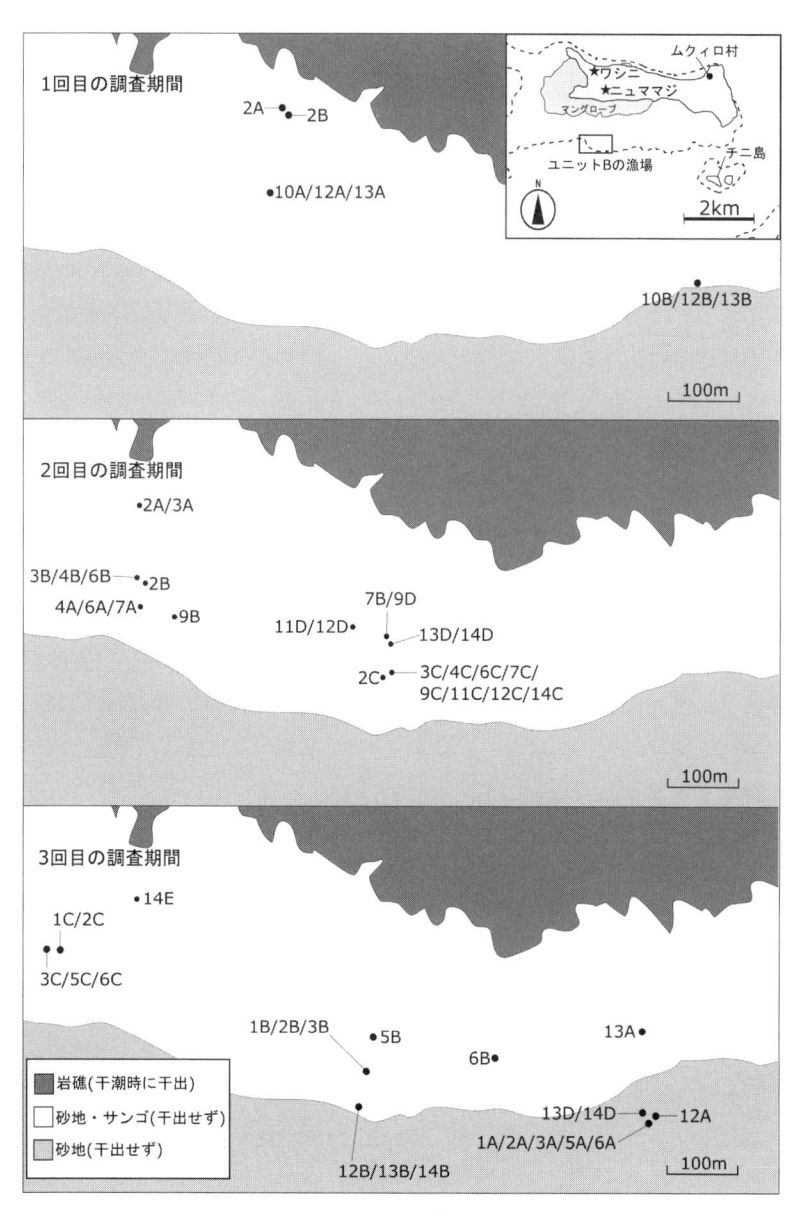

図6－3　ユニットBがかごを設置したポイント

に位置している。岩礁の外側の水深は3〜5mほどで、漁具を設置することは可能であるものの、潮の流れが強い。そのため、ユニットBは岩礁の内側において、かごを陸地に沿うように東西に分散して設置するいっぽう、操業範囲を沖のほうに拡大することはなかった。

③ユニットC

　ユニットCがおもな漁場とするジュー島の周囲には、大潮の日にも干出することのない岩礁がひろがっており、その外側には砂地が続く。ジュー島の西側からキシテ島にかけての一帯には、サンゴや海草藻場が点在する比較的浅い水域が広範囲にひろがっている。いっぽう、ジュー島の東側では、水深が急激に落ち込み、島から1kmほど沖に離れると50m以上の深さとなる。クシの季節になると、ジュー島の東側では波が高くなり、刳り船での航行が困難となることも珍しくない。

　ほかの2組にくらべると、ユニットCの操業範囲は広域におよんだ。1回目の調査期間中、かごは海況が穏やかなジュー島の西側に集中的に設置された。波が高いこの時期、ジュー島の東側で操業する者はおらず、かご漁をおこなう漁業者たちはおもにジュー島西側の水域で操業していた。そうしたなか、一部の漁業者は、ジュー島の西側から北側の水域へとかごを移動させはじめた。それをみたユニットCは、魚群が北側へ移動しているのではないかと考え、試験的に自身のかご1個を北側の水域に移動させ、漁獲の様子をさぐった（かご11B/12B）。

　マレレジの時期（2回目の調査期間）に入り、海況が少しずつ穏やかになると、ユニットCはジュー島の西側だけでなく、東側の水域にも操業範囲を拡大した。調査を開始してからしばらくの間、ユニットCの漁獲は良好であったものの、調査7日目からは魚があまり獲れなくなり、周囲で操業するほかの漁業者も不漁におちいった。自身のみならず、ほかの漁業者も漁獲が低調であることを知ったユニットCは、魚群がジュー島からチニ島のほうへ移動しているのではないかと推測した。チニ島の周辺には、漁具にからみつきやすい海草が

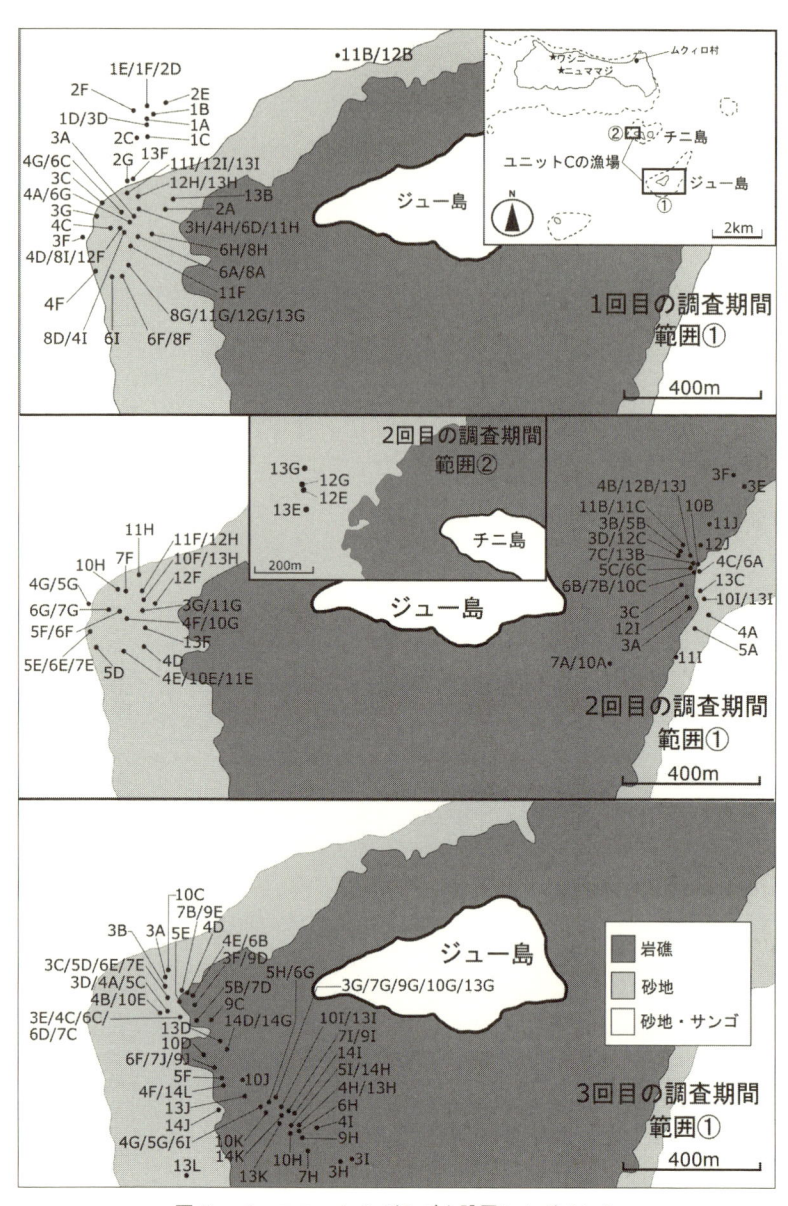

図6－4　ユニットCがかごを設置したポイント

繁茂しているため、ユニットCは操業をなるべく避けるようにしている。調査12日目、ユニットCは様子をさぐるため2個のかご（かご12E、12G）をチニ島の西側へと移動させた。調査期間終了後も、2個のかごは数日間チニ島の周辺に設置されたが、思うような漁獲を得ることができなかったため、再びジュー島付近へと戻された。

　3回目の調査期間中、単独で操業するようになったC1は、ジュー島の西側から南西側にかけての水域にかごを設置し続けた。この季節には海況が全体的に穏やかとなるため、漁業者のなかにはジュー島の東側にかごを設置する者もいたが、ユニットCは自身の漁獲が好調だったため、西側から南西側にかけての水域で操業を続け、かごを大きく移動させることはなかった。

　普段、ユニットCは大きな岩の影や、岩と岩との間を狙って漁具を投下する。海草藻場にかごを設置すると藻が付きやすく、漁具の手入れに手間がかかることになる。そのため、ジュー島の周辺で操業する場合においても、なるべく海草藻場にかごを設置するのを避けるという。

（2）漁具の分散設置

　3組の漁場での活動を観察したところ、ユニットCについてはジュー島の西側を主たる漁場としながら、ジュー島の東側やチニ島の周辺にも操業範囲を拡大する様子がみられた。いっぽう、ユニットAとBについては、すべての調査期間をとおして、比較的狭い範囲内での操業を続けた。ワシニ村のなかには、ユニットCのように広範囲を移動したり、季節によって漁場を変える者は少なく、大部分の専業漁業者は1年をとおして同じ漁場を利用し続ける。

　操業にかかる時間や労力の軽減をはかるのであれば、漁獲を見込めるポイントを探し出し、そこにかごを集中的に設置するのが効率的であろう。しかしながら、3組の活動を観察したところ、1か所のポイントに設置されるかごは最大でも2個ほどであり、大部分のかごは数十mから数百mの間隔をあけて分散するように配置された。第3章でも述べたとおり、漁業者たちは水面の揺れや海水温といった自然条件の変化が、魚群の行動に影響をおよぼすと認識してい

る。しかしながら、こうした手がかりだけを頼りに魚群の動きをさぐるのは難しい。そこで、漁業者たちは分散させたかごの漁獲から、その日に魚群が集まりそうな場所を推測し、あらたなポイントを選定する際の判断材料としている。

　かご漁では、大漁だったポイントにかごを再び設置したにもかかわらず、漁獲をまったく得ることができないことも珍しくない。かごを1か所にまとめて設置した場合、魚群にあたれば大漁を期待できるいっぽう、魚群が来なければ、まったく漁獲を得ることのできない可能性も高まる。たとえ現金収入の獲得を目的に操業する者であっても、漁獲が少ない場合には自家消費用に持ち帰る魚の確保を優先する。漁獲をまったく得ることができなかった場合、漁撈のみで収入を得ている漁業者が自家消費用の魚を他人から購入することはめったになく、その日の食事は主食のみ、あるいは主食とかんたんな野菜の副食のみで済ませてしまうことが多い。みずからの世帯で消費する魚を確実に入手したい漁業者たちにとって、かごの分散は魚群の動きをさぐるためだけでなく、食料獲得にかかわるリスクの軽減という点においても大きな意味をもつと考えられる。

5. 漁場の共用

　3組が利用する漁場では、ワシニ村以外から出漁してきた漁業者たちも漁をおこなっている。表6－1は、各ユニットが漁具を設置した水域内でみられた漁法と、その漁法をおこなう漁業者の居住地について整理したものである。

　ユニットＡが操業する漁場は陸地から離れており、年間をとおして波の高い日が多いため、3組が利用する漁場のなかでもっとも空いている。まれに非専業漁業者がディンゲを用いてかご漁や釣漁をおこなうのをのぞくと、日常的にこの漁場を利用するワシニ村の漁業者はユニットＡのみである。ユニットＡを対象とした2回目の調査期間には、まき網漁をおこなうバンガの漁業者にくわえ、シモニ近郊の村からやって来た2組の漁業者が、この岩礁でかご漁をおこなっていた。この2組は岩礁の北側水域にかごを設置していたため、ユ

表6-1　各ユニットの操業水域内でみられた漁法

| | 漁法（漁業者の居住地） | | | | | | | | |
| | かご漁 | | 釣り漁 | | 刺し網漁 | | 地引網漁 | | まき網漁 |
	(村内※)	(村外)	(村内)	(村外)	(村内)	(村外)	(村内)	(村外)	(村外)
ユニットA									○
ユニットB	○		○	○	○	○	○	○	
ユニットC	○	○		○					

※調査対象ユニットは含まない。

ニットAと操業範囲が重なることはなかった。

　ユニットBが操業するニュママジの漁場ではかご漁にくわえ、釣漁（陸釣り・船釣り）や刺し網漁、地引網漁がおこなわれた。周辺ではタコ漁やテングガイの採集をおこなう者も姿もみられたが、これらは潮の引いた岩礁を活動場所とするため、かご漁と操業範囲が競合することはない。この漁場の周辺でタコ漁とテングガイの採集をおこなうのは、おもにワシニ村とムクィロ村の住民である。

　ユニットBの漁場でみられる4種類の漁法のうち、日常的におこなわれているのはかご漁のみで、ほかの漁法の操業頻度は不定期である。この漁場にかごを設置しているのは、ユニットBを含めた5組の専業漁業者である。彼らはいずれもワシニ村に居住し、単独で操業する。ときおりやって来る本土の漁業者たちは、釣漁（船釣り）や刺し網漁、地引網漁をおこなう。これにくわえ、調査期間中にはユニットBが設置するかごから20〜30mほど沖のほうで、本土の漁業者がまき網漁をおこなうことがあった。両者の操業範囲は直接的に重ならないものの、ユニットBと同じ漁場を利用する漁業者たちは、近くに網を入れられると周辺の魚群が一網打尽に漁獲されてしまい、かごに魚が入らなくなると不満を漏らしていた。

　海洋保護区内に位置するユニットCの漁場では、漁網の使用が禁止されており、かご漁と釣漁（船釣り）のみがおこなわれている。釣漁はチニ島の周辺

で操業することが多く、ジュー島の周辺はもっぱらかご漁の漁場として利用されている。同水域内における水産資源の豊富さは近隣地域にもひろく知られており、ワシニ島だけでなく本土からも大勢の漁業者がやって来る。そのため、ジュー島とチニ島の周辺は、この地域でもっとも混雑する漁場のひとつとなっている。ユニットCによると、ジュー島の周辺には常時20組ほどの漁業者がかごを設置しているが、ザンジバルから漁場者が出漁してくる時期になると、その数は倍近くに増えるという。2018年にワシニ村に滞在し、かご漁をおこなっていたザンジバルの出漁者たちはいずれも、ジュー島もしくはチニ島の周辺で操業していた。

　以上のように、3組が操業する漁場の利用状況をみると、ユニットAについてはまき網漁と漁場利用が競合したものの、かご漁をおこなうほかの漁業者と操業範囲が重なることはなかった。いっぽう、ユニットBとCについては、ほかの漁法と漁場利用が直接競合することは少ないものの、かご漁をおこなう他者と操業範囲が重なった。

　ワシニ村の住民たちは、海やそこに生息する生き物は神 *mungu* の所有物であり、だれもが平等に利用できると説明する。ワシニの集落前にひろがる海でも、ときおり他村の漁業者がかご漁や釣漁、刺し網漁などをおこなうことがあるが、それに対して住民たちが不快な態度を示したり、よそ者を排除しようとすることはない。かご漁におけるポイントの選択はあくまで先着順であり、個人が長期にわたり特定のポイントを占用する様子はみられない。なお、ワシニ島周辺の漁場では、他者が設置しているかごに隣接して、あらたにかごを設置するのを控えるのが慣習となっている。これは、ひとつのポイントに複数のかごを設置すると魚群が分散し、かご1個あたりの漁獲量が減少してしまうためである。ユニットBとCによると、彼らが他人のかごに接近して漁具を設置するときには、最低でも3ピマ *pima*[2] 程度の間隔をあけるように配慮するという。目をつけたンブオやムランゴに他者のかごが設置されている場合には、間隔をあけて漁具を沈めるか、近くにある別のンブオやムランゴを探す。

　3回目の調査を終えてから4年が経過した2022年に確認したところ、ユ

ニットBとCは調査時と同じ漁場での操業を続けていた。また、ユニットB
の漁場には、調査時と同じくワシニ村に住む5組の漁業者がかごを設置してい
た。このように、かご漁をおこなう専業漁業者たちはあまり漁場を移動せず、
長期にわたり同じ水域での操業を継続する。

　漁業者たちは同じ漁場を利用し続けることで、ンブオやムランゴの位置、底
質、潮の流れといった、ミクロな水域環境の特徴を把握している。しかしなが
ら、彼らがかごを設置するポイントを出漁前にあらかじめ決めておくことはほ
とんどない。漁業者たちは実際に操業をおこなうなかで、引き上げたかごの漁
獲や、周囲で操業する他者がかごを移動させていく様子などを手がかりとして、
その日に魚群が集まりそうな場所を絞り込む。そのうえで、目をつけた場所の
近くに点在するンブオやムランゴを探してかごを沈める。

　かご漁をおこなう漁業者たちは、潮位にあわせてマングローブ林や岩礁で餌
を採集し、波風が比較的穏やかな午前のうちに操業を終えようとする。くわえ
て、午後以降に出漁すると魚商人がシモニへと渡ってしまい、村内で漁獲物を
売却するのが困難となる。こうした制約があることから、操業時間を他者と大
きくずらすことは難しく、漁場を共用する専業漁業者たちは同じ時間帯に操業
することが多くなる。

　3組が利用する漁場では、漁業者たちが、かごを沈めるポイントを先取しよ
うと、餌の採集時間や出漁時間を意図的に早めようとする様子はみられない。
また、いずれの漁場においても、かごを設置するポイントを確保することが困
難になるほどの混雑は生じていない。今のところ、ワシニ島の周辺でかご漁を
おこなう漁業者のたち間では、激しい競争やもめごとは生じておらず、先取優
先の原則と平等的な資源観を背景とした漁場の共用がうまく実現しているとい
える。

6. 魚群の居場所をさぐる手がかり

　ここまでみてきたように、漁業者たちは日々の操業において、漁場内に分散させたかごを、魚群の居場所を予測しながら少しずつ移動させていく。ここで重要なのは、彼らが必ずしも目の前の魚群を狙って漁をおこなっているのではない、という点である。3組を対象とした調査中には、あらたに漁具を設置するポイントを探して漁場を移動する最中に、船上から魚群を発見することが何度もあったが、漁業者たちが急いでその場にかごを投下するようなことは一度もなかった。かごを投下すると、魚群は驚いて逃げてしまうこともあり、目の前を泳ぐ魚を確実に捕獲できる保証はない。彼らは、あくまでも水底の地形や、漁具を引き上げるまでの時間における魚群の行動などを想定し、魚がかごに入る可能性の高いポイントをみきわめることが、漁獲の向上や安定化をはかるうえで重要と考えているのである。

　釣漁のように、漁獲の様子をみながらポイントを転々と移動して操業することのできる漁法とは異なり、漁獲までに時間を要するかご漁では、ポイントの選択により慎重な判断が求められる。また、かぎられた数のかごで効果的に漁獲を得るためには、ただ運にまかせて漁具を沈めるのではなく、広大な水域のなかから魚群の集まりそうな場所をなるべく絞り込むことが重要となる。

　そこで注目すべきが、漁場を共用する他者との関係性である。かご漁をおこなうほかの漁業者と漁場を共用するユニットＢとＣは、他者が漁具を設置している場所やそれらを移動させる様子をみて、その日にかごを沈めるポイントを選択する手がかりにすることがあった。漁場を共用する漁業者たちは、同じ時間帯に活動することが多いため、周囲で操業する他者の行動を比較的容易に観察することができる。また、船の停泊場所や共同の作業場などでの会話をとおして、彼らは海の様子や直近の漁獲など、漁にかんする情報を日常的に交換している。水底の様子や海況などを総合的に勘案し、漁獲を見込めそうなポイントをみきわめる能力は身につけるのが難しく、なかにはポイントを選択す

るうえで重要な判断材料となりうる情報が他者に対して秘匿されることもある（Acheson 1977）。いっぽうで、ワシニ村でかご漁をおこなう漁業者同士の関係性に目を向けると、そこでは漁にかんする情報や操業中の行動が、他者に対して意図的に隠される様子はみられない。

　直接目視することが困難な魚群の居場所をさぐり、操業場所を決めるにあたっては、ときに自身の経験にもとづく判断より、他者からもたらされる情報が重視されることもある（原子 1972）。ワシニ村の漁業者たちが、ポイントを選択するうえで基本的な判断材料とするのは、あくまでも自身が観察した海の様子や、漁場内に分散させたかごの漁獲である。そうしたなか、観察や会話をとおして他者からもたらされる情報は、不確実な魚群の動きを予測する精度を高めるうえで、大きな手がかりとなりうる。彼らは目の前にひろがる海にじっくりと向き合うだけでなく、漁場を共用する他者の動向にも注意を払うことで、かぎられた数のかごを効果的に配置し、漁獲の向上や安定化に結びつけようとしている。

終 章

かご漁の資源利用と持続可能性

扉写真：かごを頭にのせて運搬する漁業者。

1.　漁業者たちの戦略

　本書では、参与観察で得られた資料をもとに、ワシニ村でかご漁をおこなう漁業者たちの活動について、詳細な記述を進めてきた。ここでは、それらを整理するとともに、かご漁における資源利用の特徴とその持続可能性について考察する。

　船を用いずとも操業可能なかご漁は、参入にあたり必ずしも大きな金銭投資を必要としない。くわえて、木を用いて漁具を自作する場合には、ときおり浮標に取り付けたロープを新品に交換するのをのぞくと、操業や漁具の保守にかかる費用もほとんど発生しない。このような経済的なコストの低さは、まとまった資本をもたない漁業者たちがかご漁を選択するうえで大きな利点といえる。

　しかしながら、すべての漁業者にとってかご漁が魅力的な漁法であるとはかぎらない。低コストでの操業が可能となる背景には、支出をなるべく抑え、さまざまな準備作業をみずからこなそうとする漁業者たちの努力がある。ケニア沿岸部では、このような作業にかかる負担の大きさから、若者たちがかご漁を敬遠し、さほど大きな準備を必要としない水中銃などを用いた漁を好む傾向があるという（Mangi et al. 2007）。実際、筆者が各地の海村を歩くなかでも、若者たちがかご漁を年長者の好む古くさい漁法である、と語るのを何度か耳にした。

　漁業者たちは、かごを適当に沈めているだけでまとまった漁獲を得ることができるとは考えておらず、あくまでも漁場の立地や、そこに生息する魚の生態にあわせた方法で漁をおこなうことを重視している。その準備には手間がかかるものの、漁業者たちは作業の手を抜いて、やみくもに設置するかごの数を増やそうとすることはない。彼らは操業規模の拡大をはかるよりも、しっかりとした準備をこなし、かご1個あたりの漁獲可能性を高めることに力を注いでいる。

　水底に漁具を設置するかご漁では、操業にともなう底生生物へのダメージを

完全に回避することは難しく、設置する漁具の数を増やせば、その影響は増大する。やみくもに操業規模の拡大をはかるのではなく、かご1個あたりの漁獲可能性を高めようとする漁業者たちの戦略は、水底へのダメージの抑制という点において、漁場環境の保全にも貢献しうるものといえるだろう。

2. 他者とのかかわりと漁法開発

　直接観察することが困難な魚群の動きを予測し、魚が漁具のなかに侵入するのを待ち受けるかご漁では、漁獲に大きな不確実性をともなう。そうしたなか、漁業者たちは同じように活動を繰り返すだけでなく、効果的な餌を探求したり、大型のかごを製作してより深い水域へ進出するなど、漁のおこないかたに工夫をくわえることで、漁獲の向上や安定化をはかろうとしている。また、このような工夫は、漁具の保守にかかる負担の軽減を狙いとした人工素材の導入のように、漁業者たちが直接漁獲に結びつくとは考えていない部分においても展開されている。

　1960年代以降、国外からあらたな漁具や漁法が流入し、ケニア沿岸部にひろく普及していくなかで、研究者たちはかご漁を古くから続けられてきた「伝統的」な漁法として位置づけてきた。そのなかでは、漁業者たちがよりよい方法を求め、漁のおこないかたに手をくわえていく主体的な取り組みは看過され、かご漁はあたかも不変的な漁法のように描かれてきた。たしかに、日常の漁撈活動におけるさまざまな試行錯誤は、個人のレベルにとどまる場合も多く、漁獲や漁のおこないかたを劇的に変化させるようなものではないかもしれない。だが、それらは短期的な漁獲の向上に貢献しうるのみならず、漁業者たちが周囲の自然環境と向き合いながら、かご漁という漁法の可能性を開拓していく、いわば長期的な漁法開発のプロセスとしての側面をもっている。

　そこで注目すべきが、周囲で活動する他者とのかかわりである。ワシニ村では、専業漁業者の数が少ないことにくわえ、海やそこに生息する生き物を神の

所有物とみなす平等的な資源観を背景として、漁業者間の良好な関係性が保たれている。漁具の改良や漁場利用の場面においてみられたように、漁業者の間では漁にかんする情報やアイデアが、他者に対して意図的に秘匿されるような状況はみられない。彼らは、他者の行動を観察したり、会話をとおして得られた情報やあらたな発見を、必要に応じて自身の行動にも反映させていく。

　ワシニ村の住民たちは、長期にわたる海水温の上昇やサンゴの白化、魚の減少など、ここ数十年の間に島をとりまく海の様子が大きく変わったと語る。今後、周囲の自然環境がどのように変化していくのか、その先行きをはっきりと見通すことは難しい。そうしたなか、資源や漁場を共有する漁業者たちが良好な関係性を維持していくことは、漁獲の不確実性や環境の変化に対処するための手段を集団のなかで共有し、小規模漁業の存続をはかるうえでも大きな意味をもつといえる。

3.　参入のしやすさを維持していくために

　ワシニ島周辺の漁場には、はっきりとしたなわばりが設けられておらず、その利用はあくまでも先取優先を原則とする。今のところ、漁業者たちの間では平等的に漁場が利用されており、激しい競争や大きなもめごとは生じていない。しかしながら、今後資源の減少が加速すれば、このような漁場利用のありかたは大きく変化してしまうかもしれない。それだけでなく、資源の枯渇は経済的な参入障壁の低さという、かご漁の利点を切り崩してしまうおそれもある。

　世界各地では、沿岸部における資源量の減少にともない、かご漁をおこなう漁業者たちが漁場を沖合に展開させた事例が報告されている（たとえば、Garrison et al. 1998; Scharer et al. 2004）。たとえばマレーシアでは、沿岸部で操業していた漁業者たちが資源の枯渇にともない、インドネシアとの国境に近い沖の漁場を開拓した。陸地から離れたことで、それまでのようにヤマタテをおこなうことができなくなり、漁具の設置場所を特定するにあたっては、魚群探

知機や方向探知機といった装備の使用が不可欠となった（田和 1992）。つまり、沖合への進出は、近代的な装備への投資を前提としてなしえた対処といえる。

　近年、ケニアの各地でも漁場利用の競合や漁獲の減少、漁具の盗難といった問題により、かごを大型化し、漁場を沖合へ移す漁業者が増えている。こうした動きは、経済的なコストや労働量にくわえ、漁業者たちが怪我や事故にあうリスクをも増大させている（Glaesel 1997: 209）。沖合への進出は、資源枯渇に対する漁業者たちの主体的な対処として評価すべきであろう。いっぽうで、資本をもたない漁業者たちに参入のしやすさを保証していくためには、船を用いずとも操業可能な地先海面の資源量をじゅうぶんに維持していく必要がある。

　今後、島周辺の資源を維持していくにあたり懸念されるのが、規模の大きなまき網漁の普及である。ワシニ村の漁業者たちは、本土やザンジバルの漁業者とも良好な関係性を築き、漁場をうまく共用している。そうしたなか、彼らが唯一反発をみせているのが、本土の漁業者がおこなうまき網漁である。この漁法が周辺地域に導入された当初、まき網の操業範囲はワシニ島から離れた水域にとどまっていたが、近年は魚群を求めて島のすぐ近くで操業することも増えている。2022 年に筆者がワシニ村を訪問した際には、住民たちが日常的に漁場として利用する、ワシニの集落前にひろがる海でまき網漁がおこなわれたことに対し、大きな不快感を示す者もいた。

　ワシニ村の漁業者たちはしばしば、まき網漁をおこなう漁業者の増加が、島周辺における資源の減少を引き起こしていると語る。まき網漁は、1 回の出漁で 100kg 以上の漁獲となることも珍しくなく、その漁獲量と操業規模は、これまで島の周辺でおこなわれてきたほかの漁法と比較しても際立って大きい。ワシニ村の漁業者たちがまき網漁に反発するのは、漁獲に対するねたみだけでなく、大型の網で魚群を一網打尽に独占するような漁のおこないかたが、彼らの平等的な資源観と相容れないものであることとも無関係ではないように思われる。

　ひとくちに小規模漁業といっても、期待される漁獲や漁のおこないかた、操業の規模は漁法によって大きく異なる。そうしたなか、大量の漁獲をもたらす

漁法によって、かご漁のように比較的規模の小さな漁法を営む者たちが不利益をこうむるような状況は、けっして望ましいものとはいえないだろう。現在のところ、まき網漁とかご漁による漁場利用の競合は限定的なものにとどまっており、まき網漁が島周辺の資源におよぼす実際の影響も明らかではない。しかしながら、今後も島周辺でまき網漁をおこなう漁業者が増えていけば、漁場利用をめぐるもめごとが顕在化したり、深刻な資源の枯渇が生じることは否定できない。

　資源の枯渇は、ほかの漁法によって引き起こされるだけでなく、かご漁をおこなう漁業者自身の行動によって加速する可能性もある。たとえば、村内では人工素材を用いたかごが少しずつ増えているものの、それらは古くなると、木製のかごと同様に海にそのまま投棄されてしまう。投棄されたり、設置中に流失した人工素材のかごは、木製かごとは異なり自然に分解されにくい。そのため、水底の環境に大きな影響をあたえるだけでなく、長期にわたり魚を捕らえ続け、結果として資源の減少や経済的な損失をもたらすことになる（Arthur et al. 2014）。

　日常の漁撈活動にみられる漁業者たちの工夫や努力は、彼らが経験をもとに漁法がもつ可能性を開拓していくプロセスとして評価すべきである。しかしながら、このような漁法開発のゆくえが、どのような結果をもたらすのかについては、今後も注視し続ける必要があるといえるだろう。

4.　おわりに

　序章でも述べたように、かご漁は世界各地でひろくみられる漁法であるが、一部では資源や環境におよぼす影響の大きさが指摘されている。ワシニ村でおこなわれているかご漁の場合、小型の魚体もひろく売買対象とされており、幼魚の混獲については懸念がある。しかしながら、これはかご漁のみならず、ワシニ村でみられる漁法全般に共通する問題といえよう。かご漁については、漁

業者たちが操業規模を大きく拡大させようとする様子はみられず、漁具 1 個あたりの平均漁獲量も数 kg 程度にとどまっている。また、日々の漁撈活動では、漁獲の向上や安定化をはかろうと、漁業者たちがさまざまな工夫をおこなっているが、それらは乱獲を大きく加速させるような方向には進んでいない。以上のような点をふまえると、ワシニ村のかご漁では今のところ、漁具や操業にかんする厳格な規制を設けずとも、漁業者たちの主体的な取り組みのなかで、資源の持続的な利用がうまく実現しているといえる。ただし、漁業をとりまく自然・社会環境は海村によって異なる。ケニア沿岸部でおこなわれているかご漁全体が、果たして持続可能性をもつ漁法といえるのかという点については、他村を含めた広域的な事例の比較と分析を進め、さらなる議論を重ねていく必要があるだろう。

　ワシニ村では、ユニット A のように船外機付きの船を用いて大型かごを深い水域に設置する者から、集落前の海に漁具を徒歩で設置し、その日に世帯で消費する食料を確保しようとする高齢者まで、さまざまなタイプの漁業者がかご漁をおこなっている。ケニアを含めたスワヒリ海岸の一帯において、かご漁がひろく普及している背景には、参入や操業に必要な経済的コストの低さにくわえ、漁獲への期待や資本、体力などにあわせて、漁場や漁具の数、操業形態を比較的自由に調整することが可能な、漁法のもつ柔軟性の高さがあるように思われる。漁業者たちは、身の回りの素材や自然環境、そこに生息する魚の生態などをうまく利用することで、金銭の力に大きく依存することなく、みずからの状況にあわせて活動を仕立て上げるとともに、よりよい方法を模索して漁のおこないかたに手をくわえていく。本書では、かぎられた事例しかとりあげることができなかったものの、漁撈活動のプロセスを詳細に記述することで、その一端を具体的に示すことができたと考えている。

　アフリカの水辺は、リゾートや港湾の建設、土地造成などのプロジェクトが進行する「開発のフロンティア」（中村・今井 2019: 12）である。調査を終え、本書の出版に向けて準備を進めていた 2023 年、ワシニ島対岸のシモニにおいても、大型の桟橋や水産物加工場などを建設する港湾開発プロジェクトが開始

された。また同年、ワシニ島では大規模な太陽光パネルが整備され、ワシニ村とムクィロ村には電力が供給されるようになった。これにより、住民や魚商人たちは自宅に鮮魚を保存することが可能になったという。こうした変化は今後、水産物流通のありかたを変え、漁業者たちの活動にも少なからぬ影響をおよぼすものと考えられる。

　海村をとりまく自然・社会環境が変化していくなかで、漁業者たちは「伝統的」なかご漁に、どのような変化を生み出していくのだろうか。フィールドでの観察をとおして、これからもそのゆくえを見守っていきたいと思う。

注

序　章

＊1　本書では、水生生物の採捕にかかわる行為やそのプロセスを漁撈（漁撈活動）、それ
　　が産業として発達したものを漁業とよぶ。

＊2　一般的に、海辺に立地する村は漁村とよばれることが多い。そうしたなか、高桑
　　（2008）は漁村という語が漁業を強調することにより、臨海村の多様な側面を等閑視
　　してしまうおそれがあるとして、海村という語を用いている。筆者もこうした指摘
　　に同意し、漁村ではなく海村という語を用いたい。

＊3　管理という語には、統制や強制といったイメージがあるが、秋道（2002）はそれよ
　　りも「うまくやりくりする」といった意味が妥当であると述べている。

＊4　ほかにも、かご型の漁具は trap とよばれることがある。FAO による漁具分類では、
　　pot を trap に含まれる漁具のひとつとして位置づけている（He et al. 2021）。

　＊5　観察の具体的な方法や期間については、第3章において詳しく述べる。

第1章

＊1　たとえば、ケニアのモンバサにおける年間平均降水量は997mm（年間平均気温
　　26.1℃）、タンザニアのダルエスサラームにおける年間平均降水量は1114mm（年間
　　平均気温26.1℃）となっている（AM online Projects n.d.）。

＊2　ザンジバル諸島はウングジャ島、ペンバ島、トゥンバトゥ島と、その周辺の小さな
　　島々から構成される。一般的には、ザンジバル諸島における政治と経済の中心地で
　　あるウングジャ島をザンジバルとよぶことも多いが、本書ではそれぞれの島名を区
　　別し、全体を総称する場合にザンジバルと表記する。

　＊3　のちに、保護領からイギリスの直轄植民地へ移行（1920 年）。

＊4　ディゴ Digo、チョニ Chonyi、カンベ Kambe、ドゥルマ Duruma、カウマ Kauma、
　　リベ Ribe、ラバイ Rabai、ジバナ Jibana、ギリアマ Giriama の9グループ。

＊5　単身赴任の学校教員など、島外出身の一時的な滞在者のみが居住する世帯は含まな
　　い。

　＊6　女性は家で礼拝をおこなうのが一般的である。

＊7　かつてはブンバもシラジの一員であったが、アラブ世界から流入した移民を受け入

れ、政治体制が変化していくなかで、彼らはシラジとしてのアイデンティティをそ
ぎ落としていった（Walsh 1993: 61）。現在、ブンバの人びとがシラジを名乗ること
はない。

＊8　キシテ・ムプングティ海洋公園の開設については、第2章において詳しく触れる。

＊9　ナイロビのショッピングモール襲撃事件（2013年）、ガリッサの大学襲撃事件
　　（2015年）など。

＊10　1世帯については、世帯構成の確認はできたものの、収入源にかんしては回答を控
　　えたいとの申し出があった。

＊11　魚類だけでなくタコやイカ、貝類も含む。

第2章

＊1　ヒジュラ暦における1か月は、29日もしくは30日からなり、新月（朔）の日を1
　　か月のはじまりとする。ちなみに、スワヒリ語において天体の月と暦の月は、とも
　　に mwezi とよぶ。

＊2　スワヒリ語において maji は水を意味するが、漁業者たちは潮汐や潮流のことも
　　maji とよぶ。

＊3　沿岸部における最初の水産事務所はシモニに開設されたが（1942年）、その業務は
　　軍隊に供給する食料の確保が中心だったようである（Copley 1950a: 28）。

＊4　政府が管理する保護海域には、海洋公園（Marine Park）と海洋保護区（Marine
　　Protected Area）というふたつのカテゴリーがある。現在、沿岸部にある6か所の
　　保護海域のうち、4か所には海洋公園と海洋保護区が併設されている。

＊5　ワシニ島の6km南に位置する無人島。干潮時、島の周辺には砂浜があらわれる。

＊6　野生生物保護管理法（Wildlife Conservation and Management Act）では、海洋保
　　護区における自給的漁業（Subsistence Fishing）が認められているものの（Republic
　　of Kenya 2013）、それがどのようなものなのかについては明示されていない。シモ
　　ニのKWS事務所職員に確認したところ、かご漁や釣漁といった「伝統的な漁法」
　　による操業が自給的漁業にあたるという。なお、「伝統的な漁法」に含まれないため、
　　保護区内での魚網の使用は認められていない。

＊7　ヴィクトリア湖周辺では、沿岸部に数年先行する形でBMUの導入が進められた
　　（Kanyange et al. 2014）。

＊8　繁忙期には、1か所のレストランで100匹近くの魚が必要になることもあるという。

＊9　*chombo* は船を総称する語であるが、クルーザーや貨物船といった鋼鉄製の船は *meli* とよばれることもある。

＊10　木造船とは異なり、ディンゲが村内で建造されることはない。

＊11　スワヒリ海岸では、剝り船を *mtunbwi* とよぶこともある。

＊12　竜骨や肋材には島周辺で伐採したマングローブがよく用いられるが、外板にはシモニで購入した製材を使用する。

＊13　ボーティは、英語のボート（boat）に由来する。

＊14　当時、西アフリカでは貨幣として用いられるタカラガイが不足していた。これに目をつけたドイツの商社は、東アフリカ沿岸部から大量のタカラガイを集め、ザンジバル経由で西アフリカに出荷した。1859 年には、3500 トンものタカラガイがアフリカ本土からザンジバルに輸入されたという（Shariff 1987: 134）。

＊15　ペンバ島出身者が多いことから、ケニア沿岸部の住民たちはザンジバル各地からやってきた漁業者たちを出身地にかかわらずペンバ人 *Wapemba* とよぶことがある。

＊16　ウガンダ人の活動家、オケロ（Okello, J.）を主導者とするクーデター。これにより革命政府が樹立され、ザンジバル人民共和国が成立した。ザンジバルではアラブ系住民への暴行が発生し、多数の犠牲者が出た。

＊17　ワシニ村の住民によると、取り締まりが突然実施された背景には、国境での出入国管理をめぐる、ケニアとタンザニアとの政治的な対立が存在していたという。

＊18　ワシニ村の場合、地元漁業者とザンジバルからの出漁者が共同で操業することはない。

第 3 章

＊1　「ムドゥドゥおじいさん」とは、この水路から出漁し、ユニット B と同じ漁場でかご漁をおこなう、ニュママジ在住の高齢の漁業者の名前である。

＊2　「キリコ」とは、かつてこの水路から出漁し、かご漁をおこなっていた漁業者の名前に由来する。

＊3　ユニット A（Mann-Whitney's U-test. U=14. n_1=7. n_2=9. p ＞ 0.01）、ユニット B（Kruskal-Wallis test. χ^2=0.748. df=2. p ＞ 0.01）、ユニット C（Kruskal-Wallis test. χ^2=6.321. df=2. p ＞ 0.01）。

＊4　ちなみに、ケニアと同型の漁具を用いるタンザニアの各地で収集されたデータをみ

ると、かご1個あたりの平均漁獲量には 0.5 〜 4.6kg まで、報告によって大きなばらつきがある（Jiddawi and Ohman 2002: 522）。

＊5　Kruskal-Wallis test. χ^2=2.19. df=2. p ＞ 0.01。

＊6　普段、ユニット A はかご漁で漁獲された魚を延縄漁の餌に用いるものの、この日はかご漁の漁獲が低調だったため、ツマグロの切り身が餌として用いられた。

＊7　フカヒレの売買については、じゅうぶんな情報を集めることができなかったが、魚商人によると大きなフカヒレはこれよりも高値で取引されることがあるという。フカヒレは、魚商人や水産業者を経由してモンバサなどの都市部や海外に出荷され、ワシニ村の住民が消費することはない。

第4章

＊1　このかごの形状は、「インド型」（Hornell 1924 ：1950）や「ハート型」（Brandt 1984）ともよばれる。

＊2　漁網については、目の小さなものが取り締まりの対象とされることがある。

＊3　シモニで売られている金網の多くは、タンザニアから輸入されたものであるという。

第5章

＊1　ゴズィは、スワヒリ語において「皮膚」や「皮」を意味する。これは、カイメンがリュウキュウスガモの表面に着生している様子に由来するという（De la Torre-Castro and Ronnback 2004: 369）。

＊2　先行研究（De laTorre-Castro et al. 2008）によると、シモフリフエフキのような動物性食の魚種であっても、かごの中に侵入したあとに海藻を採餌している可能性があるという。

＊3　操業日ごとの採集量については、本書末尾の付録1を参照のこと。

＊4　ユニット B：Kruskal-Wallis test. χ^2=7.289. df=2. p ＞ 0.01, ユニット C：Kruskal-Wallis test. χ^2=5.739. df=2. p ＞ 0.01。

＊5　Mann-Whitney's U-test. U=6.5, n_1=7, n_2=9, p ＜ 0.01。

＊6　ムクングーニでは放し飼いにされている牛がぬかるみにはまり、動けなくなったり、死んでしまうこともあるという。

第6章

＊1　ムランゴは、スワヒリ語で「門」や「扉」を意味する。漁業者たちは、岩礁の割れ目だけでなく、港や湾への入り口となる水域をムランゴとよぶこともある。たとえば、本土とワシニ島との間にひろがる水路は、シモニの港のムランゴである。

＊2　漁業者たちは、長さの単位としてメートルよりもピマをよく用いる。1ピマは、両腕を左右にのばした長さにあたる。

あとがき

　本書は 2021 年 3 月、総合研究大学院大学に提出した博士論文「ケニア沿岸部の零細漁業者による水産資源の利用にかんする生態人類学的研究——かご漁を事例として」に、大幅な加筆と修正を加えたものである。執筆にあたっては、新型コロナウィルスの世界的な感染拡大にともない、論文の提出前におこなうことのできなかった補足調査を 2022 年に実施し、その成果を反映させた。

　2012 年、アフリカの海辺に住む人びとと自然とのかかわりに関心をもっていた私は、あらたな研究テーマと調査地を探してタンザニアとケニアの海村を訪ね歩いた。陸路でタンザニアからケニアへと入国し、日没直前にシモニの町に到着した私は、その日の宿を探していた。そのとき最初に声をかけてきたのが、ワシニ村に住む青年だった。翌日以降の予定を決めていなかったため、その日はワシニ村に宿泊することにし、青年と一緒に夕日が沈む海を小さなボートで渡った。このとき村の中は水不足で、住民たちがポリタンクを担いでボートに乗り、本土まで水汲みに通う光景が印象的であった。修士課程まで沖縄の島々でフィールドワークをおこなっていた私は、ケニアの小さな島に生きる人びとのくらしに興味をもち、博士課程への進学を機にワシニ村での調査を開始した。

　博士論文の執筆にあたっては、指導教員の飯田卓教授（国立民族学博物館）と副指導教員の池谷和信名誉教授（国立民族学博物館）より、講義の内外においてさまざまなコメントやアドバイスをいただいた。博士課程への進学にあたり、研究テーマと調査地を大きく転換した私が、曲がりなりにも論文を執筆することができたのは、お二人の指導のおかげです。また、博士論文の審査においては、秋道智彌所長（山梨県立富士山世界遺産センター）、小野林太郎教授（国立民族学博物館）、鈴木英明准教授（国立民族学博物館）、中村亮教授（福岡大学）より丁寧な助言をいただいた。

　本書で提示した資料は、総合研究大学院大学文化科学研究科学生派遣事業、2014 年笹川科学研究助成「スワヒリ海村の木造船文化に関する人類学的

234

研究」（研究代表者：田村卓也）、日本学術振興会科学研究費補助金（15H02601）、日本学術振興会特別研究員奨励費（17J02874）の支援を受けておこなわれたフィールドワークで得られたものである。故・今井一郎教授（関西学院大学）には、科研費によって旅費を支援していただくのみならず、アフリカ漁業研究会の活動をとおして発表の機会も設けていただいた。また、菊地則雄氏（千葉県立博物館分館　海の博物館）には、かご漁の餌として用いられる海藻の同定にご協力いただいた。記して感謝を申し上げる。

　はじめてワシニ村を訪れてからこれまで、さまざまな人からの協力と支援を受けてフィールドワークをおこなってきた。ワシニ村のみなさんはいつも私を温かく迎え入れ、しつこい質問にも嫌な顔をせず、島のくらしについて丁寧に教えてくれる。とりわけ、生活を共にしたラシード氏とその家族は、親身になって私の生活や調査をサポートしてくれた。また、ユニットＡのＡ１ことヘリ氏は、調査を開始したばかりの私を最初に海へと連れ出し、漁のことについてやさしく教えてくれた。私がかご漁の面白さと奥深さを知ることができたのは、ヘリ氏のおかげである。病に倒れ、故郷であるペンバ島へと向かう船の上で最期を迎えた彼には、直接お礼を伝えることができなかった。ありがとう。

　本書の出版にあたっては、日本学術振興会科学研究費補助金（24HP5088）の助成を受けた。また、編集作業では明石書店の富澤晃さんに一方ならぬご尽力を賜った。感謝申し上げます。

　最後に、遅々とした研究と、日本とアフリカを往復する生活を温かく見守ってくれた家族に、この場を借りて感謝の気持ちを伝えたい。

付録 1　各ユニットの活動状況

1. ユニットA
① 1回目の調査期間（2016年7月22日〜8月4日）

調査日	日付	操業		餌採集		かごの数（個）		用いた餌の重量（kg）			備考
		時間帯	分	時間帯	分	引上	設置	海藻	動物性の餌	総量	
1日目	7月22日										出漁せず
2日目	23日										船外機故障により出漁中止
3日目	24日	8:52-9:45	53			6	0				漁場に設置していたかごをすべて持ち帰る
4日目	25日										出漁せず
5日目	26日										出漁せず
6日目	27日										出漁せず
7日目	28日			15:55-17:17	82						出漁せず。餌採集のみおこなう
8日目	29日	9:48-10:55	67			0	5	50.9	0	50.9	
9日目	30日	8:39-9:21	42	17:25-18:50	85	5	6	43.8	0	43.8	
10日目	31日	8:48-9:58	70	17:50-19:09	79	6	7	37.1	21.6	58.7	
11日目	8月1日	9:00-9:46	46			7	7	39.5	22	61.5	
12日目	2日	9:18-10:11	53	7:11-8:07	56	7	7	42.9	20.1	63	
13日目	3日	9:18-10:17	59	07:43-8:27	44	7	7	60	21.1	81.1	
14日目	4日	9:44-10:31	47	7:50-8:55	65	7	6	50.2	17.6	67.8	

② 2回目の調査期間（2016年10月10日〜10月23日）

調査日	日付	操業		餌採集		かごの数（個）		用いた餌の重量（kg）			備考
		時間帯	分	時間帯	分	引上	設置	海藻	動物性の餌	総量	
1日目	10月10日	8:03-8:56	53	15:48-17:25	97	6	6	29.7	16.7	46.4	
2日目	11日	7:59-8:46	47	17:10-18:46	96	6	6	32.1	14	46.1	
3日目	12日	8:04-8:45	41			5	5	37.1	14.7	51.8	前日に設置したかご1個流失
4日目	13日	8:33-9:18	45	6:28-7:35	67	5	5	29.3	22	51.3	
5日目	14日			7:35-8:58	83						出漁せず。餌採集のみおこなう
6日目	15日	8:02-8:59	57	11:00-12:09	69	5	5	29.3	24.5	53.8	
7日目	16日	8:42-9:19	37	11:22-14:30	188	5	5	28.4	24	52.4	A2体調不良のため、A1単独で餌採集をおこなう
8日目	17日	9:57-10:47	50	7:43-8:55	72	5	5	30.1	20.7	50.8	
9日目	18日			9:58-12:55	177						A2体調不良のため出漁中止。A1単独で餌採集のみおこなう
10日目	19日	8:59-9:43	44			5	5	25.3	20.5	45.8	
11日目	20日										出漁せず
12日目	21日			11:17-13:02	105						出漁せず。餌採集のみおこなう
13日目	22日	8:50-9:36	46			5	5	54.4	0	54.4	
14日目	23日										出漁せず

2. ユニットB
① 1回目の調査期間（2016年8月6日〜8月19日）

調査日	日付	操業		餌採集		かごの数（個）		用いた餌の重量（kg）			備考
		時間帯	分	時間帯	分	引上	設置	海藻	動物性の餌	総量	
1日目	8月6日										出漁せず
2日目	7日	12:15-12:42	27	11:05-11:54	49	2	2	14.3		14.3	
3日目	8日										出漁せず
4日目	9日										出漁せず
5日目	10日										出漁せず
6日目	11日										出漁せず
7日目	12日										出漁せず
8日目	13日										出漁せず
9日目	14日										出漁せず
10日目	15日	9:05-9:53	48	7:52-8:24	32	2	2	12.5		12.5	
11日目	16日										出漁せず
12日目	17日	9:35-10:07	32	7:52-8:55	63	2	2	16.4		16.4	
13日目	18日	10:00-11:04	64	8:10-9:17	67	2	2	14.8		14.8	
14日目	19日										出漁せず

② 2回目の調査期間（2016年10月28日〜11月10日）

調査日	日付	操業		餌採集		かごの数（個）		用いた餌の重量（kg）			備考
		時間帯	分	時間帯	分	引上	設置	海藻	動物性の餌	総量	
1日目	10月28日										出漁せず
2日目	29日	9:45-10:28	43	8:04-9:16	72	2	3	15.2		15.2	
3日目	30日	10:06-10:31	25	8:20-9:39	79	3	3	17.8		17.8	
4日目	31日	10:21-11:01	40	8:28-9:42	74	3	3	14.5		14.5	
5日目	11月1日										出漁せず
6日目	2日	11:00-11:32	32	9:18-10:39	81	3	3	14.2		14.2	
7日目	3日	10:38-10:59	21	8:16-10:06	110	3	3	13.5		13.5	
8日目	4日										出漁せず
9日目	5日	11:28-11:51	23	9:13-10:46	93	2	3	13.6		13.6	
10日目	6日										出漁せず
11日目	7日	12:03-12:29	26	11:10-11:44	34	3	2	5.4		5.4	
12日目	8日	7:47-8:06	19	5:50-7:11	81	2	2	16.4		16.4	
13日目	9日	7:50-8:05	15	6:41-7:20	39	2	1	9.8		9.8	
14日目	10日	8:44-8:58	14	6:23-7:50	87	1	2	17		17	

③ユニットB3回目の調査期間（2018年1月30日〜2月12日）

調査日	日付	操業		餌採集		かごの数（個）		用いた餌の重量（kg）			備考
		時間帯	分	時間帯	分	引上	設置	海藻	動物性の餌	総量	
1日目	1月30日	8:35-9:14	39	6:58-8:11	73	3	3	17.9		17.9	
2日目	31日	9:07-9:57	50	7:44-8:46	62	3	3	17.1		17.1	
3日目	2月1日	9:11-9:47	36	7:32-8:53	81	3	3	18		18	
4日目	2日										出漁せず
5日目	3日	9:33-10:06	33	8:03-9:15	72	3	3	17		17	
				14:10-15:12	62						
6日目	4日	9:08-9:55	47			3	3	16.5		16.5	
7日目	5日										出漁せず
8日目	6日										出漁せず
9日目	7日										出漁せず
10日目	8日										出漁せず
11日目	9日										出漁せず
12日目	10日	7:23-7:45	22	6:12-6:59	47	2	2	12.8		12.8	
13日目	11日	9:11-10:42	91	6:48-7:28	40	2	3	18.1		18.1	
14日目	12日	8:28-9:20	52	7:01-8:05	64	4	3	17.5		17.5	

3. ユニット C

① 1 回目の調査期間（2016 年 8 月 20 日〜9 月 2 日）

調査日	日付	操業		餌採集		かごの数（個）		用いた餌の重量（kg）			備考
		時間帯	分	時間帯	分	引上	設置	海藻	動物性の餌	総量	
1 日目	8 月 20 日	9:06-10:13	67	12:00-13:33	93	5	6	66.7	5.5	72.2	
2 日目	21 日	9:07-10:50	103	12:22-13:58	96	6	6	55.3	14.1	69.4	
3 日目	22 日	9:00-10:09	69	12:30-13:58	88	6	6	55.9	10.9	66.8	
4 日目	23 日	9:48-11:01	73			6	7	53.6	16.6	70.2	
5 日目	24 日			13:09-14:50	101						出漁せず。餌採集のみおこなう
6 日目	25 日	10:24-11:56	92			7	7	53.5	13.5	67	
7 日目	26 日										出漁せず
8 日目	27 日	10:32-11:54	82	6:21-8:30	129	7	6	41.3	18.9	60.2	
9 日目	28 日										出漁せず
10 日目	29 日			7:35-9:42	127						出漁せず。餌採集のみおこなう
11 日目	30 日	10:02-11:12	70	8:26-9:04	38	6	5	42	29	71	
12 日目	31 日	10:05-11:34	89	7:26-9:04	98	5	5	33.2	26	59.2	
13 日目	9 月 1 日	10:33-11:49	76	6:25-7:49	84	5	5	44.5	18.5	63	
14 日目	2 日										出漁せず

② 2回目の調査期間（2016年11月11日〜11月24日）

| 調査日 | 日付 | 操業 | | 餌採集 | | かごの数（個） | | 用いた餌の重量（kg） | | | 備考 |
		時間帯	分	時間帯	分	引上	設置	海藻	動物性の餌	総量	
1日目	11月11日										出漁せず
2日目	12日										出漁せず
3日目	13日	10:12-11:51	99	6:31-7:47	76	7	7	45.2	19	64.2	
4日目	14日	9:00-10:58	118	6:21-7:35	74	7	7	46.5	0	46.5	
5日目	15日	9:28-11:27	119	6:34-7:50	76	7	7	47.9	0	47.9	
				13:02-13:56	54						
6日目	16日	9:26-11:06	100	7:03-8:06	63	7	6	44.6	13.9	58.5	
				12:40-13:45	65						
7日目	17日	9:55-11:34	99	7:29-8:32	63	6	6	43.5	11.5	55	
8日目	18日										出漁せず
9日目	19日										出漁せず
10日目	20日	9:37-11:02	85	7:07-8:19	72	6	8	45.3	0	45.3	
				13:35-15:28	113						
11日目	21日	9:03-10:49	106	5:16-5:52	36	7	8	29.1	15.2	44.3	
				13:30-14:44	74						
12日目	22日	8:45-11:11	146	5:34-6:56	82	8	8	35	14.6	49.6	
13日目	23日	8:52-11:29	157	6:18-8:05	107	8	8	40.1	13.8	53.9	
14日目	24日			7:00-8:13	73						出漁せず。餌採集のみおこなう

③３回目の調査期間（2018年2月20日〜3月5日）

調査日	日付	操業		餌採集		かごの数（個）		用いた餌の重量（kg）			備考
		時間帯	分	時間帯	分	引上	設置	海藻	動物性の餌	総量	
1日目	2月20日			12:12-13:45	93						出漁せず。餌採集のみおこなう
2日目	21日										出漁せず
3日目	22日	9:45-11:21	96	7:39-8:20	41	9	9	49.4	27.3	76.7	
4日目	23日	7:36-9:30	114	5:08-6:00	52	9	9	57.1	17.9	75	
				14:03-16:30	147						
5日目	24日	9:27-11:04	97	5:15-8:02	167	9	8	50.8	41.2	92	
6日目	25日	10:08-12:07	119	5:37-8:40	183	8	8	64.3	39.6	103.9	
				17:00-17:49	49						
7日目	26日	10:11-12:04	113	5:33-8:40	187	8	8	61	35.7	96.7	
8日目	27日			17:55-19:03	68						出漁せず。餌採集のみおこなう
9日目	28日	9:48-11:13	85	7:07-8:24	77	8	7	43.6	8	51.6	
				20:40-22:58	138						
10日目	3月1日	10:27-11:52	85	7:13-8:36	83	7	8	42.1	38.4	80.5	
11日目	2日										出漁せず
12日目	3日			22:34-23:30	56						出漁せず。餌採集のみおこなう
13日目	4日	11:26-13:28	122	7:56-10:31	155	6	7	45.8	22.4	68.2	
				23:05-00:17	75						
14日目	5日	11:24-12:50	86	8:08-10:14	126	7	7	58.3	32.1	90.4	

付録 2　各ユニットの漁獲

1. ユニット A

① 1 回目の調査期間（2016 年 7 月 22 日〜8 月 4 日）

単位：kg

価格帯	魚種（方名）	魚種（和名）	用途	7 月 24 日	31 日	8 月 1 日	2 日	3 日	4 日	合計
A	tafi (chafi)	［アイゴ属］	売却（小）					3		3
			売却（A）				5.3	11.8		17.1
	changu	シモフリフエフキ、ニセハナフエフキ	自家消費		1.35					1.35
			餌		1.52	0.25				1.77
			売却（小）						1.61	1.61
	mkundaji	［ヒメジ科］	餌					0.28		0.28
B	mbono	ササムロ	餌				0.25			0.25
	kangaja	［クロハギ属］	餌						0.41	0.41
	mambangumu	ヤクシマイワシ	自家消費	0.2						0.2
	pono	［ブダイ科］	餌				0.32			0.32
	sange	［テングハギ属］、テングハギモドキ、ボウズハギ	売却	1.2						1.2
			餌					0.67		0.67
テングハギ類	puju	テングハギ、ツマリテングハギ	自家消費	0.88					0.78	1.66
			餌					0.51	1.23	1.74
非売買対象	kawre	ルリホシエイ	餌					0.89		0.89
	kitatange	［チョウチョウウオ科］	餌						0.23	0.23
合計				2.28	2.87	0.25	5.87	17.15	4.26	32.68

※調査日は、漁獲のあった日のみを記載している。以下の表でも同様。
※売却の「A」「B」は価格帯 A あるいは B として売却された大きな魚体、「小」は価格帯小として売却された小さな魚体の重量を示す。以下の表でも同様。

② 2回目の調査期間（2016年10月10日〜10月23日）　　　　　　　　　　　　単位：kg

価格帯	魚種		用途	調査日									合計
	（方名）	（和名）		10月10日	11日	12日	13日	15日	16日	17日	19日	22日	
A	*tafi* (*chafi*)	［アイゴ属］	売却（小）		6.21	6.39				4.7		2.71	20.01
			（A）	3.83	4.1	7.19	3.6		8.93				27.65
			自家消費	0.25				1.67			0.62		2.54
	tafi manga (*chafi manga*)	［アイゴ属］	餌					0.23					0.23
			自家消費							0.3			0.3
	changu	シモフリフエフキ、 ニセハナフエフキ	売却（A）		0.44		1.71						2.15
			自家消費				0.76						0.76
	tawa	ハマフエフキ	自家消費							0.27			0.27
B	*kangaja*	［クロハギ属］	自家消費							0.21	0.13		0.34
	kufi	テンジクイサキ	売却（B）		1.02								1.02
			自家消費						0.72		0.66		1.38
			分配			0.32		0.52					0.84
	mleha	［コショウダイ属］	自家消費						0.35				0.35
	pono	［ブダイ科］	自家消費	0.6			1.42		0.23				2.25
			餌				0.6						0.6
	sange	［テングハギ属］、 テングハギモドキ、 ボウズハギ	自家消費			2.21						1.1	3.31
			餌	0.35									0.35
テングハギ類	*puju*	テングハギ、 ツマリテングハギ	売却	12.34									12.34
			自家消費	2.22	2.3					0.34	0.74	0.74	6.34
			餌	1.21	1.32	1.73	1.94	0.92		0.17			7.29
非売買対象	*kitatange*	［チョウチョウウオ科］	餌	0.11				0.16					0.27
合計				20.91	15.39	17.84	10.03	3.5	10.23	5.99	2.15	4.55	90.59

2. ユニット B

① 1 回目の調査期間（2016 年 8 月 6 日〜 8 月 19 日）

単位：kg

価格帯	魚種		用途	調査日			合計
	（方名）	（和名）		8 月 7 日	17 日	18 日	
A	*tafi* (*chafi*)	［アイゴ属］	売却（小）	3.32	2.21		5.53
			自家消費	1.11	0.9	0.98	2.99
			分配	1.78	0.81	0.58	3.17
合計				6.21	3.92	1.56	11.69

② 2 回目の調査期間（2016 年 10 月 28 日〜 11 月 10 日）

単位：kg

価格帯	魚種		用途	調査日							合計
	（方名）	（和名）		10 月 29 日	31 日	11 月 2 日	5 日	7 日	9 日	10 日	
A	*tafi* (*chafi*)	［アイゴ属］	売却（小）	2.01	2.33	1.14				1.12	6.6
			自家消費	0.31	0.64	0.9	1.41		0.56	0.42	4.24
			分配		0.98	1.35	1.42		0.28	0.8	4.83
B	*kangu*	［ブダイ科］	自家消費					0.28		1.1	1.38
			分配					0.35			0.35
非売買対象	*kitatange*	［チョウチョウウオ科］	自家消費	0.12					0.1		0.22
			分配			0.25					0.25
	mkunga	［ウツボ科］	自家消費	1.54		1.2					2.74
合計				3.98	3.95	4.84	2.83	0.63	0.94	3.44	20.61

③3回目の調査期間（2018年1月30日〜2月12日）　　　　　単位：kg

価格帯	魚種		用途	調査日							合計
	(方名)	(和名)		1月30日	31日	2月1日	3日	4日	11日	12日	
A	*tafi* (*chafi*)	［アイゴ属］	売却（小）			2.06	1.95				4.01
			自家消費	0.18	1.26	0.6	1.57	0.94	0.51	0.24	5.3
			分配			0.53					0.53
	tembo	ニセクロホシフエダイ	自家消費						0.38		0.38
B	*kangu*	［ブダイ科］	分配				0.51				0.51
合計				0.18	1.26	3.19	4.03	0.94	0.89	0.24	10.73

3. ユニットC

① 1回目の調査期間（2016年8月20日〜9月2日）

単位：kg

価格帯	魚種（方名）	（和名）	用途	8月20日	21日	22日	23日	25日	27日	30日	9月1日	合計
A	tafi (chafi)	［アイゴ属］	売却（小）	1.1	2.62						2.1	5.82
			売却（A）	0.52				2.81	2.2	3.85	1.51	10.89
			自家消費		0.78		0.68	0.78		0.54	0.88	3.66
	tafi manga (chafi manga)	［アイゴ属］	自家消費				0.23					0.23
	changu	シモフリフエフキ、ニセハナフエフキ	売却（小）		0.27							0.27
			売却（A）						2.21			2.21
			自家消費			0.73	0.78				0.57	2.08
	dizi	マトフエフキ	売却（小）		0.32			1.11	0.7			2.13
	tawa	ハマフエフキ	売却（A）	1.51								1.51
	tukuwana	［フエフキダイ属］	売却（A）							1.45	0.59	2.04
B	kanga macho	［ヨコシマタマガシラ属］	自家消費		0.35							0.35
	kangaja	［クロハギ属］	自家消費			1.51	0.7			1.05		3.26
	kangu	［ブダイ科］	自家消費		0.5			0.33				0.83
	pono	［ブダイ科］	自家消費	1.32	0.38		0.2	0.8	0.27	0.45		3.42
	sange	［テングハギ属］、テングハギモドキ、ボウズハギ	自家消費						1.3	0.58	0.5	2.38
テングハギ	puju	テングハギ、ツマリテングハギ	自家消費	1.11					1.87			2.98
非売買対象	kitatange	［チョウチョウウオ科］	自家消費				0.15					0.15
合計				5.56	5.22	2.39	2.59	5.83	8.55	7.92	6.15	44.21

② 2回目の調査期間（2016年11月11日〜11月24日）1/2　　　　　　　　　　単位：kg

価格帯	魚種		用途	調査日									合計
	(方名)	(和名)		11月13日	14日	15日	16日	17日	20日	21日	22日	23日	
A	*tafi* (*chafi*)	[アイゴ属]	売却（小）	0.33		1.4	1.05						2.78
			売却（A）		0.44	1.07	1.8						3.31
			自家消費						0.24			0.6	0.84
	tafi manga (*chafi manga*)	[アイゴ属]	自家消費							0.26			0.26
	changu	シモフリフエフキ、 ニセハナフエフキ	売却（小）			0.41	0.96				1.12		2.49
			売却（A）	1.12		0.9	0.63					1.43	4.08
			自家消費						0.18				0.18
	chembeu	ヒメフエダイ	売却（A）			1.1							1.1
	mkundaji	[ヒメジ科]	売却（小）								1.09		1.09
			売却（A）		1.18							1.5	2.68
			自家消費	0.22						0.66	0.51		1.39
	tukuwana	[フエフキダイ属]	売却（小）	0.85									0.85
			売却（A）			0.65							0.65

② 2 回目の調査期間（2016 年 11 月 11 日〜 11 月 24 日）2/2

価格帯	魚種（方名）	（和名）	用途	調査日 11 月 13 日	14 日	15 日	16 日	17 日	20 日	21 日	22 日	23 日	合計
B	chaa	ツッパリサギ	自家消費				0.9		0.31	0.05			1.26
	kangaja	［クロハギ属］	自家消費	0.38		0.5	0.5			0.35	0.66		2.39
	kangu	［ブダイ科］	自家消費	0.4									0.4
	mleha	［コショウダイ属］	自家消費	0.39									0.39
	pono	［ブダイ科］	売却（B）		2.22								2.22
			自家消費	0.52	1.68	1.2	0.46	0.28		0.4	1.6	1.43	7.57
	sange	［テングハギ属］、テングハギモドキ、ボウズハギ	自家消費		0.3	0.93	0.46	0.22	0.47				2.38
テングハギ	puju	テングハギ、ツマリテングハギ	自家消費			0.18	0.58	0.51	0.44	0.47		0.27	2.45
非売買対象	kitatange	［チョウチョウウオ科］	自家消費		0.22								0.22
合計				4.21	6.04	8.34	7.34	1.01	1.64	2.19	4.98	5.23	40.98

③３回目の調査期間（2018年２月20日〜３月５日）1/2　　　　　　　　　　　　単位：kg

価格帯	魚種（方名）	魚種（和名）	用途	2月22日	23日	24日	25日	26日	28日	3月1日	4日	5日	合計
A	tafi (chafi)	[アイゴ属]	売却（小）			5.17	0.64	0.4		1.11			7.32
			売却（A）	1.3	0.9	0.62	3.74	2.2					8.76
			自家消費	1.16	0.52	0.83	0.28	0.23	0.3			0.17	3.49
	changu	シモフリフエフキ ニセハナフエフキ	売却（小）		3.31	1.48							4.79
			売却（A）		0.5	1.23	3.24						4.97
	chengo	ノコギリダイ	売却（小）								1.03		1.03
			売却（A）				1.15						1.15
			自家消費		1.38	1.5	0.8	1.05	0.88			0.6	6.21
	dizi	マトフエフキ	売却（小）				0.38						0.38
			売却（A）					0.92					0.92
			自家消費				0.15						0.15
	tukuwana	[フエフキダイ属]	売却（小）		0.25		0.7		1.3	0.43			2.68
			売却（A）	3.37	0.45		2.9	2.49	3.52	1.52			14.25
			自家消費								1.02	0.38	1.4

③ 3回目の調査期間（2018年2月20日〜3月5日）2/2　　　　　　　　　　　　　　　　　　　　　　　　単位：kg

価格	魚種		用途	調査日									合計
	（方名）	（和名）		2月22日	23日	24日	25日	26日	28日	3月1日	2日	3日	
B	*kangaja*	［クロハギ属］	自家消費			0.79	0.19						0.98
	kangu	［ブダイ科］	売却（小）		1.33			2.44	1.08			2.22	7.07
			売却（B）		1.58			3.18	1.03	1.59			7.38
			自家消費								0.9		0.9
	mleha	［コショウダイ属］	売却（B）						0.39				0.39
	pono	［ブダイ科］	売却（小）				0.76						0.76
			売却（B）			3.03	1.56						4.59
			自家消費					0.17		0.32			0.49
	sange	［テングハギ属］、テングハギモドキ、ボウズハギ	自家消費	0.25					0.41				0.66
非売買対象	*mkunga*	［ウツボ科］	自家消費							3.1			3.1
合計				6.08	10.22	14.65	16.49	13.08	8.91	8.07	1.92	4.4	83.82

参考文献

赤嶺淳

　2002 「ダイナマイト漁民社会の行方——南シナ海サンゴ礁からの報告」秋道智彌・岸上伸啓（編）『紛争の海——水産資源管理の人類学』人文書院、pp.84-106.

秋道智彌

　1989 「ミクロネシアの筌漁——漁具・漁法の生態学的研究」『国立民族学博物館研究報告冊』6: 269-298.

　1995 『海洋民族学——海のナチュラリストたち』東京大学出版会.

　2002 「序・紛争の海」秋道智彌・岸上伸啓（編）『紛争の海——水産資源管理の人類学』人文書院、pp.9-36.

　2016 『サンゴ礁に生きる海人——琉球の海の生態民族学』榕樹書林.

安渓遊地

　1982 「ザイール川とタンガニイカ湖漁撈民の魚類認知の体系」『アフリカ研究』21: 1-56.

飯田卓

　2008 『海を生きる技術と知識の民族誌——マダガスカル漁撈社会の生態人類学』世界思想社.

　2010 「ブリコラージュ実践の共同体——マダガスカル、ヴェズ漁村におけるグローバルなフローの流用」『文化人類学』75(1): 60-80.

　2012 「漁師と船乗り——マダガスカルとモザンビークにおける漁村伝統の対照性」松井健・野林厚志・名和克郎（編）『生業と生産の社会的布置——グローバリゼーションの民族誌のために（国立民族学博物館論集1)』岩田書院、pp.125-148.

五十嵐忠孝

　1971 「トカラ列島漁民の"ヤマアテ"——伝統的漁撈活動における位置測定」渡辺仁（編）『生態（人類学講座12)』雄山閣、pp.139-161.

市川光雄

　1994 「漁撈活動の持続を支える社会機構」大塚柳太郎（編）『資源への文化適応——自然との共存のエコロジー（講座・地球に生きる3)』雄山閣、pp.195-218.

稲井啓之

　2015 「チャド湖南西部ラダック島の鮮魚取引における漁師 - 商人関係」『アフリカ研究』87: 51-63.

今井一郎

　　1986　「スワンプ漁撈民の活動様式——ザンビア、バングウェル・スワンプの事例から」『アフリカ研究』29: 1-28.

今井一郎（編）

　　2019　『アフリカ漁民文化論——水域環境保全の視座』春風社 .

上田信

　　2016　『貨幣の条件——タカラガイの文明史』筑摩書房 .

卯田宗平

　　2001　「新・旧漁業技術の拮抗と融和——琵琶湖沖島のゴリ底曳き網漁におけるヤマアテと GPS」『日本民俗学』226: 70-102.

蛯原一平

　　2009　「沖縄西表島の罠猟師の狩猟実践と知識——11 年間の罠場図をもとに」『国立民族学博物館研究報告』34(1): 131-165.

大石高典

　　2014　「漁撈活動の生態」日本アフリカ学会（編）『アフリカ学辞典』昭和堂、pp.532-535.

大石高典・萩原幹子

　　2019　「市場のアフリカ漁民たち——コンゴ共和国ブラザビル市のローカル・マーケットの観察から」今井一郎（編）『アフリカ漁民文化論——水域環境保全の視座』春風社、pp.171-196.

大村敬一

　　2013　『カナダ・イヌイトの民族誌——日常的実践のダイナミズム』大阪大学出版会 .

小野林太郎

　　2012　「動作の連鎖・社会的プロセスとしての漁撈技術——ボルネオ島サマによる漁撈活動を中心に」『文化人類学』7(1): 84-104.

木村大治・安岡宏和・古市剛史

　　2010　「コンゴ民主共和国・ワンバにおけるタンパク質獲得活動の変遷」木村大治・北西功一（編）『森棲みの生態誌——アフリカ熱帯林の人・自然・歴史 I』京都大学学術出版会、pp.333-351.

古谷野洋子

　　2011　「八重山のカツオ漁を巡る生業ネットワーク——波照間島のカツオ漁と黒島のザコ捕りを中心に」『沖縄文化研究』37: 167-213.

蔀勇造（訳註）

　　2016　『エリュトゥラー海案内記 1』平凡社.

須田一弘・口蔵幸雄

　　2023　「トンガ王国ハアノ島ハアノ村の漁撈活動」『北海学園大学人文論集』23・24: 349-374.

関恒樹

　　1998　「フィリピン・ビサヤ地方の島嶼間移動を支える社会関係――セブアノ漁民のライフ・ヒストリーの考察を中心に」『史苑』59(1): 42-71.

高桑史子

　　2008　『スリランカ海村の民族誌――開発・内戦・津波と人々の生活』明石書店.

高橋そよ

　　2004　「沖縄・佐良浜における素潜り漁師の漁場認識――漁場をめぐる『地図』を手がかりとして」『エコソフィア』14: 101-119.

竹沢尚一郎

　　1989　「『水の精霊』とイスラム――ボゾ族における社会変化と宗教変化」『国立民族学博物館研究報告』13(4): 857-896.

田村卓也

　　2015　「スワヒリ海村の海環境と潮間帯の利用――2カ所の海岸での定点調査から」『生態人類学会ニュースレター』21: 12-14.

田和正孝

　　1992　「マレー半島西海岸の商業的地区における漁場利用形態――ジョホール州バリジャワの事例」『人文地理』44(4): 507-523.

渡久地健

　　2011　「サンゴ礁の環境認識と資源利用」湯本貴和（編）『島と海と森の環境史（シリーズ日本列島の三万五千年――人と自然の環境史 4）』文一総合出版、pp.233-259.

中村亮

　　2007　「スワヒリ海岸キルワ島の海環境と船の文化――ダウ船とは何か？」『アフリカ研究』71: 1-19.

　　2010　「スワヒリ海岸南部タンザニア・キルワ島におけるマングローブ資源の直接利用と環境利用」『日本中東学会年報』26(1): 251-240.

　　2011　「スワヒリ海村社会のジニ信仰――キルワ島の場合」嶋田義仁（編）『シャーマニズムの諸相』勉誠出版、pp.168-192.

2013a 「スワヒリ海村キルワ島の漁撈文化——バントゥ起源の内海漁撈とアラブ起源
　　　の外海漁撈」嶋田義仁（編）『イスラーム圏アフリカ論集Ⅴ』名古屋大学大学
　　　院文学研究科比較人類学研究室、p.135-162.

2013b 「スワヒリ海岸のマングローブの利用と歴史的役割——タンザニア南部キルワ
　　　島の事例より」中村亮・縄田浩志（編）『マングローブ（アラブのなりわい生
　　　態系 3)』臨川書店、pp.121-150.

2014 「スワヒリ海村の干物考——キルワ島の海産物保存と経済戦略」中村亮・稲井啓
　　　之（編）『アフリカ漁民の世界（アフロ・ユーラシア内陸乾燥地文明研究叢書
　　　9)』、名古屋大学文学研究科比較人文学研究室、pp.133-156.

中村亮・今井一郎

2019 「アフリカ漁民文化の研究」今井一郎（編）『アフリカ漁民文化論——水域環境
　　　保全の視座』春風社、pp.9-25.

中村亮・北窓時男

2015 「特集にあたって——アフリカ漁民文化研究の視座」『アフリカ研究』87: 29-36.

原子令三

1972 「嵯峨島漁民の生態人類学的研究——とくに漁撈活動をめぐる自然と人間との諸
　　　関係について」『人類學雑誌』80(2): 81-112.

日野舜也

1969 「東アフリカにおけるスワヒリについて」『アジア経済』10(2): 4-28.

藤本麻里子

2015 「タンザニア、ザンジバルにおけるダガー産業の構造——生産地と消費地を結ぶ
　　　諸アクターの経済活動の分析をもとに」『アフリカ研究』87: 37-49.

三田牧

2004 「糸満漁師、海を読む——生活の文脈における『人々の知識』」『民族学研究』
　　　68(4): 465-486.

森昭雄

1994 「カメルーン熱帯多雨林における跳ね罠猟——マイクロ・ハビタットと罠技術に
　　　関する認知構造」『アフリカ研究』45: 1-25.

家島彦一

1993 『海が創る文明——インド洋海域世界の歴史』朝日新聞社.

藪内芳彦

1958 『漁村の生態——人文地理学的立場』古今書院.

258

Acheson, J. M.

　1977　Technical Skills and Fishing Success in the Maine Lobster Industry. In H. Lechtman and R. S. Merrill(eds.) *Material Culture: Styles, Organization, and Dynamics of Technology*, St. Paul: West Publishing, pp.111-138.

Advisory Committee on Fisheries Research

　2004　*Report of the Second Session of the Working Party on Small-Scale Fisheries* (FAO Fisheries Report No. 735), Rome: FAO.

Akimichi, T.

　1978　The Ecological Aspect of Lau(Solomon Island) Ethnoichthyology. *The Journal of the Polynesian Society* 87(4): 301-326.

Al-Masroori, H. S., H. Al-Oufi and P. McShane

　2009　Causes and Mitigations on Trap Ghost Fishing in Oman: Scientific Approach to Local Fisher's Perception. *Journal of Fisheries and Aquatic Science* 4(3): 129-135.

Anam, R. and E. Mostarda

　2012　*Filed Identification Guide to the Living Marine Resource of Kenya*, Rome: FAO.

Arthur, C., A. E. Stton-Grier, P. Murphy and H. Bamford

　2014　Out of Sight but Not Out of Mind: Harmful Effects of Derelict Traps in Selected U.S. Coastal Waters. *Marine Pollution Bulletin* 86: 19-28.

Bang, A. K.

　2018　Islam in the Swahili World: Connected Authorities. In S. Wynne-Jones and A. Laviolette(eds.) *The Swahili World*, New York: Routledge, pp.557-565.

Brandt, A.

　1984　*Fish Catching Methods of the World* (3rd ed.), Farnham: Fishing News Books.

Burton, R. F.

　1967(1872)　*Zanzibar: City, Island, and Coast* (Vol.2), New York: Jhonson Reprint.

Butler, J. N., J. Burnett-Herkes, J. A. Barnes and J. Ward

　1993　The Bermuda Fisheries a Tragedy of the Commons Averted? *Environment: Science and Policy for Sustainable Development* 35(1): 6-33.

Cinner, J. E.

　2009　Poverty and the Use of Destructive Fishing Gear near East African Marine Protected Areas. *Environmental Conservation* 36(4): 321-326.

Copley, H.

1950a　*Review of Kenya Fisheries 1946 and 1947*, Nairobi: Colony and Protectorate of Kenya.

1950b　*Review of Kenya Fisheries 1948 and 1949*, Nairobi: Colony and Protectorate of Kenya.

1955　*Review of Kenya Fisheries 1954*, Nairobi: Colony and Protectorate of Kenya.

Cordell, J.

1978　Carrying Capacity Analysis of Fixed-Territorial Fishing. *Ethnology* 17(1): 505–525.

Crona, B., M. Nystrom, C. Folke and N. Jiddawi

2010　Middlemen, A Critical Social-Ecological Link in Coastal Communities of Kenya and Zanzibar. *Marine Policy* 34(4): 761–771.

De la Torre-Castro, M., J. S. Eklof, P. Ronnback and M. Bjok

2008　Seagrass Importance in Food Provisioning Services: Fish Stomach Content as a Link between Seagrass Meadows and Local Fisheries. *Western Indian Ocean Journal of Marine Science* 7(1): 95–110.

De la Torre-Castro, M. and P. Ronnback

2004　Links between Humans and Seagrasses: An Example from Tropical East Africa. *Ocean & Coastal Management* 47(7–8): 361–387.

Essen, M. and M. D. Richmond

2002　Superclass Pisces/Fish. In M. D. Richmond(ed.) *A Field Guide to the Seashores of Eastern Africa and the Western Indian Ocean Islands*, Stockholm: SIDA, pp.340–379.

FAO (Food and Agriculture Organization)

2007　*Increasing the Contribution of Small-Schale Fisheries to Poverty Alleviation and Food Security* (FAO Fisheries Technical Paper 481), Rome: FAO.

2022　*The State of World Fisheries and Aquaculture 2022*, Rome: FAO.

Feeny, D., F. Berkes, B. J. McCay and J. M. Acheson

1990　The Tragedy of the Commons: Twenty-Two Years Later. *Human Ecology* 18(1): 1–19.

Firth, R.

1966(1946)　*Malay Fishermen: Their Peasant Economy*, London: Routledge & Kegan Paul.

260

Fleisher, J., P. Lane, A. LaViolette, M. Horton, E. Pollard, E. Quintana Morales, T. Vernet, A. Christie, and S. Wynne-Jones

    2015   When Did the Swahili Become Maritime? *American Anthropologist* 117(1): 100-115.

Forman, S.

    1967   Cognition and the Catch: The Location of Fishing Spots in a Brazilian Coastal Village. *Ethnology* 6(4): 417-426.

Garrison, V. H., C. S. Rogers and J. Beets

    1998   Of Reef Fishes, Overfishing and in Situ Observations of Fish Traps in St. Jhon, U.S. Virgin Islands. *Revista de Biologia Tropical* 46(5): 41-59.

Glaesel, H.

    1997   *Fishers, Parks and Power: The Socio-Environmental Dimensions of Marine Resource Decline and Protection on the Kenya Coast,* University of Wisconsin-Madison(Ph.D. Thesis).

    2000   Community-Level Marine Resource Management and the Spirit Realm in Coastal Kenya. *Women in Natural Resource* 21(4): 35-42.

Gomes, I.

    2012   *Artisanal Fishery Analysis within the Mpunguti Marine Reserve(Southern Kenya): Gear-Based Management towards Sustainable Strategies,* Algarve University (Master Thesis).

Gomes, I., K. Erzini and T. R. McClanahan

    2014   Trap Modification Opens New Gates to Achieve Sustainable Coral Reef Fisheries. *Aquatic Conservation: Marine and Freshwater Ecosystems* 24(5): 680-695.

Goodlad, C. A.

    1972   Old and Trusted, New and Unknown: Technological Confrontation in the Shetland Herring Fishery. In R. Anderson and C. Wadel(eds.) *North Atlantic Fishermen: Anthropological Essays on Modern Fishing,* St. Johns: Memorial University of Newfoundland, pp.61-81.

Graham, N. A. J., T. R. McClanahan, M. A. MacNeil, S. K. Wilson, N. V. C. Polunin, S. Jennings, P. Chabanet, S. Clark, M. D. Spalding, Y. Letourneur, L. Bigot, R. Galzin, M. C. Ohman, K. C. Garpe, A. J. Edwards, C. R. C. Sheppard

    2008   Climate Warning Marine Protected Areas and the Ocean-Scale Integrity of Coral Reef Ecosystems. *PLoS One* 3(8): e3039(DOI: 10.1371/journal. pone.0003039).

Hakkonsen, J. M.

1992   Industrial vs Artisanal Fisheries in West Africa: The Lesson to be Learnt. In I. Tvedten and B. Hersoug(eds.) *Fishing for Development: Small-Scale Fisheries in Africa,* Uppsala: Nordiska Afrikainstitutet, pp.33-53.

Hardin, G.

1968   The Tragedy of Commons. *Science* 162: 1243-1248.

He, P., F. Chopin, P. Suuronen, R. S. T. Ferro and J. Lansley

2021   *Classification and Illustrated Definition of Fishing Gears* (FAO Fisheries and Aquaculture Technical Paper No.672), Rome: FAO.

Hicks, C. C. and T. R. McClanahan

2012   Assessing Gear Modifications Needed to Optimize Yields in a Heavily Exploited, Multi-Species, Seagrass and Coral Reef Fishery. *PloS One* 7(5): e36022 (DOI: 10.1371/journal.pone.0036022)

High, W. L. and I. E. Ellis

1973   Underwater Observations of Fish Behavior in Traps. *Helgolander Wissenschaftliche Meeresuntersuchungen* 24: 341-347.

Hollis, A. C.

1900   Notes on the History of Vumba, East Africa. *The Journal of the Anthropological Institute of Great Britain and Ireland* 30: 275-297.

Hoorweg, J., B. Wangila and A. Degen

2009   *Artisanal Fisheries on the Kenyan Coast: Household Livelihoods and Marine Resource Management.* Leiden: Brill.

Hornell, J.

1924   Marine Fish Traps in South India and Brazil. *Man* 24: 51-53.

1950   *Fishing in Many Waters.* Cambridge: At the University Press.

Ichikawa, M.

1985   A Comparison of Fishing Strategies in the Bangweulu Swamps. *African Study Monographs Supplementary Issue* 4: 25-48.

Iida, T.

2019   Traveling and Indwelling Knowledge: Learning and Technological Exchange among Vezo Fishermen in Madagascar. In K. Omura, G. J. Otsuki, S. Satsuka and A. Morita (eds.) *The World Multiple: The Quotidian Politics of Knowing and Generating Entangled Worlds,* Oxon: Routledge, pp.190-204.

Imai, I.

1985   Fishing Life in the Bangweulu Swamps: A Socio-Ecological Study of the Swamp Fishermen in Zambia. *African Study Monographs Supplementary Issue* 4: 49–88.

Ingrams, W. H.

1924   Marine Fish Traps in Zanzibar, Pemba, South India and Brazil. *Man* 24: 132–133.

Jiddawi, N. S. and M. C. Ohman

2002   Marine Fisheries in Tanzania. *AMBIO* 31(7): 518–527.

Johannes, R. E.

1978   Traditional Marine Conservation Methods in Oceania and Their Demise. *Annual Review of Ecology and Systematics* 9: 349–364.

Kamukuru, A. T.

2009   Trap Fishery and Reproductive Biology of the Whitespotted Rabbitfish Siganus sutor (Siganidae), within the Dar es Salaam Marine Reserves, Tanzania. *Western Indian Ocean Journal of Marine Science* 8(1): 75–86.

Kanyange, N., P. Kimani, P. Onyango, S. Sweenarain and Y. Yvergniaux

2014   *Performance Assessment of Beach Management Units along the Coastline of Kenya,* Ebene: Indian Ocean Commission.

King, A.

2003   Strategies Used by Local Fishers to Ensure Access to and Control over Scarce Resources in Galu and the Wider Implications for Marine Resource Management. In J. Hoorweg and N. Mthiga (eds.) *Recent Advances in Coastal Ecology: Studies from Kenya,* Leiden: African Studies Center, pp.215–232.

Lane, P. J. and C. P. Breen

2018   The Eastern African Coastal Landscape. In S. Wynne-Jones and A. Laviolette (eds.) *The Swahili World,* New York: Routledge, pp.19–35.

Le Manach, F., C. A. Abunge, T. R. McClanahan and D. Pauly

2015   Tentative Reconstruction of Kenya's Marine Fisheries Catch, 1950–2010. In F. Le Manach and D. Pauly (eds.) *Fisheries Catch Reconstructions in the Western Indian Ocean, 1950–2010,* British Columbia: The Fisheries Center, pp.37–51.

Malleret-king, D.

2000   *A Food Security Approach to Marine Protected Area Impacts on Surrounding Fishing Communities: The Case of Kisite Marine National Park in Kenya,* University of Warwick (Ph. D. Thesis).

Mangi, S. C. and C. M. Roberts

  2006　Quantifying the Environmental Impacts of Artisanal Fishing Gear on Kenya's Coral Reef Ecosystems. *Marine Pollution Bulletin* 52(12): 1646-1660.

Mangi, S. C., C. M. Roberts and L. D. Rodwell

  2007　Financial Comparisons of Fishing Gear Used in Kenya's Coral Reef Lagoons. *AMBIO* 36(8): 671-676.

Mariappan, S., N. Neethiselvan, B. Sundaramoorthy, S. Athithan and T. Ravikumar

  2016　Comparison of Catching Efficiency of Collapsible Serial Fish Traps Baited with Two Different Baits. *Journal of Experimental Zoology India* 19(1): 597-601.

Martin, E. B.

  1973　*The History of Malindi: A Geographical Analysis of an East African Coastal Town from the Portuguese Period to the Present*, Nairobi: East African Literature Bureau.

Mbaru, E. K. and T. R. McClanahan

  2013　Escape Gaps in African Basket Traps Reduce Bycatch while Increasing Body Sizes and Incomes in a Heavily Fished Reef Lagoon. *Fisheries Research* 148: 90-99.

McClanahan, T. R.

  1988　Seasonality in East Africa's Coastal Waters. *Marine Ecology* 44: 191-199.

McClanahan, T. R., H. Glaesel, J. Rubens and R. Kiambo

  1997　The Effects of Traditional Fisheries Management on Fisheries Yields and the Coral-Reef Ecosystem of Southern Kenya. *Environmental Conservation* 24(2): 105-120.

McGoodwin, J. R.

  1990　*Crisis in the World's Fisheries: People, Problems, and Policies*, Stanford: Stanford University Press.

McKay, W. F.

  1975　*A Pre-Colonial History of the Southern Kenya Coast*, Boston University (Ph.D. Thesis).

Merlijn, A. G.

  1989　The Role of Middlemen in Small-Scale Fisheries: A Case Study of Sarawak, Malaysia. *Development and Change* 20(4): 683-700.

Middleton, J.

1992   *The World of the Swahili: An African Mercantile Civilization,* New Haven: Yale University Press.

Munro, J. L., P. H. Reeson and V.C. Gaut

1971   Dynamic Factors Affecting the Performance of the Antillean Fish Trap. *Proceedings of the Gulf and Caribbean Fisheries Institute* 23: 184–194.

Murage, L. D. and J. Mwaura

2015   Wasini Community Rallies to Secure Its Future. *People and the Environment* 7: 22–24.

Ngusaru, A.

2002   Geological History. In M. D. Richmond(ed.) *A Field Guide to the Seashores of Eastern Africa and the Western Indian Ocean Islands,* Stockholm: SIDA, pp.12–21.

Nurse, D. and T. Spear

1985   *The Swahili: Reconstructing the History and Language of an African Society, 800–1500,* Philadelphia: University of Pennsylvania Press.

Nurse, D. and M. Walsh

1992   Chifundi and Vumba: Partial Shift, No Death. In M. Brenzinger (ed.) *Language Death: Factual and Theoretical Explorations with Special Reference to East Africa,* Berlin: Mouton de Gruyter, pp.181–212.

Ochewo, J.

2004   Changing Fisheries Practices and Their Socioeconomic Implications in South Coast Kenya, *Ocean & Coastal Management* 47: 389–408.

Ostrom, E.

1990   *Governing the Commons: The Evolution of Institutions for Collective Action,* Cambridge: Cambridge University Press.

Overa, R.

2011   Modernization Narratives and Small-Scale Fisheries in Ghana and Zambia. *Forum for Development Studies* 38(3): 321–343.

Prins, A. H. J.

1965   *Sailing from Lamu: A Study of Maritime Culture in Islamic East Africa,* Assen: Van Gorcum.

Quintana Morales, E. M.

2012 *Reconstructing Swahili Foodways: The Archaeology of Fishing and Fish Consumption in Coastal East Africa, AD500-1500*, University of Bristol (Ph. D. thesis).

Quintana Morales, E. M. and M. Horton

2014 Fishing and Fish Consumption in the Swahili Communities of East Africa, 700-1400 CE, *Internet Archaeology* 37: 329-345 (DOI：10.11141/ia.37.3).

Ray, D.

2018 Defining the Swahili. In S. Wynne-Jones and A. Laviolette (eds.) *The Swahili World*, New York: Routledge, pp.67-80.

Republic of Kenya

1980 *Economic Survey 1980*, Nairobi: Central Bureau of Statistics.

1985 *Economic Survey 1985*, Nairobi: Central Bureau of Statistics.

1990 *Economic Survey 1990*, Nairobi: Central Bureau of Statistics.

1995 *Economic Survey 1995*, Nairobi: Central Bureau of Statistics.

2000 *Economic Survey 2000*, Nairobi: Central Bureau of Statistics.

2005 *Economic Survey 2005*, Nairobi: Central Bureau of Statistics.

2008 *National Oceans and Fisheries Policy 2008*, Nairobi: Ministry of Fisheries Development.

2010 *Economic Survey 2010*, Nairobi: Kenya National Bureau of Statistics.

2013 *Kenya Gazette Supplement No.181 (Acts No.47)*, Nairobi: The Government Printer.

2014 *Marine Artisanal Fisheries Frame Survey 2014 Report*, Nairobi: Ministry Agriculture Livestock and Fisheries, State Department of Fisheries.

2015 *Economic Survey 2015*, Nairobi: Kenya National Bureau of Statistics.

2017 *Fisheries and Socio-Economic Assessment of Shimoni-Vanga Area, South Coast Kenya*, Mombasa: Comard Coastal Consulting.

2018 *Third Medium Term Plan 2018-2022*, Nairobi: The National Treasury and Planning.

2020 *Economic Survey 2020*, Nairobi: Kenya National Bureau of Statistics.

2022 *Economic Survey 2022*, Nairobi: Kenya National Bureau of Statistics.

Robinson, A. E.

1939 The Shirazi Colonization of East Africa: Vumba. *Tanganyika Notes and Records* 7: 99–122.

Robinson, J., M. Samoilys and P. Kimani

2008 Reef Fish Spawning Aggregations in the Western Indian Ocean: Current Knowledge and Implications for Management. In D. O. Obura, J. Tamelander and O. Linden(eds.) *Coastal Ocean Research and Development in the Indian Ocean Status Report 2008*, Mombasa: CORDIO East Africa, pp.263–276.

Ruddle, K. and T. Akimichi (eds.)

1984 *Maritime Institutions in the Western Pacific* (Senri Ethnological Studies 17), Osaka: National Museum of Ethnology.

Sabella, J. C.

1980 José Olaya: Analysis of a Peruvian Fishing Cooperative that Failed. *Anthropological Quarterly* 53(1): 56–63.

Salim, A. I.

1992 East Africa: The Coast. In B. A. Ogot(ed.) *Africa from the Sixteenth to the Eighteen Century* (General History of Africa V), Paris: UNESCO, pp. 750–775.

Samoilys, M., G.W. Mania and K. Osuka

2011 *Artisanal Fishing Gears of the Kenyan Coast*, Mombasa: CORDIO.

Scharer, M. T., M. C. Prada, R. S. Appeldoorn, R. Hill, P. Sheridan and M. V. Pizzini

2004 The User of Fish Traps in Puerto Rico: Current Practice, Long-Term Changes, and Fishers' Perceptions. *Proceedings of the Gulf and Caribbean Fisheries Institute* 55: 744–756.

Sheriff, A.

1987 *Slaves, Spices & Ivory in Zanzibar: Integration of an East African Commercial Empire into the World Economy, 1770–1873*, London: James Currey.

Slack-Smith, R. J,

2001 *Fishing with Traps and Pots*, Rome: FAO.

Slade, L. M. and B. Kalangahe

2015 Dynamite fishing in Tanzania. *Marine Pollution Bulletin* 101(2): 491–496.

Smith, E. A. and M. Wishnie

2000 Conservation and Subsistence in Small-Scale Societies. *Annual Review of Anthropology* 29: 493–524.

　参考文献　　　　　　　　　　　　　　　　　　　　　　　　　267

Smith, M. E.

　1977　Introduction. In M. E. Smith (ed.) *Those Who Live form the Sea: A Study in Maritime Anthropology*, St Paul: West Publishing, pp.1–22.

Smith, H. and X. Basurto

　2019　Defining Small-Scale Fisheries and Examining the Role of Science in Shaping Perceptions of Who and What Counts: A Systematic Review. *Frontiers in Marine Science* 6 (DOI: 10.3389/fmars.2019.00236).

Spear, T.

　1978　*The Kaya Complex: Mijikenda People of the Kenya Coast to 1900*, Nairobi: Kenya Literature Bureau.

Sperling, D. C.

　1988　*The Growth of Islam among the Mijikenda of the Kenya Coast, 1826–1933*, University of London (Ph.D. thesis).

　2000　Religion and Society. In J. Hoorweg, D. Foeken and R. A. Obura (eds.) *Kenya Coast Handbook: Culture, Resources and Development in the East Africa Littoral*, Hamburg: Lit Verlag, pp.157–172.

Stevens, B. G.

　2021　The Ups and Downs of Traps: Environmental Impacts, Entanglement, Mitigation, and the Future of Trap Fishing for Crustaceans and Fish. *ICES Journal of Marine Science* 78(2): 584–596.

Suuronen, P., F. Chopin, C. Glass, S. Likkeborg, Y. Matsushita, D. Queirolo and D. Rihan

　2012　Low Impact and Fuel Efficient Fishing: Looking beyond the Horizon. *Fisheries Research* 119–120: 135–146.

Tomsen, B., O. Humborstad and D. M. Furevik

　2010　Fish Pots: Fish Behavior, Capture Processes, and Conservation Issues. In P. He (ed.) *Behavior of Marine Fishes: Capture Processes and Conservation Challenges*, Hoboken: Wiley-Blackwell, pp.143–158.

Tran, N., L. Chu, C. Y. Chan, S. Genschick, M. J. Phillips and A. S. Kefi

　2019　Fish Supply and Demand for Food Security in Sub-Saharan Africa: An Analysis of the Zambian Fish Sector. *Marine Policy* 99: 343–350.

Tuda, P. M. and M. Wolff

　2015　Evolving Trends in the Kenyan Artisanal Reef Fishery and Its Implications for Fisheries Management. *Ocean & Coastal Management* 104: 36–44.

Tvedten, I. and B. Hersoug

1992 Introduction. In I. Tvedten and B. Hersoug (eds.) *Fishing for Development: Small-Scale Fisheries in Africa,* Uppsala: Nordiska Afrikainstitutet, pp.7–30.

United Kingdom Hydrographic Office

1950 *Admiralty Nautical Chart 866,* Taunton: United Kingdom Hydrographic Office.

Vadzitutsina, M. and R. Riera

2020 Review of Fish Trap Fisheries from Tropical and Subtropical Reefs: Main Features, Threats and Management Solutions. *Fisheries Research* 223: 105432 (DOI: 10.1016/j.fishres.2019.105432).

Varghese, M., C. Kasinathan and A. Gandhi

2008 Trap Fishing in the Gulf of Mannar and Palk Bay. *Marine Fisheries Information Service* 197: 7–8.

Versleijen, N. and J. Hoorweg

2008 From Farming to Fishing: Marine Resource Conservation and a New Generation of Fishermen. *Western Indian Ocean Journal of Marine Science* 7(1): 1–14.

Walsh, M.

1993 Mwaozi Tumbe and the Rain-making Rites of Wasini Island: A Text in the Chifundi Dialect of Swahili. *Etudes Ocean Indian* 16: 60–85.

Wambiji, N., E. Mueni, J. O. Omuhaya, E. Mbaru, D. Mania, C. Abungu, J. Nyamora, K. Swaleh, T. Mkare and J. Wanyoike

2013 *Research Sub-Component: Gated Basket Trap Environmental and Social Impact Assessment,* Mombasa: KCDP.

Wamukota, A.

2009 The Structure of Marine Fish marketing in Kenya: The Case of Malindi and Kilifi Districts. *The Western Indian Ocean Journal of Marine Science* 8(2): 215–224.

Wanyonyi, I. N., A. Wamukota, S. Mesaki, A. T. Guissamulo and J. Ochiewo

2016 Artisanal Fisher Migration Patterns in Coastal East Africa. *Ocean & Coastal Management* 116: 93–108.

Whitmarsh, D.

1990 Technological Change and Marine Fisheries Development. *Marine Policy* 14(1): 15–22.

Widodo, A. A., Wudiant and F. Satria

2016　Current Status of the Pole and Line Fishery in Eastern Part of Indonesia. *Indonesia Fisheries Research Journal* 22(1): 43-52.

WIOMSA (Western Indian Ocean Marine Science Association)

2011　*Migrant Fishers and Fishing in the Western Indian Ocean: Socio-Economic Dynamics and Implications for Management,* Zanzibar: WIOMSA.

Wolf, R. S. and G. R. Chislett

1974　Trap Fishing Explorations for Snapper and Related Species in the Caribbean and Adjacent Waters. *Marine Fisheries Review* 36(9): 49-61.

World Fish Center

2009　*Fish Supply and Food Security for Africa* (Flyer), Penang: World Fish Center.

Wynne-Jones, S.

2010　Remembering and Reworking the Swahili Diwanate: The Role of Objects and Places at Vumba Kuu. *The International Journal of African Historical Studies* 43(3): 407-427.

◆オンライン資料

AM Online Projects

n. d.　Climate Data.org（https://climate-data.org/）2023 年 3 月 24 日閲覧 .

The Citizen

2018　Tanzania Starts Efforts to Free 109 Fishermen Arrested in Kenya.（https://www.thecitizen.co.tz/News/1840340-4600462-1pcij2z/index.html）2023 年 4 月 14 日閲覧 .

索引

■人名■

■植物名・生物名■

田村卓也（たむら・たくや）

1985 年生まれ。総合研究大学院大学文化科学研究科単位取得退学。博士（文学）。現在、沖縄国際大学南島文化研究所特別研究員。専門は生態人類学と文化人類学。主要な著書・論文に「ケニア共和国沿岸部の魚かご漁における漁具と漁法」今井一郎（編）『アフリカ漁民文化論——水域環境保全の視座』（春風社、2019 年）、「かご漁における餌の採集活動——ケニア沿岸南部の海村の事例」『アフリカ研究』96（2019 年）などがある。

かご漁の社会生態誌
ケニアの海を生きる小規模漁業者たちの資源利用

2025 年 2 月 28 日　　初 版　第 1 刷発行

著　者	田 村 卓 也
発行者	大 江 道 雅
発行所	株式会社 明 石 書 店

〒101-0021 東京都千代田区外神田 6-9-5
電　話　　03-5818-1171
Ｆ Ａ Ｘ　　03-5818-1174
振　替　　00100-7-24505
https://www.akashi.co.jp/

装　幀　　　明石書店デザイン室
印刷／製本　モリモト印刷株式会社

（定価はカバーに表示してあります）　　　　ISBN978-4-7503-5883-3

黒人と白人の世界史
「人種」はいかにつくられてきたか

オレリア・ミシェル 著
児玉しおり 訳
中村隆之 解説

■四六判／上製／376頁
◎2700円

「ヨーロッパ人は、アフリカ人を奴隷にしたために人種主義者になった」。本書は、大西洋奴隷貿易、奴隷制、植民地主義とともに、「人種」がどのように生み出され、正当化されていったのかを歴史的に解明する。ル・モンド紙が「まるで小説のように読める」と評す、人種の歴史の新たな基本書。

【世界人権問題叢書⑲】

黒人法典
フランス黒人奴隷制の法的虚無

ルイ・サラ=モランス 著
中村隆之、森元庸介 訳

■四六判／上製／488頁
◎3800円

1685年からビジネスのため黒人を厳格に管理・所有するための法律がフランスで制定された。聖書を都合よく解釈し黒人を物品として扱い、1848年まで続いた黒人法典の存在を無視しテスキューら啓蒙思想家たちを苛烈に糾弾した問題作が待望の刊行。

〈価格は本体価格です〉

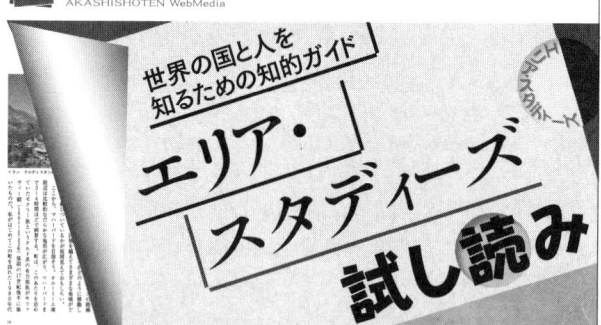